Der verfassungsrechtliche Schutz von Betriebs- und Geschäftsgeheimnissen

Europäische Hochschulschriften

European University Studies

Publications Universitaires Européennes

Reihe II **Rechtswissenschaft**

Series II Law

Série II Droit

Band/Volume **5699**

Mirja Kuhn

Der verfassungsrechtliche Schutz von Betriebs- und Geschäftsgeheimnissen

Und seine Berücksichtigung bei der Herausgabe von Verbraucherinformationen durch die Behörden in Deutschland und den Vereinigten Staaten von Amerika

PL ACADEMIC RESEARCH

Bibliografische Information der Deutschen Nationalbibliothek
Die Deutsche Nationalbibliothek verzeichnet diese Publikation in der Deutschen Nationalbibliografie; detaillierte bibliografische Daten sind im Internet über http://dnb.d-nb.de abrufbar.

Zugl.: Oldenburg, Univ., Diss., 2014

D 715
ISSN 0531-7312
ISBN 978-3-631-65939-7 (Print)
E-ISBN 978-3-653-05357-9 (E-Book)
DOI 10.3726/978-3-653-05357-9

PL Academic Research ist ein Imprint der Peter Lang GmbH.
Peter Lang – Frankfurt am Main · Bern · Bruxelles · New York · Oxford · Warszawa · Wien

Diese Publikation wurde begutachtet.

www.peterlang.com

Meinen Eltern

Vorwort

Diese Arbeit wurde im Wintersemester 2013/2014 am Institut für Rechtswissenschaften der Carl von Ossietzky Universität Oldenburg als Dissertation angenommen und entstand neben meiner beruflichen Tätigkeit.

Mein besonderer Dank gilt Herrn Prof. Dr. Dr. h.c. Götz Frank für die Betreuung der Arbeit. Die wertvollen Hinweise haben mir bei der Fertigstellung der Arbeit sehr geholfen. Herrn Prof. Dr. Jürgen Taeger danke ich für die zügige Erstellung des Zweitgutachtens.

Für die unermüdliche Unterstützung und die aufbauenden Worte möchte ich zudem meinen Eltern, meinem Bruder und meinen Freunden meinen herzlichen Dank aussprechen. Meine Eltern haben mir meine Ausbildung ermöglicht und mich fortwährend gefördert. Ihnen ist diese Arbeit gewidmet.

Inhaltsverzeichnis

Abkürzungsverzeichnis

Admin. L. Rev.	Administrative Law Review (Zeitschrift)
Akron L. Rev.	Akron Law Review (Zeitschrift)
Art.	Artikel
B.C. Indus. & Com. L. Rev.	Boston College Industrial and Commercial Law Review (Zeitschrift)
BGB	Bürgerliches Gesetzbuch
BImSchG	Bundes-Immissionsschutzgesetz
BT-Drs.	Bundestagsdrucksache
Cath. U. L. Rev.	Catholic University Law Review (Zeitschrift)
Colum. Bus. L. Rev.	Columbia Business Law Review (Zeitschrift)
Colum. L. Rev.	Columbia Law Review (Zeitschrift)
CommLaw Conspectus	CommLaw Conspectus: Journal of Communications Law and Policy (Zeitschrift)
CR	Computer und Recht (Zeitschrift)
DB	Der Betrieb (Zeitschrift)
DLR	Deutsche Lebensmittel-Rundschau (Zeitschrift)
DÖV	Die öffentliche Verwaltung (Zeitschrift)
DuD	Datenschutz und Datensicherung (Zeitschrift)
DVBl.	Deutsches Verwaltungsblatt (Zeitschrift)
DVP	Deutsche Verwaltungspraxis (Zeitschrift)
FOIA	Freedom of Information Act
GewArch.	Gewerbearchiv (Zeitschrift)
GG	Grundgesetz
GRUR	Gewerblicher Rechtsschutz und Urheberrecht (Zeitschrift)
GRUR Int.	Gewerblicher Rechtsschutz und Urheberrecht, Internationaler Teil (Zeitschrift)

Harv. L. Rev.	Harvard Law Review (Zeitschrift)
Har. C. R.-C. L. L. Rev.	Harvard Civil Rights-Civil Liberties Law Review (Zeitschrift)
IFG	Informationsfreiheitsgesetz
Iowa L. Rev.	Iowa Law Review (Zeitschrift)
JZ	Juristenzeitung (Zeitschrift)
LFGB	Lebensmittel- und Futtermittelgesetzbuch
N.Y.L. Sch. L. Rev.	New York Law School Law Review (Zeitschrift)
National Parks	National Parks & Conservation Ass'n v. Morton 498 F. 2d 765 (D.C. Cir. 1974)
NdsVBl.	Niedersächsische Verwaltungsblätter (Zeitschrift)
NJW	Neue Juristische Wochenschrift (Zeitschrift)
NVwZ	Neue Zeitschrift für Verwaltungsrecht (Zeitschrift)
Pub. Cont. L. J.	Public Contract Law Journal (Zeitschrift)
Santa Clara L. Rev.	Santa Clara Law Review (Zeitschrift)
Tex. L. Rev.	Texas Law Review (Zeitschrift)
U. Chi. L. Rev.	The University of Chicago Law Review (Zeitschrift)
UCLA L. Rev.	UCLA Law Review (Zeitschrift)
UIG	Umweltinformationsgesetz
VerwArch	Verwaltungsarchiv (Zeitschrift)
VIG	Verbraucherinformationsgesetz
VuR	Verbraucher und Recht (Zeitschrift)
VwGO	Verwaltungsgerichtsordnung
VwVfG	Verwaltungsverfahrensgesetz
Wm. & Mary L. Rev.	William and Mary Law Review (Zeitschrift)
WRP	Wettbewerb in Recht und Praxis (Zeitschrift)
WuW	Wirtschaft und Wettbewerb (Zeitschrift)
ZIP-Report	Zeitschrift für Wirtschaftsrecht – Report

ZLR	Zeitschrift für das gesamte Lebensmittelrecht
ZRP	Zeitschrift für Rechtspolitik
ZUR	Zeitschrift für Umweltrecht

A. Einleitung

Behörden erlangen im Zuge von Lebensmittel- und Produktkontrollen viele Unternehmensdaten.[1] Die Informationen sind die Voraussetzung für die behördlichen Maßnahmen.[2] Weiterhin obliegt es auch den Unternehmen den Behörden Informationen zur Verfügung zu stellen, wie zum Beispiel aufgrund des § 9 der Tier-LMHV[3]. Die Vorschrift besagt, dass den schriftlichen Anträgen auf Zulassung Unterlagen, wie zum Beispiel Betriebspläne, zuzufügen sind. Andernfalls ist nicht gewährleistet, dass ein Betrieb zugelassen wird, bzw. ein Produkt auf den Markt gebracht werden kann.

Für Unternehmen ist es von erheblicher Bedeutung, dass das firmeninterne Wissen, wie zum Beispiel die vorgenannten Betriebspläne oder ein Detail über die Herstellung eines Produkts, nicht an die Öffentlichkeit gelangt. Nur so kann ein Wissensvorsprung gegenüber anderen Unternehmen bestehen bleiben und der wirtschaftliche Erfolg gewahrt werden. Fraglich ist, ob und inwieweit diese und andere Informationen unter den Begriff Betriebs- und Geschäftsgeheimnisse fallen und grundrechtlich geschützt sind. Im Falle des grundrechtlichen Schutzes ist der Umfang zu untersuchen. Wird der Schutz schrankenlos gewährt und werden zum Beispiel auch Informationen über minderwertige Inhaltsstoffe geschützt?[4]

Dem Schutz des Unternehmens steht das Interesse des Verbrauchers, so viel wie möglich über Lebensmittel und Verbrauchsgüter im Allgemeinen zu erfahren, gegenüber. Seit dem Jahr 2001 ist ein Bundesministerium mit der Aufgabe des Verbraucherschutzes beauftragt. Seitdem hat sich der Verbraucherschutz immer weiterentwickelt. Dazu gehört auch der Bereich der Verbraucherinformationen.[5] Um Meinungen bilden zu können, bedarf es an Informationen. In

---

1 Siehe Helmig, Ekkehard / Allkemper, Ludwig: Produktverantwortung und Schutz betrieblicher Daten, CR 1993, S. 520–527 (521).

2 Auf den Punkt Erdelt, Alexander: Informationszugang und das Recht auf Information, DuD 2003, S. 465–470 (465).

3 Tierische Lebensmittel-Hygieneverordnung vom 8. August 2007 (BGBl. I S. 1816, 1828), zuletzt durch Artikel 1 der Verordnung vom 10. November 2011 (BGBl. I S. 2233) geändert.

4 So unter anderem Helmig, Ekkehard / Allkemper, Ludwig: Produktverantwortung und Schutz betrieblicher Daten, CR 1993, S. 520–527 (521).

5 Ausführlicher zu den Entwicklungen Uechtritz, H. von: Zukünftige Wege zur Verbraucherinformation in: Verbraucherschutz und Verbraucherinformation – Beiträge

einer Demokratie ist der Zugang zu Informationen unentbehrlich.[6] Dies gilt auch für die Marktwirtschaft. Eine Entscheidung für oder gegen ein Produkt kann nur aufgrund von Informationen getroffen werden.[7] In Deutschland wurden nach und nach einige einfachgesetzliche Informationsfreiheitsgesetze erlassen, wie das Verbraucherinformationsgesetz[8] (im Folgenden „VIG").[9] Anhand des Namens ist ersichtlich, dass das Gesetz die Stellung des Verbrauchers verbessern soll, indem es die Abfrage von Informationen über Unternehmen, die den Behörden vorliegen, bewerkstelligt.[10]

Die vorgenannten Positionen der Unternehmen und Verbraucher verhalten sich konträr zueinander. Es gilt zu untersuchen, wie der Gesetzgeber die Interessen der Verbraucher und der Unternehmen berücksichtigt und bewertet. Nach einer Analyse des verfassungsrechtlichen Schutzes der Betriebs- und Geschäftsgeheimnisse wird geprüft, ob das VIG dem Schutz der Betriebs- und Geschäftsgeheimnisse genügt und wie es die verfassungsrechtlich geschützten Interessen der Unternehmer und der Verbraucher insgesamt beurteilt oder gar vereint.

Parallel zum deutschen Recht wird in der Arbeit das amerikanische Recht betrachtet. Ein Vergleich mit den Vereinigten Staaten von Amerika ist insbesondere interessant, da dort das Prinzip des sog. „open governments" seit langem vorherrschend ist.[11] Bereits im Jahr 1966 wurde ein Informationsfreiheitsgesetz, der „Freedom of Information Act" (FOIA), erlassen. Dieser gibt Bürgern ein umfangreiches Recht zur Abfrage von Informationen.[12] Zwar ähnelt dieses

---

zum zweiten Workshop der Arbeitsgruppe Lebensmittelqualität und -sicherheit, Kiel 2002, S. 7.

6 Auf den Punkt gebracht Erdelt, Alexander: Informationszugang und das Recht auf Information, DuD 2003, S. 465–470 (465).

7 Dazu richtig Schoch, Friedrich Das Recht auf Zugang zu staatlichen Informationen – Informationszugangsfreiheit in Deutschland und in der Schweiz, DÖV 2006, S. 1–10 (4).

8 Gesetz zur Neuregelung des Rechts der Verbraucherinformation vom 05.11.2007 (BGBl. I S. 2558), Neufassung vom 17.10.2012, (BGBl. I S. 2166, ber. S. 2725).

9 Vgl. Fluck, Jürgen: Verwaltungstransparenz durch Informationsfreiheit – Informationsansprüche nach den Umweltinformation-, Verbraucherinformations- und Informationsfreiheitsgesetzen, DVBl. 2006, S. 1406–1415 (1407).

10 Siehe Drucksache 273/07 vom 27.04.07, Entwurf eines Gesetzes zur Neuregelung des Rechts der Verbraucherinformation, S. 11.

11 Erdelt, Alexander: Informationszugang und das Recht auf Information, DuD 2003, S. 465–470 (466).

12 Näher dazu Erdelt, Alexander: Informationszugang und das Recht auf Information, DuD 2003, S. 465–470 (466).

Gesetz eher dem Informationsfreiheitsgesetz[13], da es nicht explizit den Zugang zu Verbraucherinformationen regelt wie das VIG, dennoch ist ein Vergleich aufgrund der langen Erfahrungen interessant.

Es stellt sich ebenfalls die Frage, ob und gegebenenfalls in welchem Umfang die Betriebs- und Geschäftsgeheimnisse von Unternehmen (durch die Verfassung) geschützt werden und ob der Freedom of Information Act ausreichend Schutz dieser gewährt. Dies gilt es gleichermaßen im Hinblick auf die Interessen der Verbraucher zu untersuchen.

Ferner gibt es wiederholt Nachrichten aus den USA, in welchen über Verbraucherschutzklagen berichtet wird, bei denen Unternehmen hohe Entschädigungen zahlen mussten. Deswegen ist vorab der Frage nachzugehen, ob sich die Lage der Verbraucher und Unternehmen in Deutschland und in den USA generell unterscheidet.

Die Arbeit soll die Unterschiede der deutschen und amerikanischen Rechtslage gegenüberstellen und analysieren.

13 Gesetz zur Regelung des Zugangs zu Informationen des Bundes (Informationsfreiheitsgesetz- IFG) vom 5. September 2005 (BGBl. I S. 2722).

B. Die Situation der Unternehmen und Verbraucher in Deutschland

I. Die Situation der Unternehmen

Für Unternehmen ist das Know-How von enormer Bedeutung. Bei produzierenden Unternehmen machen Rezepte und Produktionsprozesse im Allgemeinen den Wert des Unternehmens aus. Wird zum Beispiel die Rezeptur eines Unternehmens wie Coca-Cola veröffentlicht, können Konkurrenten dieses für ihre Vorteile nutzen. Konkurrenten, die gegebenenfalls bereits ein anderes ähnliches Getränk herstellen, könnten die Produktion günstiger gestalten. Zudem müssten in dem Marktpreis nicht die Entwicklungskosten mit gedeckt werden, da es keinerlei Forschungskosten gab. Der ursprüngliche Produzent würde enorme Umsatzeinbußen verbuchen.[14] Im Prinzip wäre damit jegliche Geschäftsgrundlage genommen.[15] Deswegen treffen Unternehmen eine Reihe von Vorsichtsmaßnahmen. So enthalten heutzutage zum Beispiel Arbeitsverträge Klauseln, die es Arbeitnehmern verbieten, solches Know-How weiterzugeben.

Um Abgrenzungen vornehmen zu können, ist zu klären, wie sich Betriebs- und Geschäftsgeheimnisse definieren. Der Begriff Betriebs- und Geschäftsgeheimnis wird in verschiedenen Rechtsgebieten verwendet. Eine Definition ist in keinem Gesetz vorhanden und wurde von der Rechtsprechung entwickelt. So stellte der Bundesgerichtshof[16] fest: Ein Betriebsgeheimnis ist als „jede im Zusammenhang mit einem Betrieb stehende Tatsache zu verstehen, die nicht offenkundig, sondern nur einem eng begrenzten Personenkreis bekannt ist und nach dem bekundeten Willen des Betriebsinhabers der auf einem ausreichenden

---

14 Grundlegend dazu Danwitz, Thomas von, D.I.A.P.: Der Schutz von Betriebs- und Geschäftsgeheimnissen im Recht der Regulierungsverwaltung, DVBl. 2005, S. 597–656 (598).

15 Vgl. Sodan, Helge in: Sodan, Helge (Hrsg.): Grundgesetz, Beck'scher Kompakt-Kommentar, 2. Auflage, München 2011, Art. 14, S. 183, Rn. 34.

16 Urteil des Bundesgerichtshofs vom 15.03.1995, I ZR 111/53 (GRUR 1955, S. 424–427 (424)), ähnlich auch Urteil des Bundesgerichtshofs vom 07.11.2002, I ZR64/00 (GRUR 2003, S. 356–358 (358)); Urteil des Bundesgerichtshofs vom 10.05.1995, 1 StR 764/94 (NJW 1995, S. 2301–2302 (2301)).

wirtschaftlichen Interesse beruht, geheim gehalten werden soll."[17] Zur Qualifikation bedarf es vier Voraussetzungen:

a) Unternehmensbezug: Das Geheimnis muss dem Unternehmen selbst und somit nicht den Marktverhältnissen oder anderen Unternehmen zugeordnet werden können.[18] Ein Verfahren kann auch dann als Betriebs- oder Geschäftsgeheimnis gelten, wenn dieses zwar allgemein bekannt ist, die Nutzung in dem Betrieb jedoch geheim gehalten wird.[19] An dem Bezug zum Geschäftsbetrieb fehlt es zum Beispiel, wenn sich die Daten lediglich auf die Privatsphäre der Unternehmensinhaber beziehen.[20]

b) Fehlende Offenkundigkeit: Offenkundig sind Daten, wenn Dritte ohne Weiteres Kenntnis erlangen könnten. Das ist regelmäßig dann der Fall, wenn die Information in einer Fachzeitschrift abgedruckt wurde, da solch eine Veröffentlichung der Tatsachen zu einer allgemeinen Bekanntheit führt.[21] Dies betrifft zum Beispiel auch für Patentanmeldungen.[22] Eine tatsächliche Kenntniserlangung Dritter ist nicht erforderlich.[23] In Deutschland gelten Strukturen oder Funktionen auch dann noch als nicht offenkundig, wenn sie durch „reverse engineering", die Erforschung eines am Markt bestehenden Produkts durch Fachmänner, erfasst werden können. Im anglo-amerikanischen Recht gelten Strukturen, die durch reverse engineering nachempfunden werden können nicht als Betriebs- und Geschäftsgeheimnisse. Das Geheimnis muss nicht *per se* neu sein.[24] Dennoch ist die Neuheit als Faktor für die Qualifikation

---

17 Wodtke, Carolina / Richters, Swantje: Schutz von Betriebs- und Geschäftsgeheimnissen – Leitfaden für die Praxis, Berlin 2004, S. 19–21, Rn. 14–19.

18 Siehe Paul, Susanne Natalie: Der Schutz von Wirtschaftsgeheimnissen in Deutschland und Indien, Hamburg 2009, S. 47–48.

19 So argumentiert unter anderem Maier, Antonia: Der Schutz von Betriebs- und Geschäftsgeheimnissen im schwedischen, englischen und deutschen Recht, Köln 1998, S. 276–277.

20 Auf den Punkt Beyerlein, Thorsten in: Beyerlein, Thorsten / Borchert, Günter (Hrsg.): Verbraucherinformationsgesetz Kommentar, München 2010, § 2 VIG, S. 124, Rn. 127.

21 Dazu näher Wodtke, Carolina / Richters, Swantje: Schutz von Betriebs- und Geschäftsgeheimnissen – Leitfaden für die Praxis, Berlin 2004, S. 22–23, Rn. 21–25.

22 So unter anderem Beyerlein, Thorsten in: Beyerlein, Thorsten / Borchert, Günter (Hrsg.): Verbraucherinformationsgesetz Kommentar, München 2010, § 2 VIG, S. 125, Rn. 130.

23 So Wodtke, Carolina / Richters, Swantje: Schutz von Betriebs- und Geschäftsgeheimnissen – Leitfaden für die Praxis, Berlin 2004, S. 23, Rn. 25.

24 So unter anderem Paul, Susanne Natalie: Der Schutz von Wirtschaftsgeheimnissen in Deutschland und Indien, Hamburg 2009, S. 48–51.

nicht gänzlich unerheblich. Je neuer und unentdeckter eine Tatsache ist, desto geringer ist auch die Gefahr, dass diese von anderen nachempfunden und verwendet wird, oder gar zum allgemeinen Wissen wird.

Der Kreis derer, die bereits Kenntnis über die Informationen erlangt haben, muss eingeschränkt sein. Begrenzt ist der Personenkreis nicht schon dann, wenn lediglich alle Mitarbeiter davon wissen. Auch der Mitarbeiterkreis muss ausgewählt sein.[25] Laut *Beyerlein* (2010, 124–125) kann eine Tatsache auch dann als nicht-offenkundig gewertet werden, wenn sie einem begrenzten Kreis an Wettbewerbern vorliegt. Der Personenkreis müsse jedoch auf die Geheimhaltung hingewiesen werden.[26]

c) Geheimhaltungswille: An das Vorliegen des Geheimhaltungswillens werden in der Regel keine hohen Anforderungen gestellt. Der Wille kann sich auch aus der Natur der Sache ergeben[27] und ist bereits konkludent gegeben, wenn nur ein enger Personenkreis in Kenntnis gesetzt wurde und die Tatsache betriebsbezogen ist,[28] also die beiden vorgenannten Merkmale erfüllt sind.

d) Wirtschaftliches Interesse: Die Tatsache muss von dem Unternehmen verwertbar sein.[29] Die Sache an sich muss nicht wertvoll sein, also keinen eigenen Vermögenswert innehaben. Der Wert kann sich erst aus dem Bezug zu dem Unternehmen ergeben.[30] Das Qualifikationsmerkmal ist erfüllt, wenn durch die Preisgabe der Daten die Position des Unternehmens geschwächt oder die eines Mitbewerbers gestärkt würde.[31]

---

25 Zuzustimmen ist Wodtke, Carolina / Richters, Swantje: Schutz von Betriebs- und Geschäftsgeheimnissen – Leitfaden für die Praxis, Berlin 2004, S. 22–23, Rn. 21–25.

26 Beyerlein, Thorsten in: Beyerlein, Thorsten / Borchert, Günter (Hrsg.): Verbraucherinformationsgesetz Kommentar, München 2010, § 2 VIG, S. 124–125, Rn. 129–131.

27 Vgl. Maier, Antonia: Der Schutz von Betriebs- und Geschäftsgeheimnissen im schwedischen, englischen und deutschen Recht, Köln 1998, S. 277.

28 Diese Auffassung vertritt unter anderem Wodtke, Carolina / Richters, Swantje: Schutz von Betriebs- und Geschäftsgeheimnissen – Leitfaden für die Praxis, Berlin 2004, S. 24, Rn. 27.

29 So zutreffend Paul, Susanne Natalie: Der Schutz von Wirtschaftsgeheimnissen in Deutschland und Indien, Hamburg 2009, S. 47–48.

30 So Maier, Antonia: Der Schutz von Betriebs- und Geschäftsgeheimnissen im schwedischen, englischen und deutschen Recht, Köln 1998, S. 276–277.

31 Siehe unter anderem Beyerlein, Thorsten in: Beyerlein, Thorsten / Borchert, Günter (Hrsg.): Verbraucherinformationsgesetz Kommentar, München 2010, § 2 VIG, S. 126, Rn. 133–134.

Im Allgemeinen werden Computerprogramme, Kundenlisten, Herstellungsverfahren, Modelle, Kostenvoranschläge, Bilanzen, Kalkulationen, Ausschreibungsunterlagen sowie Rezepturen,[32] wie beispielsweise das seit über 100 Jahren geheim gehaltene Rezept von Coca-Cola, als Betriebs- oder Geschäftsgeheimnisse angesehen.[33] Betriebsgeheimnisse werden in den technischen und Geschäftsgeheimnisse in den kaufmännischen Bereich des Unternehmens eingeordnet.[34] Eine Unterscheidung der beiden Geheimnisarten ist überflüssig, da beide den gleichen Schutzumfang genießen.[35] Es werden zum Teil gleichbedeutend die Begriffe „Know-How", „Wirtschaftsgeheimnis" oder „Unternehmensgeheimnis" benutzt.[36]

Es ist in diesem Zusammenhang hervorzuheben, dass Unternehmen wie die Coca-Cola Company nicht nur die Rezeptur ausmacht. Mit Unternehmen wird ein gewisser Lebensstil verbunden. Markenprodukte werden oftmals gegenüber preisgünstigeren Produkten bevorzugt. Dies liegt nicht nur an der Annahme, dass die preisgünstigeren Produkte vielleicht nicht die gleiche Qualität aufweisen, sondern auch daran, dass durch Marken eine Art Statement abgegeben wird. Entsprechend ist es für Unternehmen genauso schädlich, wenn Informationen mit negativem Inhalt veröffentlicht werden. Werden mit einem Unternehmen negative Eigenschaften assoziiert, wollen Verbraucher eben nicht mehr dieses Statement abgeben.[37]

Da in der Bundesrepublik Deutschland das Prinzip der Konsumfreiheit vorherrscht, also der Verbraucher selbst entscheiden kann, welches Produkt er wählt, gilt es für die Marktanbieter, die Verbraucher positiv zu stimmen und von dem (erlangten Lebensstil durch das) Produkt zu überzeugen. Gezielte Werbung und ein entsprechendes Auftreten der Unternehmen sollen die Verbraucher zum Kauf des Produkts verleiten. Werbung ist ein häufig gewähltes und probates Mittel, die Durchsetzung der Interessen zu unterstützen. Unternehmen bedienen sich dabei

---

32 Siehe Kim, Hyung-Chul: Der Schutz von Betriebs- und Geschäftsgeheimnissen nach dem Umweltinformationsgesetz, Frankfurt am Main 1999, S. 142.

33 So unter anderem Wodtke, Carolina / Richters, Swantje: Schutz von Betriebs- und Geschäftsgeheimnissen – Leitfaden für die Praxis, Berlin 2004, S. 17, Rn. 9.

34 Vgl. Breuer, Rüdiger: Schutz von Betriebs- und Geschäftsgeheimnissen im Umweltrecht, NVwZ 1986, S. 171–179 (172).

35 So richtig Wodtke, Carolina / Richters, Swantje: Schutz von Betriebs- und Geschäftsgeheimnissen – Leitfaden für die Praxis, Berlin 2004, S. 20, Rn. 17.

36 Zur rechtlichen Bedeutungslosigkeit der Unterscheidung der verwendeten Terminologien Beyerlein, Thorsten in: Beyerlein, Thorsten / Borchert, Günter (Hrsg.): Verbraucherinformationsgesetz Kommentar, München 2010, § 2 VIG, S. 123, Rn. 126.

37 So auch Schmidt, Rolf: Staatliches Informationshandeln und Grundrechtseingriff, Bremen 2004, S. 36, 61.

oft auch irreführender Werbung, die zum Kauf verleitet, obwohl die eigentlichen Produkteigenschaften nicht zum Konsum führen würden. Die Werbung hat noch eine weitere Nebenwirkung. Sie überflutet sozusagen den Verbraucher förmlich mit Informationen, so dass dieser ihnen hilflos ausgesetzt ist und eine Verarbeitung nicht stattfinden kann. Auch wenn die Werbung die Umsätze der Unternehmen in der Regel steigert, ist zu bedenken, dass gerade kleinere Unternehmen meist verhältnismäßig wenig in die Werbung investieren und damit die Kunden weniger in ihrem Verhalten lenken können.[38]

Ähnliches ist auch bezüglich der allgemeinen Einflussnahme zu beachten. Große Unternehmen haben ausreichend finanzielle Mittel um ihre Interessen ohne die Unterstützung der kleinen Unternehmen durchzusetzen. Dies verdeutlicht ihre starke Position. Auf der anderen Seite bedeutet dies jedoch auch, dass gegebenenfalls Belange der finanziell gut gestellten Unternehmen durchgesetzt werden können, die den schwächeren Unternehmen schaden. Die finanziell weniger gut gestellten Unternehmen haben also im Gegensatz zu diesen eine erheblich schlechtere Position, um ihre Interessen zu vertreten und durchzusetzen, zumal es sich um Betriebe mit unterschiedlichen Belangen handeln kann.[39] Ihr Einfluss am Markt und bezüglich des Lobbyismus ist geringer. Beim Lobbyismus stellen die Finanzkraft, die Qualität der Führung, die Organisation und die Repräsentativität wichtige Faktoren dar. Dennoch ist zu erwähnen, dass Unternehmen, bis hin zu Kleinunternehmen, nahezu vollständig Verbänden, Spitzenverbänden und Fachverbänden angeschlossen sind, teilweise auch an mehrere gleichzeitig. Die Verflechtung der Institutionen und die Nähe zu den politischen Parteien sichern die Beachtung ihrer Interessen. Bereits 1968 wurde die Mitarbeiterzahl derartiger Verbände auf 120 000 und die finanzielle Stärke auf 800 Mio. bis 1,5 Mrd. DM geschätzt. Verbraucherverbände erreichen diese Zahlen nicht annähernd. Neben den politischen Verbindungen bestehen auch Beziehungen zur Presse, wodurch die Veröffentlichung interessengerechter Publikationen bewerkstelligt ist.[40]

---

38 Ausführlich zu der Wirkung der Werbung Ziegler, Gerhard: Das Verbraucherinteresse und seine Durchsetzbarkeit – Eine kritische Untersuchung über die restriktiven Bedingungen von Verbraucherarbeit in der Bundesrepublik Deutschland, Frankfurt am Main 1980, S. 39–84.

39 Ausführlicher ebd., S. 38–59.

40 Weiterführend zum Lobbyismus Ziegler, Gerhard: Das Verbraucherinteresse und seine Durchsetzbarkeit – Eine kritische Untersuchung über die restriktiven Bedingungen von Verbraucherarbeit in der Bundesrepublik Deutschland, Frankfurt am Main 1980, S. 69–71.

Wie soeben dargestellt, gilt eine relativ weite Definition der Betriebs- und Geschäftsgeheimnisse. Für die Unternehmen ist es wichtig, dass diese definierten Betriebs- und Geschäftsgeheimnisse in Gesetzen und Gerichtsentscheidungen auch ihre Berücksichtigung finden. Entsprechend ist Lobbying wichtig. Betriebs- und Geschäftsgeheimnisse sind für jede Art von Unternehmen wichtig. Mithin werden Lobbyisten aller Unternehmensgruppen Gesetzgebungsprozesse mit Nachdruck verfolgen, die den Schutz gefährden könnten.

II. Die Situation der Verbraucher

Wie oben dargestellt, haben alle Unternehmen ein gemeinsames Interesse: Die Erzielung eines möglichst hohen Profits und die Verhinderung der Umstände, die den Gewinn herabsetzen würden. Verbraucher hingegen haben nicht lediglich eine Funktion. Es handelt sich auch nicht beispielsweise um eine bestimmte Bevölkerungsgruppe, der Begriff Verbraucher bestimmt sich über eine Tätigkeit: Dem privaten Bezug von Waren oder Dienstleistungen.[41] Die Verfassung nennt den Begriff Verbraucher nicht explizit und der Verbraucherschutz ist zudem nicht als Staatsziel definiert. Nähere Definitionen finden sich jedoch in verschiedenen Gesetzen, jedoch nicht dem VIG, wieder.[42]

Auf europäischer Ebene ist gemäß Art. 153 Abs. 1 EGV[43] der Verbraucherschutz ein eigener Politikbereich in der Europäischen Union. Bezweckt wird ein Schutz der Gesundheit, die Wahrung der wirtschaftlichen Interessen und die Förderung des Rechts der Verbraucher auf Informationen, Erziehung und Bildung von Gemeinschaften zur Wahrung ihrer Interessen. Eine Definition der Verbraucher enthält der Vertrag nicht. Diese ist in Richtlinien wie zum Beispiel der Verbraucherrechte-Richtlinie[44] enthalten. Gemäß Art. 2 Nr. 1 der Verbraucherrechte-Richtlinie ist ein Verbraucher „jede natürliche Person, die bei von dieser

41 Grundlegend Henke, Wilhelm: § 3. Grundfragen rechtlichen Verbraucherschutzes in: Dichtl, Erwin (Hrsg.): Verbraucherschutz in der Marktwirtschaft, Berlin 1975, S. 44.

42 Dazu ausführlicher Bauschke, Gabriele: Verbraucherschutz im öffentlichen Recht aus der Sicht des Lebensmittelrechts, Köln 2005, S. 3, 88.

43 Vertrag zur Gründung in der Europäischen Gemeinschaft vom 25.03.1957 in der Fassung des Vertrages von Amsterdam vom 02.10.1997 (BGBl. 1998, S. 286), in Kraft getreten am 01.05.1999.

44 Richtlinie 2011/83/EU des Europäischen Parlaments und des Rates vom 25. Oktober 2011 über die Rechte der Verbraucher, zur Abänderung der Richtlinie 93/13/EWG des Rates und der Richtlinie 1999/44/EG des Europäischen Parlaments und des Rates sowie zur Aufhebung der Richtlinie 85/577/EWG des Rates und der Richtlinie 97/7/EG des Europäischen Parlaments und des Rates.

Richtlinie erfassten Verträgen zu Zwecken handelt, die außerhalb ihrer gewerblichen, geschäftlichen, handwerklichen oder beruflichen Tätigkeiten liegen". Es wird mithin eine Unterteilung in private und gewerbliche Zwecke vorgenommen und damit auf die wirtschaftliche Position abgestellt. Die Definitionen variieren leicht und werden den Thematiken der speziellen Richtlinien angepasst.[45]

Aufgrund europarechtlicher Regelungen wurde auch eine Definition des Verbrauchers in dem Bürgerlichen Gesetzbuch (im Folgenden „BGB")[46] eingefügt.[47] Gemäß § 13 BGB ist ein Verbraucher „jede natürliche Person, die ein Rechtsgeschäft zu einem Zwecke abschließt, der weder ihrer gewerblichen noch ihrer selbstständigen beruflichen Tätigkeit zugerechnet werden kann."

Und auch die Rechtsprechung hinsichtlich des Verbraucherleitbilds in Deutschland hat sich aufgrund der Entwicklungen auf der europäischen Ebene verändert. Der BGH[48] ging in seiner Rechtsprechung von einem flüchtigen und unkritischen Verbraucher aus, was ein hohes Schutzbedürfnis begründete. Der EuGH hingegen geht von einem „durchschnittlichen aufmerksamen und verständigen Verbraucher"[49], beziehungsweise einem „normal informierten und angemessen aufmerksamen und verständigen Durchschnittsverbraucher"[50], mithin einem Verbraucher, der sich selbst informiert, ab. Der BGH passte sich im Fall „Orient-Teppichmuster"[51] der Auffassung des EuGH an und geht nun von einem Durchschnittsverbraucher, der sich selbst informiert, aufgeklärt und verständig ist, aus.[52]

45 Vgl. Debald, Dirk: Scheinselbständige – Verbraucher im Sinne des § 13 BGB?, Berlin 2005, S. 8–11.

46 Bürgerliches Gesetzbuch in der Fassung der Bekanntmachung vom 02.01.2002 (BGBl. I S. 42, 2909; 2003 I S. 738), das durch Artikel 4 Absatz 5 des Gesetzes vom 01.10.2013 (BGBl. I S. 3719) geändert worden ist.

47 Dazu Debald, Dirk: Scheinselbständige – Verbraucher im Sinne des § 13 BGB?, Berlin 2005, S. 15–17.

48 Vgl. BGH, Urteil vom 23.10.1997 – I ZR 98/95 (WRP 1998, S. 294–296), BGH, Urteil vom 05.04.1990 I ZR 19/88 (Dr. S.-Arzneimittel) BGH, Urteil vom 13.02.1992, I ZR 79/90 (Beitragsrechnung).

49 Vgl. EuGH, Urteil vom 16.07.1998 C-210/96 (WRP 1998 S. 848–851 (848)), EuGH, Urteil vom 13.01.2000 C-220/98 (WRP 2000, S. 289–293 (289 u. 292)).

50 Vgl. EuGH, Urteil vom 16.09.2004 C-329/02 (GRUR Int. 2005, S. 44–47 (45)).

51 Vgl. BGH, Urteil vom 20.10.1999, I ZR 167/97 (GRUR 2000, S. 619–621 (619 u 621)); BGH, Urteil vom 02.10.2003, I ZR 150/01 (GRUR 2004, S. 244–246 (245)), BGH, Urteil vom 03.05.2001, I ZR 318/98 (WRP 2002, S. 74–81 (77)).

52 Ausführlicher Diekmann, Fabienne: Das Verbraucherleitbild im Lichte besonderer Produktgruppen – Dargestellt am Beispiel zum Handel mit Arzneimitteln, Lebensmitteln und Pflanzenschutzmitteln, Hamburg 2012, S. 1.

Allerdings ist hier kritisch anzumerken, dass es dem Verbraucher entsprechend möglich sein muss, sich ausreichend zu informieren.

Da Verbraucher lediglich eine Tätigkeit verbindet, sind ihre Interessen pluralistisch. Betrachtet man das Berufsleben, so ist eine Person entweder Arbeitnehmer oder Unternehmer. Jeder kann einer dieser Gruppen zugeordnet werden, so dass eine Organisation einfach ist.[53] Aus gesellschaftlicher Sicht wird den Menschen auferlegt, Geld zu verdienen. Dadurch nimmt der Arbeitsplatz eine enorme Stellung ein. Auch durch diesen Aspekt sind Menschen in ihrer Position als Arbeitnehmer gut organisiert und durch Verbände und Gewerkschaften vertreten.[54] Zudem hat bei Arbeitnehmern das Produzenteninteresse Vorrang vor dem Konsumenteninteresse und in Bezug auf die Organisation steht die Forderung auf Lohnerhöhung im Vordergrund.[55] Die anderen Interessen stehen dahinter zurück und sind nicht so gut organisiert,[56] so dass teilweise der Gedanke vertreten wurde, dass die Gewerkschaften auch die Interessen der Arbeitnehmer in ihrer Rolle als Verbraucher vertreten sollten.[57] Da bei den privaten Interessen eine Abgrenzung nicht so leicht möglich ist, wäre die Umsetzung jedoch eher schwierig. Innerhalb der Gruppe der Verbraucher bestehen Unterschiede hinsichtlich des Alters, Geschlechts, des Vermögens etc. und der zur Verfügung stehenden Mittel in finanzieller, geistiger und zeitlicher Hinsicht.[58] So kommt es einigen Verbrauchern in erste Linie darauf an, durch bezogene Produkte oder in Anspruch genommene Dienstleistungen etwas darzustellen. Daneben besteht zumeist ein großes Interesse, gesund zu bleiben und entsprechend gesundheitsfördernde Produkte zu erwerben. Weiterhin entscheiden manche Verbraucher aufgrund ihrer Moral. Andererseits gibt es jedoch auch einige Verbraucher, denen es egal ist,

---

53 Vgl. Stauss, Bernd: Verbraucherinteressen – Gegenstand, Legitimation und Organisation, Stuttgart 1980, S. 134–135.

54 Zur Dysfunktion Dichtl, Erwin: § 2. Zur Schutzwürdigkeit des Verbrauchers in Dichtl, Erwin (Hrsg.): Verbraucherschutz in der Marktwirtschaft, Berlin 1975, S. 23.

55 So Ziegler, Gerhard: Das Verbraucherinteresse und seine Durchsetzbarkeit – Eine kritische Untersuchung über die restriktiven Bedingungen von Verbraucherarbeit in der Bundesrepublik Deutschland, Frankfurt am Main 1980, S. 148.

56 Zur mannigfaltigen Interessenlage der Verbraucher Stauss, Bernd: Verbraucherinteressen – Gegenstand, Legitimation und Organisation, Stuttgart 1980, S. 15–18.

57 Dieser Auffassung ist unter anderem Reich, Norbert: Markt und Recht – Theorie und Praxis des Wirtschaftsrechts in der Bundesrepublik Deutschland, Neuwied, Darmstadt 1977, S. 216–217.

58 Vgl. Stauss, Bernd: Verbraucherinteressen – Gegenstand, Legitimation und Organisation, Stuttgart 1980, S. 134–135.

ob die Hühner in ethisch vertretbarer Weise gehalten werden oder ob ihr Futter mit Antibiotika versetzt wird, solange der Preis niedrig ist.[59]

Das Interesse kann nicht nur verschiedener Natur, sondern auch unterschiedlicher Intensität sein. *Stauss* (1980: 15–18) unterscheidet zwischen potenziellen, latenten, manifesten und artikulierten Interessen. Potenzielle Interessen sind jene, die im Grunde vorliegen, jedoch erst unter bestimmten Bedingungen eintreten. Latente Interessen waren zuvor manifest und werden in bestimmten Situationen auch wieder dieses Stadium erreichen. Manifest ist ein Interesse dann, wenn ein Wünschen oder Wollen vorhanden ist und das Verhalten entsprechend angepasst wird. Artikulierte Interessen können gegebenenfalls von den manifesten Interessen abweichen. Sie stellen nicht den höchsten Intensitätsgrad dar und dienen dazu, Interessen durchzusetzen.[60] Mithin ist nicht allein ausschlaggebend, dass Verbraucher mannigfaltige Interessen haben. Selbst wenn ein gleiches Interesse besteht, gibt es Unterschiede in der Intensität. Dies erschwert die Position der Verbraucher. Lediglich Verbraucher, die ein manifestes oder artikuliertes Interesse haben, werden sich aktiv beteiligen.

Neben der Problematik der Organisation aufgrund der fehlenden Homogenität der Natur der Interessen und dessen Intensität, kommt erschwerend hinzu, dass es eine hohe Anzahl an gut organisierten Vereinigungen der Produzenten gibt, gegenüber derer man sich behaupten muss, um den Verbraucherinteressen Gewicht zu verleihen. Oftmals ist zudem nicht immer klar, wer im konkreten Fall der Kontrahent ist.[61]

Auf der anderen Seite gehen verschiedene Thesen davon aus, dass von dem Verbraucher auch eine gewisse Macht ausgeht. J.K. Galbraith sagte dazu: „Praktisch die gesamte Wirtschaftsanalyse und Wirtschaftslehre geht davon aus, dass die Initiative beim Verbraucher liege. Auf Grund von Bedürfnissen, die aus ihm heraus entstehen oder die ihm von seiner Umgebung vermittelt werden, kauft er auf dem Markt Güter und Dienstleistungen. Hieraus ergeben sich Gelegenheiten, mehr oder weniger Geld zu verdienen – die Signale des Marktes an die Herstellerfirmen. Diese richten sich nach den Signalen, die vom Markt und damit letztlich vom Verbraucher ausgehen. Der Weg dieser Instruktionen verläuft nur in eine Richtung:

---

59 Vgl. Dichtl, Erwin: § 2. Zur Schutzwürdigkeit des Verbrauchers in Dichtl, Erwin (Hrsg.): Verbraucherschutz in der Marktwirtschaft, Berlin 1975, S. 25–27.

60 Vgl. Stauss, Bernd: Verbraucherinteressen – Gegenstand, Legitimation und Organisation, Stuttgart 1980, S. 15–18.

61 So richtig dargestellt von Ziegler, Gerhard: Das Verbraucherinteresse und seine Durchsetzbarkeit – Eine kritische Untersuchung über die restriktiven Bedingungen von Verbraucherarbeit in der Bundesrepublik Deutschland, Frankfurt am Main 1980, S. 149.

Vom Einzelnen an den Markt und vom Markt an den Hersteller. Das alles wird recht gefällig durch eine Terminologie unterstützt, die unterstellt, dass alle Macht beim Verbraucher liege. Man nennt es die Souveränität des Verbrauchers."[62] In der Praxis hingegen hat der Verzicht auf ein Produkt seitens einiger Verbrauchers kaum Auswirkungen. Damit ist die Position nicht stark genug den Markt zu beeinflussen und die Handlungsfreiheit folglich im gewissen Maße eingeschränkt.[63] Zudem wird argumentiert, die Verbraucher würden durch die Werbung der Unternehmen auf den Kauf ihrer Produkte programmiert. Verbraucher können ihrer Position in der Marktwirtschaft nicht gerecht werden, da sie dem vielfältigen Marktangebot unwissend ausgesetzt sind. Die Unternehmen nutzen diese Unvoreingenommenheit der Verbraucher und setzen gezielte Werbung mit allen möglichen Versprechen ein. Es fehlt jedoch an einer Quelle, die über die negativen Eigenschaften der Produkte berichtet.[64] Obwohl Verbraucher von Kindertagen an mit Werbung in Kontakt kommen, gibt es keinerlei diesbezügliche Aufklärung in der Schule. Diese fehlende Verbraucherbildung führt im Endeffekt ebenfalls dazu, dass Verbraucher sich nicht organisieren, da ihnen der Missstand nicht bewusst ist.[65] Es ist jedoch erneut in diesem Zusammenhang zu erwähnen, dass Verbraucher sich oftmals trotz verschiedener Nachteile für ein Produkt entscheiden. So werden zum Beispiel Kosmetika gekauft und benutzt, die Aerosole beinhalten, die auf lange Sicht die Gesundheit gefährden.[66]

Um dem Ungleichgewicht zwischen Verbrauchern und Unternehmen gegenzusteuern, gibt es zahlreiche Instrumente der staatlichen Verbraucherpolitik: Verbraucherinformationen, Verbraucherschutz, Verbraucherbildung, Verbraucherorganisierung und Verbrauchervertretung.[67] Verbraucherinformationen über zum Beispiel Preise und die Qualität von Produkten sollen den einseitigen,

62 Dichtl, Erwin: § 2. Zur Schutzwürdigkeit des Verbrauchers in Dichtl, Erwin (Hrsg.): Verbraucherschutz in der Marktwirtschaft, Berlin 1975, S. 25.

63 Vgl. Stauss, Bernd: Verbraucherinteressen – Gegenstand, Legitimation und Organisation, Stuttgart 1980, S. 34.

64 So auch Dichtl, Erwin: § 2. Zur Schutzwürdigkeit des Verbrauchers in Dichtl, Erwin (Hrsg.): Verbraucherschutz in der Marktwirtschaft, Berlin 1975, S. 25–40.

65 Vgl. Ziegler, Gerhard: Das Verbraucherinteresse und seine Durchsetzbarkeit – Eine kritische Untersuchung über die restriktiven Bedingungen von Verbraucherarbeit in der Bundesrepublik Deutschland, Frankfurt am Main 1980, S. 81–84.

66 Zur dieser Schlussfolgerung kommt auch Dichtl, Erwin: § 2. Zur Schutzwürdigkeit des Verbrauchers in Dichtl, Erwin (Hrsg.): Verbraucherschutz in der Marktwirtschaft, Berlin 1975, S. 25–40.

67 Ausführlicher zur Verbraucherpolitik Hahn, Peter / Wellmann, Eva: Verbraucherinformationsgesetz, Hamburg 2008, S. 16–17.

von den Unternehmen ausgehenden, Informationsfluss ausgleichen.[68] Der Zugang zu Informationen ermöglicht die Durchsetzung der Interessen der Verbraucher. Diese müssen sich zwar nicht unmittelbar auf die jeweilige Information beziehen, wenn deren Durchsetzung sich jedoch auf eben diese stützen.[69] Wie allerdings bereits erwähnt, können diese Informationen nur bedingt gegen das mächtige Instrumentarium der Werbung ansteuern. Durch die Verbraucherbildung soll den Verbrauchern die Wichtigkeit ihrer Rolle und ihres Engagements am Markt verdeutlicht werden. Die Verbraucherorganisationen sollen den einzelnen Verbraucher vertreten, werden jedoch nicht durch diesen kontrolliert oder legitimiert.[70] Der Staat leistet finanzielle Unterstützung an die Verbraucherorganisationen. Die Förderung macht jedoch einen sehr geringen Bruchteil des Geldes aus, welches für die Werbung durch die Unternehmen ausgegeben wird.[71] Der Verbraucherschutz erfolgt durch diverse rechtliche Rahmen. Einige der Regelungen bieten einen präventiven Schutz (zum Beispiel durch Bestimmungen des Verhaltens am Markt) und weitere einen nachträglichen Schutz (zum Beispiel bei Schadenseintritt).[72] Der Verbraucherschutz ist mithin mannigfaltig und findet sich in verschiedenen Gesetzen wieder. Im Allgemeinen wird der Schutz von Gesundheit und Sicherheit angestrebt.[73]

---

68 Ausführlicher zu der wirtschaftlichen Dysfunktion Bievert, Bernd: Restriktionen der gegenwärtigen Verbraucherpolitik in: Bievert, Bernd / Fischer, Wolf F. / Haarland, Hans-Peter / Köhler, Gabriele / Rock, Reinhard (Hrsg.): Plädoyer für eine neue Verbraucherpolitik, Wiesbaden 1978, S. 12–16.

69 Vgl. Bleyl, Dietmar: Allgemeines Informationszugangsrecht und Recht auf informationelle Selbstbestimmung, DuD 1998, S. 32–35 (33).

70 Zu Maßnahmen gegen die wirtschaftliche Dysfunktion Bievert, Bernd: Restriktionen der gegenwärtigen Verbraucherpolitik in: Bievert, Bernd / Fischer, Wolf F. / Haarland, Hans-Peter / Köhler, Gabriele / Rock, Reinhard (Hrsg.): Plädoyer für eine neue Verbraucherpolitik, Wiesbaden 1978, S. 12–16.

71 Zu dieser Problematik Ziegler, Gerhard: Das Verbraucherinteresse und seine Durchsetzbarkeit – Eine kritische Untersuchung über die restriktiven Bedingungen von Verbraucherarbeit in der Bundesrepublik Deutschland, Frankfurt am Main 1980, S. 80–81.

72 Zu den verschiedenen verbraucherpolitischen Maßnahmen Bievert, Bernd: Restriktionen der gegenwärtigen Verbraucherpolitik in: Bievert, Bernd / Fischer, Wolf F. / Haarland, Hans-Peter / Köhler, Gabriele / Rock, Reinhard (Hrsg.): Plädoyer für eine neue Verbraucherpolitik, Wiesbaden 1978, S. 12–16.

73 Vgl. Bundesministerium für Ernährung, Landwirtschaft und Verbraucherschutz: Mehr Information – mehr Transparenz, das neue Verbraucherinformationsgesetz, Berlin 2008, S. 8.

III. Ergebnis

Einige Theorien besagen, dass von den Verbrauchern eine gewisse Marktmacht ausgeht, da sie durch ihr Handeln über den Absatz eines Produkts bestimmen.[74] Dieser Ansicht ist jedoch nur teilweise zu folgen. Verbraucher genießen eine schwache Position am Markt. Dies begründet sich unter anderem in dem Mangel an geeigneten Informationen, um darauf basierend entscheiden zu können, ob ein Produkt den Erwartungen entspricht oder nicht. Diese Unwissenheit und insgesamt schwache Position am Markt ergibt sich aus einer mangelnden Verbraucherbildung und dem Fehlen von Organisationen, die den gut organisierten Unternehmen entgegentreten.

Die schlechte Organisation der Verbraucher aufgrund der mannigfaltigen und sehr schwer zu organisierenden Interessen ist insbesondere bedeutsam, da ihr Gegenüber, die Unternehmen, sehr gut organisiert sind.[75] Die Unternehmen (und damit auch ihre Vertretungen) weisen zudem eine große finanzielle Stärke auf. Die Beschränkung auf ein Interesse, nämlich die Gewinnerzielung, macht die Unternehmen jedoch auch verletzbar. So müssen diese insbesondere auf ihre Betriebs- und Geschäftsgeheimnisse und ihren Ruf achten. Schlechte Presse würde den Faktor der Verbraucherunwissenheit ausgleichen und den Verbrauchern eine gewisse Marktmacht zusichern. Zudem müssen sie sich vor Konkurrenten schützen. Würden die anderen Marktteilnehmer ihre geheimen Betriebsvorgänge erfahren, wäre der Vorsprung am Markt gefährdet.

Anhand des Verbraucherinformationsgesetzes soll, nach Darstellung der Situation in den Vereinigten Staaten von Amerika, untersucht werden, ob und inwieweit die jeweiligen Interessen der Verbraucher und der Unternehmen in dem Gesetz Beachtung finden.

---

74 Dargestellt in Dichtl, Erwin: § 2. Zur Schutzwürdigkeit des Verbrauchers in Dichtl, Erwin (Hrsg.): Verbraucherschutz in der Marktwirtschaft, Berlin 1975, S. 25.

75 Zur mannigfaltigen Interessenlage der Verbraucher ebd., S. 23.

C. Die Situation der Unternehmen und Verbraucher in den Vereinigten Staaten von Amerika

I. Die Situation der Unternehmen

Die Unternehmen in den Vereinigten Staaten von Amerika sind sehr gut organisiert. So scheiterte zum Beispiel der Versuch zur Erschaffung der „Agency for Consumer Advocacy", an dem Widerstand der Wirtschaftslobby.[76] Daraus ist ersichtlich, dass die Unternehmen, so wie in Deutschland auch, sehr gut in Bezug auf die Interessenvertretung aufgestellt sind. So können sie ihre wichtigen Güter, wie die Betriebs- und Geschäftsgeheimnisse schützen. Dies wird anhand der Entwicklung des einfachgesetzlichen Schutzes der Betriebs- und Geschäftsgeheimnisse deutlich. Anfang des zwanzigsten Jahrhunderts wurde der „First Restatement of Torts" im Zuge des Versuchs, verschiedene Rechtsgebiete zu vereinheitlichen, erlassen.[77] Dabei handelt es sich um kein Gesetz, sondern eine Veröffentlichung des American Law Institutes. Es fehlt somit an einer unmittelbaren Rechtswirkung. Dennoch ziehen Richter diese Veröffentlichung zur Urteilsfindung heran.[78] Der First Restatement of Torts enthielt eine grundlegende Definition der Betriebs- und Geschäftsgeheimnisse: „It may consist of any formula, pattern, process, device, or compilation of information used in a business that gives the user an opportunity to obtain an advantage over nonusers."[79]

1979 wurde der „Uniform Trade Secrets Act" erlassen, welcher sechs Jahre später weiter ergänzt wurde. Anlass des „Uniform Trade Secret Acts" war unter anderem, dass Unternehmen sich immer mehr auf das Vorliegen von Betriebs- und Geschäftsgeheimnisse stützten und es an einer einheitlichen Regelung

---

76 Hippel, Eike von: Verbraucherschutz, 3. Auflage, Tübingen 1986, S. 5–7.

77 Vgl. Cohen, Jerry / Gutteman, Alan S.: Trade Secrets Protection and Exploitation, Washington D.C. 1998, S. 8.

78 Siehe Daub, Jan: Die Verletzung von Unternehmensgeheimnissen im deutschen und US-amerikanischen Recht, Sinzheim 1996, S. 25.

79 Cohen, Jerry / Gutteman, Alan S.: Trade Secrets Protection and Exploitation, Washington D.C. 1998, S. 8; Übersetzung: „Es kann sich um Formeln, Muster, Prozesse, Apparate oder Zusammenstellung von Informationen handeln, die im Unternehmen verwendet werden und dem Nutzer einen Vorteil gegenüber den Nichtnutzern bieten.".

fehlte.[80] Den Bundesstaaten wurde jedoch lediglich empfohlen, die Regelungen umzusetzen, eine Verpflichtung gab es nicht.[81] 1995 wurde der „Restatement (Third) of Unfair competition" veröffentlicht. Dieser enthielt ebenfalls Bestimmungen bezüglich der Betriebs- und Geschäftsgeheimnisse, lehnte sich inhaltlich jedoch an den Uniform Trade Secrets Act an. Die Definition im Uniform Trade Secret Act in Section 1 Abs. 4 lautet wie folgt: „Information, including a formula, pattern, compilation, program, device, method, technique, or process, that (i) derives independant economic value, actual or potential, from not being generally known to, and not being readily ascertainable by proper means by, other persons who can obtain economic value from its disclosure or use, and (ii) is the subject of efforts that are reasonable under the circumstances to maintain its secrecy".[82] Die Definition stellt drei Voraussetzungen an die Qualifikation als Geschäftsgeheimnis: (1) Nichtoffenkundigkeit (2) unabhängiger wirtschaftlicher Wert, und (3) angemessene Geheimhaltungsmaßnahmen. Nichtoffenkundigkeit bedeutet, dass die Information nur durch einen erwähnenswerten Aufwand betreffend der Zeit und der Kosten erlangt werden kann und dass die Tatsache relativ geheim ist. Die Eigenschaft „neu" spielt nicht mit in die Bewertung ein. So kann ein Produktionsablauf unter Verwendung einer bekannten Methode auch in den USA ein Betriebsgeheimnis darstellen, wenn der Gebrauch geheim gehalten wird. Bei dem Zeit- und Kostenaufwand geht es darum, dass beispielsweise eine Maschine nicht ohne weiteres von einem Fachkundigen nachgebaut werden kann („reverse enigneering"). Es muss sich um etwas handeln, das eine komplexe oder zeitaufwendige Bauweise inne hat und dessen Materialen nicht erkennbar sind, sofern das Produkt offen vertrieben wird. Ein relatives Geheimsein kann vorliegen, wenn die Information lediglich

80 Zu den Entwicklungen des Uniform Tade Secrets Acts Cohen, Jerry / Gutteman, Alan S.: Trade Secrets Protection and Exploitation, Washington D.C. 1998, Washington D.C. 1998, S. 8–9.

81 Dazu näher Daub, Jan: Die Verletzung von Unternehmensgeheimnissen im deutschen und US-amerikanischen Recht, Sinzheim 1996, S. 26.

82 Cohen, Jerry / Gutteman, Alan S.: Trade Secrets Protection and Exploitation, Washington D.C. 1998, S. 9–14; Übersetzung: „Informationen einschließlich einer Formel, eines Musters, einer Zusammensetzung, eines Programms, eines Geräts und einer Herstellungsmethode, die (1) weil sie nicht allgemein bekannt sind, einen entweder aktuellen oder potentiellen unabhängigen wirtschaftlichen Wert darstellen, nicht schon durch lautere Methoden von anderen Personen, die aus der Offenbarung oder Benutzung der Information einen kommerziellen Wert ziehen können, feststellbar sind und (2) nach den Umständen des Einzelfalls durch angemessene Bemühungen geheim gehalten werden."

im gewissen Umfang innerhalb und außerhalb des Unternehmens bekannt ist. Auf die Geheimhaltung innerhalb des Betriebs kann unter anderem abgestellt werden, wenn die Mitwisser einer Geheimhaltungspflicht unterliegen. Diese Pflicht spielt eine größere Rolle als im deutschen Recht. Ein Gericht entschied, dass technische Zeichnungen, die in einem Wartungshandbuch abgedruckt sind, von welchem 6.000 Exemplare an Kunden, Verkäufer, Lizenznehmer und Auszubildende weitergegeben wurden, ein Betriebs- und Geschäftsgeheimnis darstellen, sofern die Handbücher mit einer Verwendungsbeschränkung und lediglich an einen bestimmten Personenkreis verbreitet wurden.[83] Ausschlaggebend ist die Pflicht zur Geheimhaltung und die Auswahl des Personenkreises zur Bewertung, ob ein Betriebsgeheimnis vorliegt. Ein wichtiges Kriterium ist zudem, ob der Informationsinhaber ein Geheimhaltungsinteresse demonstriert. Wenn das Unternehmen keinerlei Bemühungen zur Geheimhaltung der Information aufzeigt, handelt es sich nicht um ein Unternehmensgeheimnis. Die Intensität des Geheimhaltungswillens fließt entsprechend in die Bewertung ein. Als Maßstab dienen verschiedene Umstände, wie zum Beispiel die Mitarbeiterfluktuation im Unternehmen.[84]

Trotz der Definitionsversuche in den Bundesgesetzen / Veröffentlichungen sind die Regelungen in erster Linie Ländersache. Entsprechend gibt es auch keine länderübergreifende, vereinheitlichte Definition. Die meisten Länder sowie der Supreme Court haben die Definition des „Restatement of Torts" übernommen, der drei Qualifikationsmerkmale voraussetzt (1) Benutzung im Unternehmen (2) wirtschaftlicher Vorteil und (3) Geheimnischarakter.[85] Hinsichtlich der Beurteilung, ob eine **Benutzung im Unternehmen** stattfindet, ist eine permanente Anwendung nicht erforderlich, jedoch muss eine auf Dauer angelegte Nutzung zumindest möglich sein.[86] Es handelt sich dabei eher um ein Konzept, das dazu dient, zwischen der reinen Idee und einer wirklichen Nutzung dieser im Unternehmen zu unterscheiden. Nur die Benutzung kann einen wirtschaftlichen Wert

83 Vgl. *Data General Corp. V. Digital Computer Controls, Inc.*, 188 USPQ, 276 (Del. Dir. Ct. 1975).

84 Liu, Xiaohai: Rechtsschutz von Unternehmensgeheimnissen: Vergleichende Untersuchung zum Schutzniveau des chinesischen Rechts im Vergleich mit dem deutschen und amerikanischen Recht, Frankfurt am Main 1999, S. 34–38.

85 Siehe Cohen, Jerry / Gutteman, Alan S.: Trade Secrets Protection and Exploitation, Washington D.C. 1998, S. 13–14.

86 Vgl. Stadler, Astrid: Der Schutz des Unternehmensgeheimnisses im deutschen und U.S.-amerikanischen Zivilprozeß und im Rechtshilfeverfahren, Tübingen 1989, S. 20–21.

erzeugen, der ebenfalls zur Qualifikation nötig ist. Nicht jede gute Idee führt zu einem Erfolg, es bedarf einer gut ausgeführten Umsetzung. Es gibt allerdings Ausnahmefälle, in denen eine Anerkennung als Betriebs- und Geschäftsgeheimnis stattfindet, ohne dass eine Nutzung vorliegt. Die Entwicklung einer Idee muss ebenfalls einem gewissen Schutz unterliegen, zudem mag es Unternehmen nicht immer gleich möglich sein, die Implementierung zu finanzieren.[87] Da der Schutz von Betriebs- und Geschäftsgeheimnissen auf die fortlaufende Innovation abzielt, ist deutlich der Schutz der Innovation zu bejahen. Die Qualifikation als **Geheimnis** wird als unerlässlich angesehen.[88] Allgemein bekannte Tatsachen können mithin nicht als Betriebs- und Geschäftsgeheimnis deklariert werden. Es ist jedoch auch nicht erforderlich, dass es sich um eine neue Erfindung handelt.[89] Auch hier wird bei der Bewertung, ob ein **Geheimhaltungswille** vorhanden ist, darauf abgestellt,[90] inwieweit die Information **innerhalb**[91] **und außerhalb** des Unternehmens bekannt ist, welche Maßnahmen zur Geheimhaltung getroffen wurden und wie leicht sie durch andere ermittelt werden können.[92] Mithin darf die Information nur ausgewählten Mitarbeitern bekannt sein.[93] Eine Weitergabe der Daten an Dritte ohne Geheimhaltungsvereinbarung führt nicht zur Offenkundigkeit, wenn die Verbreitung in genau diesem Umfang erforderlich war, um die Interessen des Unternehmens zu wahren.[94] Sobald Personen außerhalb des Unternehmens aus der Information einen wirtschaftlichen Wert schöpfen können, wird die Information nicht mehr als Betriebs- oder Geschäftsgeheimnis gewertet. Eine Ausnahme

87 Vgl. Milgrim, Roger M.: Milgrim on Trade Secrets, Vol. 1, New York 1983, § 2.02, S. 2-13–2-14.

88 Zu den Abstufungen Cohen, Jerry / Gutteman, Alan S.: Trade Secrets Protection and Exploitation, Washington D.C. 1998, S. 82.

89 Vgl. Milgrim, Roger M.: Milgrim on Trade Secrets, Vol. 1, New York 1983, § 2.01, S. 2-8–2-9.

90 Siehe Liu, Xiaohai: Rechtsschutz von Unternehmensgeheimnissen: Vergleichende Untersuchung zum Schutzniveau des chinesischen Rechts im Vergleich mit dem deutschen und amerikanischen Recht, Frankfurt am Main 1999, S. 38.

91 Dazu Bouchoux, Deborah E.: Intellectual Property for Paralegals: The Law of Trademarks, Copyright, Patents, and Trade Secrets, New York 2005, S. 397.

92 Näher zu den Voraussetzungen Cohen, Jerry / Gutteman, Alan S.: Trade Secrets Protection and Exploitation, Washington D.C. 1998, S. 83.

93 Zu weiteren Kriterien Bouchoux, Deborah E.: Intellectual Property for Paralegals: The Law of Trademarks, Copyright, Patents, and Trade Secrets, New York 2005, S. 397.

94 Vgl. Liu, Xiaohai: Rechtsschutz von Unternehmensgeheimnissen: Vergleichende Untersuchung zum Schutzniveau des chinesischen Rechts im Vergleich mit dem deutschen und amerikanischen Recht, Frankfurt am Main 1999, S. 40.

davon ist, wenn das andere Unternehmen die Informationen selbst als Betriebs- oder Geschäftsgeheimnis nutzt, geheim hält und selbst ermittelt hat. Das gilt wiederum nicht, wenn eine große Anzahl an Unternehmen diese Erkenntnisse schöpfen können, da es sich in dem Fall eher um eine allgemein bekannte Tatsache handelt.[95] **Maßnahmen zur Geheimhaltung** können Verträge, Schließfächer und Kennzeichnungen (als geheime Daten) sein;[96] sie müssen sich der jeweiligen Situation anpassen. So erfordert ein Tag der offenen Tür oder eine Ausstellung auf einer Messe andere Schritte, als gegenüber den Mitarbeitern, die vertraglich gebunden sind. Es werden jedoch lediglich angemessene Maßnahmen von den Unternehmen verlangt, es kann nicht jede mögliche Kenntnisgewinnung verhindert werden, insbesondere nicht die auf illegale Weise.[97] Auch wenn diese Eigenschaft, nämlich der Geheimhaltungswille, als besonders wichtig zu werten ist, müssen die anderen Qualifikationsmerkmale kumulativ vorhanden sein.[98]

Sobald Produkte leicht nachgebaut und Techniken leicht nachvollzogen werden können, ist eine Einstufung als Betriebs- und Geschäftsgeheimnis unwahrscheinlich.[99] Dies ist unter anderem dann der Fall, wenn eine Reproduktion innerhalb eines Jahres durch bloße Sichtung möglich ist.[100] Verboten ist lediglich die unberechtigte Nutzung oder Weitergabe der Betriebs- und Geschäftsgeheimnisse. Es besteht mithin kein Schutz gegen Dritte, die sich diese Information selbstständig erarbeiten.[101] Werden Daten als Patentschrift veröffentlicht, verlieren diese (so wie in Deutschland) den Schutz.[102] Ebenso

---

95 Siehe Cohen, Jerry / Gutteman, Alan S.: Trade Secrets Protection and Exploitation, Washington D.C. 1998, S. 85–86.

96 Genannt von Bouchoux, Deborah E.: Intellectual Property for Paralegals: The Law of Trademarks, Copyright, Patents, and Trade Secrets, New York 2005, S. 397.

97 So richtig dargestellt von Daub, Jan: Die Verletzung von Unternehmensgeheimnissen im deutschen und US-amerikanischen Recht, Sinzheim 1996, S. 65–67.

98 Siehe Milgrim, Roger M.: Milgrim on Trade Secrets, Vol. 1, New York 1983, § 2.03, S. 2–22.

99 So unter anderem in Bezug auf das reverse engineering Bouchoux, Deborah E.: Intellectual Property for Paralegals: The Law of Trademarks, Copyright, Patents, and Trade Secrets, New York 2005, S. 397.

100 So Liu, Xiaohai: Rechtsschutz von Unternehmensgeheimnissen: Vergleichende Untersuchung zum Schutzniveau des chinesischen Rechts im Vergleich mit dem deutschen und amerikanischen Recht, Frankfurt am Main 1999, S. 35.

101 Siehe Milgrim, Roger M.: Milgrim on Trade Secrets, Vol. 2, New York 1983, § 9.03 [4], S. 9–80.

102 Vgl. Liu, Xiaohai: Rechtsschutz von Unternehmensgeheimnissen: Vergleichende Untersuchung zum Schutzniveau des chinesischen Rechts im Vergleich mit dem

unwahrscheinlich ist eine Qualifikation, wenn die Information einen lediglich geringen **wirtschaftlichen Wert** für das Unternehmen selbst oder dessen Konkurrenten darstellt.[103] Der Wert darf nicht lediglich geringfügig ausfallen. Es muss sich um einen merkbaren wirtschaftlichen Vorteil handeln, auch wenn dieser z.B. nur durch eine unwesentliche Änderung in einer Produktionsweise entsteht.[104] Als wettbewerbsrelevant sind Daten zu werten, wenn eine substanzielle Beeinträchtigung durch die Offenlegung stattfindet.[105] Ob auch negative Informationen einen wirtschaftlichen Vorteil sichern, ist umstritten.[106]

Es gibt keinen abschießenden Katalog der Betriebs- und Geschäftsgeheimnisse, darunter fallen unter anderem Kundenlisten, Marketingstrategien und Bilanzen, sofern diese die Qualifikationsmerkmale aufweisen.[107] Unterschieden wird zwischen zwei Arten „technological" und „non-technological". „Technological" sind zum Beispiel Pläne und Verfahren, eine Kategorie ähnlich den deutschen Betriebsgeheimnissen. Kundenlisten und Bilanzen beispielsweise gelten dagegen als „non-technological".[108] Es findet mithin eine ähnliche Unterscheidung wie in Deutschland zwischen dem kaufmännischen und technischen Bereich statt.

---

deutschen und amerikanischen Recht, Frankfurt am Main 1999. S. 36–37; abgeleitet von *Motorola, Inc. v. Fairchild Camera & Instrument Corp.*, 177 USPQ, 614 (623) (D. Ariz. 1973).

103 Zu diesen und weiteren Voraussetzungen Bouchoux, Deborah E.: Intellectual Property for Paralegals: The Law of Trademarks, Copyright, Patents, and Trade Secrets, New York 2005, S. 397.

104 Gleicher Auffassung Liu, Xiaohai: Rechtsschutz von Unternehmensgeheimnissen: Vergleichende Untersuchung zum Schutzniveau des chinesischen Rechts im Vergleich mit dem deutschen und amerikanischen Recht, Frankfurt am Main 1999, S. 41.

105 Dazu vertiefend Koebke, Max: Das Recht auf Umweltinformation unter besonderer Berücksichtigung des Schutzes von Betriebs- und Geschäftsgeheimnissen und der Paragraphen 207–227 UGB-KomE, Pfaffenweiler 1999, S. 158.

106 Ausführlicher Liu, Xiaohai: Rechtsschutz von Unternehmensgeheimnissen: Vergleichende Untersuchung zum Schutzniveau des chinesischen Rechts im Vergleich mit dem deutschen und amerikanischen Recht, Frankfurt am Main 1999, S. 42–43.

107 Exemplarisch aufgeführt Cohen, Jerry / Gutteman, Alan S.: Trade Secrets Protection and Exploitation, Washington D.C. 1998, S. 14.

108 Stadler, Astrid: Der Schutz des Unternehmensgeheimnisses im deutschen und U.S.-amerikanischen Zivilprozeß und im Rechtshilfeverfahren, Tübingen 1989, S. 19–20.

II. Die Situation der Verbraucher

In den Vereinigten Staaten von Amerika ist die Ausgangslage der Verbraucher generell vergleichbar mit der in Deutschland. Eine Studie zeigte, dass insbesondere die sozial schwächer gestellten Verbraucher den großen Unternehmen unterlegen sind. 1962 bewog Präsident Kennedy die Lage der Verbraucher dazu, eine Botschaft zu erlassen, die die Grundrechte der Verbraucher wie das Recht auf Sicherheit, die Informationsfreiheit sowie die Rechte auf Auswahl und Anhörung verkündete, ein Programm zur Verbesserung der Lage der Verbraucher umriss und die Etablierung eines Verbraucherbeirat ankündigte. Diesem Beispiel folgten dann auch die folgenden Präsidenten und erließen verschiedene Schutzmaßnahmen für Verbraucher. Präsident Carter zum Beispiel bewilligte Gelder zur Errichtung einer „Agency for Consumer Advocacy“, dessen Aufbau jedoch an dem Widerstand der Wirtschaftslobby scheiterte.[109]

Wie bereits festgestellt, gibt es unter den Verbrauchern eine Vielzahl von Interessen, die jeweils lediglich in den privaten Bereich hineinwirken. Fraglich ist jedoch, ob ein Zusammenschluss und die politische Einflussnahme in den Vereinigten Staaten von Amerika eher möglich ist. Um der Problematik der divergierenden Interessen entgegenzuwirken, wurden in den USA unabhängige Aufsichtsbehörden mit der Aufgabe betraut, soziale Folgeprobleme bei Marktversagen zu überwachen und zu bekämpfen. Dazu wurden die Behörden mit weitreichenden Eingriffsmöglichkeiten ausgestattet. Unter Aufsicht des Kongresses, der Rechtsprechung und der Exekutive erlassen sie sogenannte „rules“ und „regulations“, wodurch sie das Politikprogramm bestimmen.[110]

Auch in den USA gilt die Problematik, dass die Verbraucher in ihrer Position als Marktteilnehmer nicht so leicht zu organisieren sind wie in ihrer Stellung als Arbeitnehmer. Präsident Kennedy sagte in seiner Rede von 1962 dazu, dass Verbraucher die einzige wichtige Gruppe am Markt verkörpern würden, die nicht gut organisiert ist und nicht angehört wird.[111] Die Situation änderte sich jedoch teilweise durch die sogenannte „consumerism“-Bewegung, die Ende der 60er Jahre entstand. In dieser organisieren Verbraucher sich selbst. Die Art der

---

109 Hippel, Eike von: Verbraucherschutz, 3. Auflage, Tübingen 1986, S. 5–7.

110 Vgl. Reich, Norbert: Staatliche Regulierung zwischen Marktversagen und Politikversagen – Erfahrungen mit der amerikanischen Federal Trade Commission und ihre Bedeutung für die Entwicklung des Verbraucherschutzrechtes, Heidelberg 1984, S. 19–20.

111 Abgedruckt in Hippel, Eike von: Verbraucherschutz, 3. Auflage, Tübingen 1986, S. 27–28, 281.

Organisation hängt von dem Ziel ab, und da die Verbraucherinteressen, wie bereits dargestellt, vielfältig sind, ist auch die Struktur der Gruppen nicht homogen. Eines der Zwecke ist es, relevante Gesetzgebungen zu beeinflussen. Aber auch andere Arten der Einflussnahme werden angestrebt und verwirklicht. Eine Darlegung einer Gruppe hatte 1969 zum Beispiel eine Umstrukturierung der Federal Trade Commission zur Folge.[112]

Präsident Kennedy äußerte in seiner Rede, dass um alle Angaben auf Produkten zu verstehen, eine Hausfrau Elektriker, Mechaniker, Chemiker, Toxikologe, Diätspezialist und Mathematiker sein müsste.[113] Gerade deswegen ist eine ausreichende Verbraucherbildung unerlässlich. Zudem liegen Behörden oftmals umfassendere und damit verständlichere Daten vor, so dass auch hinsichtlich dieser Problematik die Möglichkeit der Verbraucher, an die Behörden heranzutreten um diese weitergehenden Informationen zu erfragen, eine unterstützende Wirkung hat.

In den USA wird dem Recht auf die wirtschaftliche Freiheit viel Bedeutung beigemessen. Auf der anderen Seite gibt es, im Gegensatz zu anderen Jurisdiktionen, ein gut zugängliches und vereinfachtes gerichtliches Verfahren, was den Verbrauchern zugute kommt. Die bereits früh ausgeprägte Informationsfreiheit ist ebenfalls speziell und wird im Folgenden näher dargestellt.[114]

Auch wenn ein vereinfachtes gerichtliches Verfahren besteht und Verbrauchern oftmals hohe Entschädigungen zugesprochen werden, sind die Unternehmen im Allgemeinen durch die Möglichkeit der Einflussnahme dennoch im Vorteil gegenüber den Verbrauchern. Entsprechend obliegt es der Regierung, dem Ungleichgewicht entgegenzuwirken. Zum Beispiel durch den im Folgenden zu analysierenden Freedom of Information Act.

Im Ergebnis ist die Ausgangslage der Verbraucher und Unternehmen in den Vereinigten Staaten von Amerika vergleichbar mit derjenigen in Deutschland. Jedoch wurde und wird in den USA versucht, dem Ungleichgewicht durch politische

---

112 Mitropoulos, Stefan: Verbraucherpolitik in der Marktwirtschaft – Konzeptionen und internationale Erfahrungen, Berlin 1997, S. 256–258.

113 Ausführlicher zu dieser Problematik Hippel, Eike von: Verbraucherschutz, 3. Auflage, Tübingen 1986, S. 282.

114 Näher zu den gerichtlichen Verfahren Mitropoulos, Stefan: Verbraucherpolitik in der Marktwirtschaft – Konzeptionen und internationale Erfahrungen, Berlin 1997, S. 267–268.

Maßnahmen entgegenzuwirken.[115] Des Weiteren werden verbraucherfreundlichere Urteile seitens der Gerichte gefällt.[116] Dennoch haben die Unternehmen eine starke Position. Beispielhaft ist die Machtstellung der NRA („National Rifle Association", die Nationale Schusswaffenvereinigung) zu nennen, die politische Vorhaben stark beeinflusst. Gemessen werden müssen die Unterschiede zudem an den Unterschieden im System im Vergleich zu Deutschland.

115 Unter anderem dargestellt in Hippel, Eike von: Verbraucherschutz, 3. Auflage, Tübingen 1986, S. 6–7.

116 Dazu Mitropoulos, Stefan: Verbraucherpolitik in der Marktwirtschaft – Konzeptionen und internationale Erfahrungen, Berlin 1997, S. 267.

D. Das Verbraucherinformationsgesetz (VIG)

I. Die Entstehung

1. Bundesebene

Anhand der Entwicklung des Verbraucherinformationsgesetzes[117] soll herausgearbeitet werden, welche Interessen der Verbraucher und der Unternehmen inwieweit berücksichtigt wurden. Das Amtsgeheimnis war lange Zeit das vorherrschende Prinzip in der Verwaltung. Informationen waren zugänglich, wenn ein Bürger in seinen eigenen Rechten betroffen war.[118] Lediglich durch das Öffentlichkeitsprinzip gab es teilweise auf den unterschiedlichen Ebenen bereits vor Erlass des Verbraucherinformationsgesetzes Regelungen, die den Zugang zu (Unternehmens-)Informationen, die der Verwaltung vorlagen, begründeten. Durch den Mangel an Regelungen konnten Unternehmen ihre an die Behörden übermittelten Daten in Sicherheit wissen.[119]

1979 hatte die Parlamentarische Versammlung des Europarats die Empfehlung Nr. 854 „betreffend den Zugang der Öffentlichkeit zu Regierungsunterlagen und die Informationsfreiheit" herausgegeben. Diese wurde 1981 und 2002 vom Ministerrat des Europarats weiter ausgeführt. Darauf basierend haben die meisten europäischen Länder Informationsfreiheitsgesetze erlassen. In der Bundesrepublik Deutschland blieb ein solches Gesetz, welches den Verbraucher in seinen Rechten stärken würde, vorerst aus.[120] Erst am 1. Januar 2006 wurde das Informationsfreiheitsgesetz[121] auf Bundesebene erlassen, das die Informationsinteressen der Bürger unterstützt und ihnen einen Zugang zu den den Behörden vorliegenden Daten verschafft.[122] Im Dezember 2006 trat das

117 Gesetz zur Neuregelung des Rechts der Verbraucherinformation vom 05.11.2007 (BGBl. I S. 2558), Neufassung vom 17.10.2012 (BGBl. I S. 2166, ber. S. 2725).

118 Siehe unter anderem Bleyl, Dietmar: Allgemeines Informationszugangsrecht und Recht auf informationelle Selbstbestimmung, DuD 1998, S. 32–35 (32).

119 Näher zu den Regelungen Hahn, Peter / Wellmann, Eva: Verbraucherinformationsgesetz, Hamburg 2008, S. 20.

120 Ebd., S. 20.

121 Informationsfreiheitsgesetz- IFG vom 5. September 2005 (BGBl. I S. 2722) das durch Artikel 2 Absatz 6 des Gesetzes vom 07. August 2013 (BGBl. I S. 3154) geändert worden ist.

122 Umfassender zu den Entwicklungen in Bezug auf die Umweltinformations- und Informationsfreiheitsgesetze Fluck, Jürgen / Merenyi, Stefanie: Zugang zu behördlichen

Informationsweiterverwendungsgesetz[123] in Kraft. Es diente der Umsetzung der Richtlinie 2003/98/EG. Das Gesetz begründet keinen Informationszugang an sich, sondern baut auf die entsprechenden Bundes- und Landesregelungen auf und regelt die Weiterverwendung von Daten, die den Behörden vorliegen.[124]

Dass sich die Bundesrepublik Deutschland mit dem Erlass von Informationsgesetzen schwer tat, ist auch anhand des Umweltinformationsgesetzes[125] ersichtlich. 1990 wurde eine Richtlinie bezüglich Umweltinformationen erlassen. Die Umsetzung der EG- Umweltinformationsrichtlinie 90/313/EWG des Rates vom 07. Juni 1990 erfolgte in der Bundesrepublik weder fristgerecht noch zureichend, so dass das Umweltinformationsgesetz mehrmals nachgebessert werden musste.[126]

Die Unsicherheit der Verbraucher aufgrund der „Unregelmäßigkeiten bei der Herstellung, Lagerung und Lieferung von Lebensmitteln" und das daraus resultierende angestiegene Informationsinteresse waren der Beweggrund für den Erlass[127] des Gesetzes zur Verbesserung der gesundheitsbezogenen Verbraucherinformationen.[128] Das Gesetz war zwar bereits seit dem Jahr 2002 in der Diskussion[129], wurde jedoch nach vorheriger Zustimmung durch Änderungen der Mehrheitsverhältnisse fortlaufend von dem durch die CDU dominierten Bundesrat geblockt.[130] Im Sommer 2005 beschloss der Bundestag, Normen über

---

Informationen – Die Rechtsprechung zu den Umweltinformationsgesetzen und den Informationsfreiheitsgesetzen des Bundes und der Länder 2003–2005, VerwArch 06, S. 381–408 (381–382).

123 Informationsweiterverwendungsgesetz vom 13.12.2006 (BGBl. I S. 2913).

124 Ausführlicher Kellerhoff, Anne / Schulz, Christian: Die kommerzielle Verwertung von Informationen des öffentlichen Sektors, DVP 2007, S. 419–423 (421)

125 Gesetz zur Umsetzung der Richtlinie 90/313/EWG des Rates vom 7. Juni 1990 über den freien Zugang zu Informationen über die Umwelt vom 8. Juli 1994 (BGBl. I S. 1490), letzte Neufassung vom 22. Dezember 2004 (BGBl. I S. 3704).

126 Überblicksweise Böhm, Monika: Der Auskunftsanspruch nach dem VIG – Besonderheiten und Gemeinsamkeiten im Kontext mit nationalen Auskunftsansprüchen und gemeinschaftsrechtlichen Regelungen in: Böhm, Monika / Freund, Georg / Voit, Wolfgang (Hrsg.): Verbraucherinformationsgesetz, 2. Marburger Symposium zum Lebensmittelrecht, Baden-Baden 2009, S. 11.

127 Drucksache 273/07 vom 27.04.07, Entwurf eines Gesetzes zur Neuregelung des Rechts der Verbraucherinformation, S. 11.

128 Siehe Borchert, Günter in: Beyerlein, Thorsten / Borchert, Günter (Hrsg.): Verbraucherinformationsgesetz Kommentar, München 2010, S. 7, Rn. 2.

129 Vgl. Girnau, Marcus: Gesetz zur Neuregelung des Rechts der Verbraucherinformationen, ZLR 2006, S. 651–674 (652).

130 Siehe Borchert, Günter in: Beyerlein, Thorsten / Borchert, Günter (Hrsg.): Verbraucherinformationsgesetz Kommentar, München 2010, S. 10, Rn. 7.

Verbraucherinformationen in das Lebensmittel- und Futtermittelgesetzbuch[131] (LFGB) aufzunehmen, welches sich zu der Zeit im Gesetzgebungsverfahren befand. Der Entwurf wurde jedoch ebenfalls von der Mehrheit des Bundesrats abgelehnt, so dass als Kompromiss im Vermittlungsverfahren der § 40 LFGB blieb, der eine Regelung zur Informierung der Öffentlichkeit enthält.[132] Der Koalitionsvertrag von 2005 sah erneut den Erlass eines Verbraucherinformationsgesetzes vor. Bereits ein Jahr später wurde das Gesetz vom Bundestag beschlossen und vom Bundesrat bestätigt. Bundespräsident Horst Köhler hatte jedoch Bedenken, das Gesetz verstoße gegen Art. 84 Abs. 1 S. 7 GG[133] und fertigte es nicht aus. Ein neuer Gesetzesentwurf entstand am 04. April 2007 und das Gesetz trat am 01. Mai 2008 in Kraft.[134] Die zuvor beschriebenen Bedenken des Bundespräsidenten an der Gesetzgebungskompetenz des Bundes bei dem ersten Gesetzesentwurf wurden beseitigt, indem den Gemeinden und Gemeindeverbänden keine Obliegenheiten direkt übertragen wurden. Damit konnte die Gesetzgebungskompetenz des Bundes bei diesem Entwurf auf[135] Art. 74 Abs. 1 Nr. 20 GG, der eine konkurrierende Gesetzgebung im Bereich der Lebensmittel vorsieht, stützen. Gemäß Art. 72 Abs. 2 GG hat der Bund das Recht zur Gesetzgebung, wenn dadurch „gleichwertige Lebensverhältnisse" auf dem ganzen Gebiet der Bundesrepublik Deutschland hergestellt werden oder „die Wahrung der Rechts- und Wirtschaftseinheit" eine bundesweite Regelung verlangt. Die Marktwirtschaft wäre gefährdet, wenn die Verbraucher in den einzelnen Bundesländern unterschiedlichen Schutz genießen würden, denn[136]

131 Lebensmittel- und Futtermittelgesetzbuch in der Fassung der Bekanntmachung vom 03.06.2013 (BGBl. I S. 1426), das durch Artikel 4 Absatz 20 des Gesetzes vom 07.08.2013 (BGBl. I S. 3154) geändert worden ist.

132 Vgl. Girnau, Marcus: Gesetz zur Neuregelung des Rechts der Verbraucherinformationen, ZLR 2006, S. 651–674 (653).

133 Grundgesetz für die Bundesrepublik Deutschland in der im Bundesgesetzblatt Teil III, Gliederungsnummer 100–1, veröffentlichten bereinigten Fassung, das zuletzt durch Artikel 1 des Gesetzes vom 11.07.2012 (BGBl. I S. 1478) geändert worden ist.

134 Ausführlicher zu der Entstehung des VIG Hahn, Peter / Wellmann, Eva: Verbraucherinformationsgesetz, Hamburg 2008, S. 24–25.

135 So unter anderem Domeier, Danja / Matthes, Robert: Verbraucherinformationsgesetz Kommentar, Wiesbaden 2008, S. 14.

136 Borchert, Günter in: Beyerlein, Thorsten / Borchert, Günter (Hrsg.): Verbraucherinformationsgesetz Kommentar, München 2010, S. 11–12, Rn. 8.

„Verbraucherpolitik ist Wirtschaftspolitik von der Nachfrageseite".[137] Das Gesetz zur Neuregelung des Rechts der Verbraucherinformation umschließt das Verbraucherinformationsgesetz (VIG) und Änderungen bezüglich des Lebensmittel- und Futtermittelgesetzes und des Weingesetzes.[138] Der lange Gesetzgebungsprozess verdeutlicht die Brisanz der Thematik. Die verschiedenen Organisationen der Unternehmen waren gegen den Erlass des Gesetzes, wohingegen dieser im Sinn der Verbraucherorganisationen war. Da die Gesetzesvorhaben zunächst fortwährend blockiert wurden, lässt es darauf schließen, dass unter anderem die Unternehmen erfolgreich ihre Interessen durch die Nähe zu den politischen Parteien durchsetzen konnten. Der Erlass des Gesetzes war eine große Neuerung für den Verbraucherschutz. Durch das Inkrafttreten hat gemäß dem VIG nun jeder Anspruch auf Informationszugang gegenüber Behörden.[139] Zu den zugänglichen Informationen gehören die Kennzeichnung, Herkunft und Beschaffenheit der Produkte inklusive der Ausgangsstoffe, sowie Details über deren Herstellung von Produkten des Lebensmittel- und Futtermittelgesetzes und Wein. Horst Seehofer sagte dazu aus: „Jetzt kann man mit Fug und Recht von einem Durchbruch hin zu mehr Information und Markttransparenz sprechen."[140] Denn Ziel des Verbraucherinformationsgesetzes sei es „den Verbraucher auf Augenhöhe mit der Wirtschaft zu stellen".[141] Dies erweckt den Anschein, dass die Verbraucherinteressen sich gegenüber denen der Unternehmen durchgesetzt haben. Ob dies wirklich der Fall ist, gilt es jedoch anhand der verschiedenen Regelungen des Gesetzes zu untersuchen.[142]

137 Drucksache 16/2035 vom 28.06.2006 – Entschließungsantrag des Deutschen Bundestags zu der dritten Beratung des Gesetzentwurfs der Fraktionen der CDU/CSU und SPD – Drucksachen 16/1408, 16/2011, S. 2.

138 Vgl. Werner, Matthias: Verbraucherinformation ohne Prüfung der inhaltlichen Richtigkeit? Verfassungs- und systemwidrige Vorschriften im neuen Verbraucherinformationsgesetz, ZLR 2008, S. 115–134 (116).

139 Ausführlicher Drucksache 273/07 vom 27.04.07, Entwurf eines Gesetzes zur Neuregelung des Rechts der Verbraucherinformation, S. 11.

140 Bundesministerium für Ernährung, Landwirtschaft und Verbraucherschutz: Mehr Information – mehr Transparenz, das neue Verbraucherinformationsgesetz, Berlin 2008, S. 3.

141 Ebd., S. 3, 13 und 21.

142 In diesem Zusammenhang ist noch zu erwähnen, dass am 12. Dezember 2011 die Europäische Lebensmittelinformationsverordnung in Kraft trat. Auch auf europäischer Ebene bedurfte es langer Zeit bis zur Zustimmung zu dieser Informationsverordnung. Der Vorschlag zur Verordnung wurde vor über fünf Jahren eingebracht. Die Bestimmungen werden erst in 3, beziehungsweise teilweise 5 Jahren nach in Kraft

Im Mai 2010 hat die Bundesregierung einen Evaluationsbericht[143] vorgelegt und ist damit der Bitte des Bundestags und Bundesrats nachgekommen, innerhalb von zwei Jahren nach Inkrafttreten des Gesetzes eine Evaluation vorzunehmen. Dieser fiel insgesamt positiv aus, enthielt jedoch auch Verbesserungsvorschläge. Um den Verbesserungsvorschlägen nachzukommen und im Zusammenhang mit dem Dioxinskandal in Futtermitteln, wurde von der Bundesregierung ein Gesetzesentwurf zur Änderung des Rechts der Verbraucherinformationen vorgelegt. Die Novelle wurde am 02. Dezember 2011 vom Bundestag verabschiedet und trat am 01. September 2012 in Kraft. Durch die Änderungen soll das Gesetz anwenderfreundlicher, die Dauer der Auskunftserteilung verkürzt, Rechtssicherheit geschaffen und die Vielfalt der Informationen vergrößert werden. Die Erstreckung des Zugangs auf Verbraucherprodukte soll den Verbraucher in seinen eigenverantwortlichen Kaufentscheidungen unterstützen. Die Gesetzgebungskompetenz für diesen neuen Bereich ergibt sich aus Art. 74 Abs. 1 Nr. 11 GG. Auch in diesem Fall kann nur durch eine derartige Regelung die Wahrung der Rechts- und Wirtschaftseinheit gesichert werden.[144]

2. Länderebene

Auch die Bundesländer scheinen sich mit dem Erlass von Verbraucherinformationsgesetzen schwer zu tun und damit die Interessen der Verbraucher nicht besonders zu berücksichtigen, beziehungsweise offensichtlich die der Unternehmer stark mit einfließen zu lassen.

Lediglich in Berlin trat bereits am 24. Mai 2003 das Gesetz zur Information von Verbrauchern im Lebensmittelverkehr im Land Berlin in Kraft. Das Gesetz umfasst lediglich drei Normen, die eine rechtliche Grundlage für öffentliche Mitteilungen schaffen. Ein Antragsrecht seitens des Verbrauchers kann aus dem Gesetz nicht abgeleitet werden. Die Offenlegung der Daten kann unter Namensnennung

---

treten verbindlich. Die Verordnung richtet sich an Unternehmen und legt Kennzeichnungen der Produkte fest. Da es keinen den Regelungen des VIG ähnlichen Zugang zu Verbraucherinformationen gibt, wird diese Verordnung in dieser Arbeit nicht weiter diskutiert. (Vgl. Moritz, Andrea: Lebensmittelinformations-Verordnung Der Anfang ist gemacht, Food & Recht 2011, S. 17–20 (17)).

143 Vgl. Drucksache 17/1800, Unterrichtung durch die Bundesregierung: Bericht der Bundesregierung über die Ergebnisse der Evaluation des Verbraucherinformationsgesetzes vom 14. Mai 2010.

144 Siehe Entwurf eines Gesetzes zur Änderung des Rechts der Verbraucherinformationen, S. 1, 18, abgerufen auf http://www.vigwirkt.de//fileadmin/sites/default/files/2011-07-20-VIGEntwurf.pdf.

erfolgen, wenn ein öffentliches Interesse vorliegt. Auf die Unternehmen wird insofern Rücksicht genommen, als dass ein Verdacht als Basis nicht ausreicht, und dass bei einem vorzeitigen Rückruf keine Informierung der Öffentlichkeit mehr stattfindet und eine Anhörung des Unternehmens erfolgen muss.[145]

In Bayern wurde 2005 ein Gesetzesentwurf vorgelegt. Über den Fortbestand nach der ersten Lesung gibt es keine Informationen.[146] Da es im Interesse der Verbraucher liegt, auch auf Landesebene durch ein Verbraucherinformationsgesetz die Position am Markt stärken zu können, ist es bemerkenswert, dass ein Gesetzesentwurf nach der ersten Lesung verschwindet. Dies könnte in der zuvor genannte Nähe der Unternehmen zu den politischen Parteien seine Begründung finden.

In Nordrhein-Westfalen wurde 2007 ein Gesetzesentwurf in den Landtag vorgelegt. Nach mehreren Umgestaltungen wurde der Entwurf noch im gleichen Jahr zurückgenommen.[147] Auch die Zurücknahme ist wie der fragliche Verbleib in Bayern sicherlich auf das auf der Unternehmerseite starke und auf der Verbraucherseite schwache Lobbying zurückzuführen.

An dieser Stelle ist zu erwähnen, dass sich diese Schwierigkeiten nicht bezüglich der Informationsfreiheitsgesetze abzeichneten. Folgende Bundesländer hatten zum Teil bereits vor dem Bund Informationsfreiheitsgesetze erlassen:

Bundesland	**Inkrafttreten**
Brandenburg	11. März 1998
Berlin	16. Oktober 1999
Schleswig-Holstein	10. Februar 2000
Nordrhein-Westfalen	01. Januar 2002
Mecklenburg-Vorpommern	29. Juli 2006
Hamburg	01. August 2006
Bremen	01. August 2006

145 Ausführlicher Hüttner, Katja: Rechtslage zur Verbraucherinformation in Deutschland in: Micklitz, Hans-W (Hrsg.): Informationszugang für Verbraucher in Europa und den USA, Baden-Baden 2009, S. 133–135.

146 Vgl. ebd., S. 135.

147 Siehe ebd., S. 135–136.

148 Vgl. Hahn, Peter / Wellmann, Eva: Verbraucherinformationsgesetz, Hamburg 2008, S. 20.

149 Vgl. http://de.wikipedia.org/wiki/Informationsfreiheitsgesetze#L.C3.A4nderebene, zuletzt aufgerufen am 20.04.2013.

Bundesland	Inkrafttreten
Saarland	15. September 2006[149]
Thüringen	29. Dezember 2007
Sachsen-Anhalt	01. Oktober 2008
Rheinland-Pfalz	01. Januar 2009[150]

Offenbar wurden bei Erlass dieser Gesetze entweder die Interessen der Unternehmen nicht so sehr wie beim Erlass des VIG beachtet oder weniger bei der Gesetzgebung vertreten.

II. Das Ziel des Gesetzes

Die Gesetzesinitiative des VIG beruhte, wie bereits zuvor beschrieben auf einem Lebensmittelskandal. Demzufolge ein Ziel des VIG, Skandale im Lebensmittelsektor einzudämmen bzw. zu verhüten und somit die Verbraucher zu schützen. Problematisch ist dabei jedoch, dass diese Skandale, wie zum Beispiel der um „vergammeltes" Fleisch entstanden sind, da den Behörden keine Informationen vorlagen. Entsprechend wäre es auch nicht möglich gewesen, auf Anfragen seitens der Verbraucher zu reagieren. Zudem wäre die Behörde bei einer Vorlage von Informationen in der Pflicht gewesen, bei Gefahr gegen den Rechtsverstoß vorzugehen. Dennoch könnte durch das VIG ein Bewusstseinswandel bei den Unternehmen erfolgen, da sie nicht öffentlich schlecht dastehen möchten und somit ein mittelbarer Schutz der Verbraucher entsteht.[150]

Ein weiteres Ziel des Gesetzes ist es, die verstärkte Wissbegierde der Verbraucher durch die Einräumung der Möglichkeit zur Erfragung von Informationen zu fördern.[151] Durch die Informationen soll der Vorsprung der Unternehmen wett gemacht werden und die Position der Verbraucher verbessert werden. Ferner soll das VIG generell die Verbraucherinformationsrechte verbessern und dadurch auch ein neues Instrument der Verbraucherbildung schaffen. Der Verbraucher soll zum Beispiel vor Täuschungen geschützt werden.[152] Als letzten Punkt nennt § 1 der VIG Novelle als Ziel und Anwendungsbereich die Steigerung der Transparenz am Markt. Verbraucher sollen darüber informiert werden, was sie konsumieren.

---

150 Beck, Rita: Verbraucherinformationsgesetz, Kommentar und Vorschriftensammlung, Stuttgart 2009, S. 7–9.

151 Ausführlicher zu den Beweggründen Drucksache 273/07 vom 27.04.07, Entwurf eines Gesetzes zur Neuregelung des Rechts der Verbraucherinformation, S. 11.

152 So unter anderem Beck, Rita: Verbraucherinformationsgesetz, Kommentar und Vorschriftensammlung, Stuttgart 2009, S. 8.

Da Informationen im Allgemeinen eine höhere Transparenz schaffen, scheint das Gesetz prinzipiell seinen Zielen gerecht zu werden. Ob dies wirklich der Fall ist, kann jedoch erst nach Untersuchungen der Ausgestaltung der einzelnen Normen, insbesondere der Ausnahmetatbestände, festgestellt werden. Zudem ist auch der praktische Umgang mit dem Gesetz zu analysieren. Nur wenn die Behörden die Bestimmungen gemäß dem Ziel des VIG auslegen und anwenden sowie eine aktive Nutzung durch die Verbraucher stattfindet, können die schwächere Position der Verbraucher gegenüber den Unternehmen am Markt verbessert und ihre Rechte und Interessen verwirklicht werden.

III. Die Änderungen des Lebensmittel- und Futtermittelgesetzbuches und des Weingesetzes

Das VIG ist Bestandteil des Gesetzes zur Neuregelung des Rechts der Verbraucherinformation und ist in Art. 1 niedergelegt. In den Artikeln 2 und 3 werden das Lebensmittel- und Futtermittelgesetzbuch und das Weingesetz[153] geändert. Der abschließende Artikel 4 regelt das Inkrafttreten. Diese Arbeit widmet sich in erster Linie dem VIG. Die Änderungen der anderen Gesetze im Lebensmittelbereich sollen der Vollständigkeit halber nur kurz dargestellt werden.

Durch Art. 3 des Gesetzes zur Neuregelung des Rechts der Verbraucherinformation wurde § 40 Lebensmittel- und Futtermittelgesetzbuch von einer Kann- in eine Sollvorschrift geändert. Entsprechend muss die Behörde „die Öffentlichkeit unter Nennung der Bezeichnung des Lebensmittels oder Futtermittels und des Lebensmittel- oder Futtermittelunternehmens, unter dessen Namen oder Firma das Lebensmittel oder Futtermittel hergestellt oder behandelt wurde oder in den Verkehr gelangt ist (…) informieren". Dies ist der Fall, wenn (1) ein hinreichender Verdacht besteht, dass die Gesundheit durch ein kosmetisches Mittel oder einen Bedarfsgegenstand gefährdet ist, (2) ein hinreichender Verdacht besteht, dass gegen eine Schutzvorschrift betreffend die Gesundheit oder in nicht unerheblichem Maße gegen eine Schutzvorschrift betreffend der Täuschung verstoßen wurde, (3) hinreichende Anhaltspunkte vorliegen, dass von einem Produkt eine Gefährdung der Sicherheit und Gesundheit des Verbrauchers ausgeht oder ausgingen und diese nicht innerhalb der gegebenen Zeit behoben werden können, (4) wenn ein Lebensmittel zwar nicht gesundheitsgefährdend ist, aber nicht essbar ist und in großer Menge oder über einen längeren Zeitraum in den Verkehr gebracht wurde,

153 Weingesetz in der Fassung der Bekanntmachung vom 18.01.2011 (BGBl. I S. 66), das zuletzt durch Artikel 2 des Gesetzes vom 20.04.2013 (BGBl. I S. 917) geändert worden ist.

(4a) wenn ein durch Tatsachen hinreichender Verdacht besteht, dass gegen Vorschriften hinsichtlich der Täuschung der Verbraucher in nicht nur unerheblichem Maße verstoßen wurde, (5) wenn ohne Namensnennung erhebliche Nachteile für Mitbewerber entstehen würden. Bei den Fällen (3) – (5) muss eine Abwägung der Interessen der Öffentlichkeit und des Betroffenen vorgenommen werden. Nur wenn das Informationsinteresse überwiegt, darf die Information ausgegeben werden. Bei der Gefährdung der Gesundheit muss keine Abwägung mit den wirtschaftlichen Interessen des Unternehmers stattfinden. Eines abgeschlossenen Verwaltungsverfahrens bedarf es nicht. Die Verpflichtung wird von der Änderung des § 42 Lebensmittel- und Futtermittelgesetzbuch unterstützt, die vorsieht, dass die Staatsanwaltschaft die zuständige Behörde über die Einleitung eines Strafverfahrens informiert.[154] Das Weingesetz enthält in § 52a einen Verweis auf das Verbraucherinformationsgesetz. Allgemein werden durch die Änderungen Instrumente geschaffen, die die schwächere Position der Verbraucher ausgleichen sollen.

IV. Der Informationszugang

1. Begrifflichkeiten

Der Entwurf von 2005[155] enthielt einige Definitionen, die jedoch nicht in das VIG mit einbezogen wurden.[156] Um den Umfang und das Ausmaß von Regelungen beurteilen zu können, bedarf es Begriffsbestimmungen. Abwägungsvorgänge und Ermessensentscheidungen können aufgrund fehlender Definitionen anhand der amtlichen Begründung durchgeführt werden. Problematisch ist jedoch, dass eine Begründung am Anfang des Gesetzgebungsverfahrens veröffentlicht wird. Entsprechend enthält diese nicht die Entwicklungen, die das Gesetz während des Verfahrens durchläuft.[157] Aufgrund der Ähnlichkeit der Materie können die Begriffsbestimmungen auch aus anderen Gesetzen, wie dem Informationsfreiheitsgesetz und dem Lebensmittelgesetzbuch abgeleitet, werden. Der Regelungsumfang ist nicht nur für die Behörden für ihre Ermessensentscheidungen von erheblicher Bedeutung, sondern auch für die Verbraucher, da

154 Bundesministerium für Ernährung, Landwirtschaft und Verbraucherschutz: Mehr Information – mehr Transparenz, das neue Verbraucherinformationsgesetz, Berlin 2008, S. 3–11.

155 Vgl. BT-Drs. 16/199 (Gesetzesentwurf) vom 13.12.2005.

156 Siehe Hüttner, Katja: Das „VIG wirkt“ – oder doch nicht?!, VuR 2008, S. 367–374 (368).

157 Wustmann, Ulrich: „VIG – Klappe – die Vierte“ Dauerbrenner Verbraucherinformation, ZLR 2007, S. 242–255 (243–244).

dieser nur anhand Definitionen feststellen kann, ob die Anfrage in den Bereich des VIG fallen würde. Die Heranziehung weiterer Gesetze, um feststellen zu können, ob der Antrag in den Bereich des VIGs fällt, könnte im Allgemeinen als eine weitere Hemmschwelle zur Einreichung eines Antrags gesehen werden.[158] Im Folgenden sollen einige Begriffe erläutert werden.

Das VIG benutzt die Begriffe Informationen, Daten und Erkenntnisse synonym.[159] Unter **Informationen** werden alle Daten über die in § 2 VIG aufgelisteten Produkte und Herstellungsweisen verstanden. Um den Begriff näher zu definieren ist ein Blick in das Informationsfreiheitsgesetz nötig. § 2 Abs. 1 IFG definiert die amtlichen Informationen als „jede amtlichen Zwecken dienende Aufzeichnung, unabhängig von der Art ihrer Speicherung. Entwürfe und Notizen, die nicht Bestandteil eines Vorgangs werden sollen, gehören nicht dazu". Aus dieser Definition ist laut *Domeier* (2008: 19) zu entnehmen, dass das nicht niedergeschriebene Wissen eines Mitarbeiters nicht als Information im Sinne des Informationsfreiheitsgesetzes und des Verbraucherinformationsgesetzes gilt.[160] *Borchert* (2010: 42–43) hingegen ist der Auffassung, dass auch nichtniedergeschriebene Informationen erfasst sind, da das VIG (entgegen dem IFG) nicht den Term „Aufzeichnungen" explizit verwendet. Der Begriff Information bezieht sich dabei nur auf solche Daten, von denen die Behörde nicht sicher weiß, ob diese falsch sind. Wäre es Aufgabe der Behörden auch falsche Informationen herauszugeben, würde das Ziel, Verbrauchern Klarheit zu verschaffen, beziehungsweise eine Bildungsoption zu verschaffen, verfehlt.[161] Fraglich ist, ob Informationen der Behörde wirklich vorliegen, wenn sie lediglich einem Mitarbeiter bekannt und nicht niedergeschrieben sind. Dies gilt insbesondere nicht, wenn die Informationen außerhalb der beruflichen Tätigkeit gewonnen wurden. Dennoch sind nach Auffassung der Autorin Informationen mitzuteilen, wenn diese aufgrund der behördlichen Tätigkeit erworben wurden und der weiterführenden Erläuterung der Daten dienen.

Gemäß § 2 Abs. 2 VIG sind lediglich die **Stellen** Anspruchsgegner, die „Aufgaben oder Tätigkeiten wahrnehmen, die der Erfüllung der in § 1 des Lebensmittel- und Futtermittelgesetzbuches genannten Zwecke oder bei Ver-

---

158 So grundlegend auch Hüttner, Katja: Das „VIG wirkt" – oder doch nicht?!, VuR 2008, S. 367–374 (367–368).

159 Siehe Wustmann, Ulrich: „VIG – Klappe – die Vierte" Dauerbrenner Verbraucherinformation, ZLR 2007, S. 242–255 (244).

160 Domeier, Danja / Matthes, Robert: Verbraucherinformationsgesetz Kommentar, Wiesbaden 2008, S. 19.

161 Borchert, Günter in: Beyerlein, Thorsten / Borchert, Günter (Hrsg.): Verbraucherinformationsgesetz Kommentar, München 2010, § 1 VIG, S. 42–43, Rn. 20–21.

braucherprodukten der Gewährleistung von Sicherheit und Gesundheit nach den Vorschriften des Produktsicherheitsgesetzes sowie der aufgrund des Produktsicherheitsgesetzes erlassenen Rechtsverordnungen dienen". Es wird zwischen Behörden und natürlichen oder juristischen Personen des Privatrechts unterschieden. Mithin sind Stellen, bei denen zwar die in § 2 Nrn. 1 bis 7 VIG genannten Informationen vorhanden sind, nicht zur Auskunft verpflichtet, wenn sie die vorgenannten Aufgaben oder Tätigkeiten nicht wahrnehmen. Dies kann zum Beispiel bei Gesundheitsämtern der Fall sein. Ausgenommen sind gemäß § 2 Abs. 3 VIG oberste Bundes- und Landesbehörden, wenn diese mit der formellen oder materiellen Gesetzgebung beschäftigt sind. Zudem sind unabhängige Organe der Finanzkontrolle, Gerichte, Justizvollzugsbehörden und Strafverfolgungs- und Disziplinarbehörden und diesen vorgesetzte Dienststellen von dem Begriff ausgenommen, wenn sie im Bereich der Rechtspflegezuständigkeiten tätig sind. Die Auskunftspflicht der Landesbehörden richtet sich nach dem jeweiligen Landesrecht. Ist eine Behörde nicht durch Landesrecht als zuständig erklärt worden, so ist der Zugang zu den Informationen durch eine andere Behörde zu eröffnen.[162] Gemeinden und Gemeindeverbände können, wie bereits erläutert, nur Adressaten sein, soweit ihnen die Zuständigkeit gemäß Landesrecht übertragen wurde.[163] In Hessen zum Beispiel gibt es seit 2005 das sog. Kommunalisierungsgesetz. Das VIG wurde als Annex zu den Vollzugsaufgaben im Bereich des Lebensmittel- und Futtermittelgesetzbuches hinzugefügt, wodurch ein Erlass eines speziellen auf das VIG bezogenen Gesetzes entbehrlich wurde.[164] In Niedersachsen zum Beispiel gibt es eine derartige Zuständigkeitsregelung hingegen noch nicht.[165]

§ 2 Abs. 1 S. 1 VIG benutzt die Terminologie **vorhanden sein** der Informationen. Die amtliche Begründung hingegen verwendet den Begriff verfügen. Zwischen diesen Termen besteht ein großer Unterschied. Informationen sind bei den Behörden bereits dann vorhanden, wenn sie physisch vorliegen. Wurden

---

162 Vgl. Beck, Rita: Verbraucherinformationsgesetz, Kommentar und Vorschriftensammlung, Stuttgart 2009, S. 15–16, 26–28.

163 Zu den Adressaten des VIG Hahn, Peter / Wellmann, Eva: Verbraucherinformationsgesetz, Hamburg 2008, S. 35.

164 Im breiteren Zusammenhang Neuß, Viola: Erste Erfahrungen mit Auskunftsbegehren in Hessen in: Böhm, Monika/Freund, Georg/Voit, Wolfgang (Hrsg.): Verbraucherinformationsgesetz, 2. Marburger Symposium zum Lebensmittelrecht, Baden-Baden 2009, S. 23–24.

165 Siehe Schwind, Joachim: Umsetzung des Verbraucherinformationsgesetzes in Niedersachsen, NdsVBl. 2008, S. 343–347 (344).

Daten an eine andere Stelle vorübergehend weitergereicht, so sind sie bei der ersten Stelle in dem Moment nicht mehr vorhanden.[166] *Beck* (2009: 16–17) stellt bei der Auslegung auf die Rechtsprechung zu § 2 Abs. 4 UIG[167] ab, der die gleiche Terminologie nutzt. Danach ist entscheidend, dass die Information vorliegt. Eine Verfügungsbefugnis muss nicht bestehen. Als vorhanden gelten Informationen auch dann, wenn sie lediglich in Informationssystemen bestehen, auch gerade weil heutzutage sehr viele Daten auf elektronischem Weg weitergeleitet werden.[168] Eine Behörde verfügt erst dann über Erkenntnisse, wenn sie handlungsbefugt ist.[169] *Schwind* (2008: 344–345) ist der Auffassung, dass die Informationen nicht allein physisch vorliegen müssen, die Behörde muss verfügungsberechtigt sein um die Daten an Antragsteller weitergeben zu können.[170] Wenn eine Behörde verfügungsberechtigt ist, ist davon auszugehen, dass die zuständigen Personen auch eine höhere Sensibilität für die vorhandenen Daten besitzen und besser über den Wahrheitsgehalt und die Empfindlichkeit der enthaltenen Erkenntnisse urteilen können. Die Sensibilität ist insbesondere für das Geheimhaltungsinteresse der Unternehmen von Bedeutung. Andererseits schränkt § 2 Abs. 2 VIG den Kreis der Behörden ein und stellt dabei auf deren Tätigkeit im Rahmen des LFGB ab. Dementsprechend werden alle Stellen eine ausreichende Sensibilität besitzen. Dies spricht dafür, dass die Informationen allein „vorhanden sein“ müssen und der Verbraucher sich somit an möglichst viele Behörden wenden kann.

Bei dem Begriff **Erzeugnisse** ist auf § 2 Abs. 1 LFGB abzustellen. Es handelt sich um „Lebensmittel einschließlich Lebensmittel-Zusatzstoffe, Futtermittel, kosmetische Mittel und Bedarfsgegenstände“. Absatz 2 dieser Norm verweist auf Art. 2 VO (EG) 178/2002[171] und definiert Lebensmittel dadurch als „alle Stoffe oder Erzeugnisse, die dazu bestimmt sind oder von denen nach vernünftigem

166 Richtig angemerkt von Wustmann, Ulrich: „VIG – Klappe – die Vierte“ Dauerbrenner Verbraucherinformation, ZLR 2007, S. 242–255 (245).

167 Umweltinformationsgesetz vom 22.10.2004 (BGBl. I S. 3704), das durch Artikel 2 Absatz 47 des Gesetzes vom 07.08.2013 (BGBl. I S. 3154) geändert worden ist.

168 Beck, Rita: Verbraucherinformationsgesetz, Kommentar und Vorschriftensammlung, Stuttgart 2009, S. 16–17.

169 Dazu ausführlicher Wustmann, Ulrich: „VIG – Klappe – die Vierte“ Dauerbrenner Verbraucherinformation, ZLR 2007, S. 242–255 (245–248).

170 Schwind, Joachim: Umsetzung des Verbraucherinformationsgesetzes in Niedersachsen, NdsVBl. 2008, S. 343–347 (344–345).

171 Verordnung (EG) Nr. 178/2002 des Europäischen Parlaments und des Rates vom 28.01.2002 zur Festlegung der allgemeinen Grundsätze und Anforderungen des Lebensmittelrechts, zur Errichtung der Europäischen Behörde für Lebensmittelsicherheit und zur Festlegung von Verfahren zur Lebensmittelsicherheit.

Ermessen erwartet werden kann, dass sie in verarbeitetem, teilweise verarbeitetem oder unverarbeitetem Zustand von Menschen aufgenommen werden." Zudem sind auch Stoffe, die bewusst als Zusatz verwendet werden, darunter einzuordnen. Absatz 3 der Norm erklärt unter Verweis auf die Verordnung (EG) Nr. 1333/2008[172] Lebensmittel-Zusatzstoff als „Stoff mit oder ohne Nährwert, der in der Regel weder selbst als Lebensmittel verzehrt noch als charakteristische Lebensmittelzutat verwendet wird und einem Lebensmittel aus technologischen Gründen bei der Herstellung, Verarbeitung, Zubereitung, Behandlung, Verpackung, Beförderung oder Lagerung zugesetzt wird, wodurch er selbst oder seine Nebenprodukte mittelbar oder unmittelbar zu einem Bestandteil des Lebensmittels werden oder werden können."[173] Der Begriff erschöpft eine Vielzahl von Gegenständen, was eine umfassende Recherche der Verbraucher ermöglicht.

Bedarfsgegenstände definiert § 2 Abs. 6 Nr. 6 LFGB als „Gegenstände, die dazu bestimmt sind, nicht nur vorübergehend mit dem menschlichen Körper in Berührung zu kommen, wie Bekleidungsgegenstände, Bettwäsche, Masken, Perücken, Haarteile, künstliche Wimpern, Armbänder".[174]

Verbraucherprodukte sind gemäß § 2 Nr. 26 des Produktsicherheitsgesetzes[175] vom 08. November 2011 „neue, gebrauchte oder wiederaufgearbeitete Produkte, die für Verbraucher bestimmt sind oder unter Bedingungen, die nach vernünftigem Ermessen vorhersehbar sind, von Verbrauchern benutzt werden könnten, selbst wenn sie nicht für diese bestimmt sind; als Verbraucherprodukte gelten auch Produkte, die dem Verbraucher im Rahmen einer Dienstleistung zur Verfügung gestellt werden."

Bezüglich der Auslegung des Begriffs **Gefahr** gibt es unterschiedliche Auffassungen in der Literatur. Die Verordnung (EG) Nr. 178/2002 definiert den Begriff als „ein biologisches, chemisches oder physikalisches Agens in einem Lebensmittel oder Futtermittel oder einen Zustand eines Lebensmittels oder Futtermittels, der eine Gesundheitsbeeinträchtigung verursachen kann". Das VIG umfasst neben den in der Definition aufgeführten Lebens- und Futtermitteln auch Bedarfsgegenstände, Kosmetika und Verbraucherprodukte. *Beck* (2009: 22–23) ist dennoch der Auffassung, dass die obrige Begriffsbestimmung

172 Verordnung (EG) Nr. 1333/2008 des Europäischen Parlaments und des Rates vom 16.12.2008 über Lebensmittelzusatzstoffe.

173 Domeier, Danja/Matthes, Robert: Verbraucherinformationsgesetz Kommentar, Wiesbaden 2008, S. 20–21.

174 Ebd., S. 22.

175 Produktsicherheitsgesetz vom 08.11.2011 (BGBl. I S. 2178, 2179; 2012 I S. 131).

ausreichend ist, da die Gesundheitsbeeinträchtigung die einzige einschlägige Gefahr ist.[176] *Domeier* und *Matthes* (2008: 22) hingegen plädieren aufgrund des weiterführenden Umfangs des Gesetzes für einen Rückgriff auf das Polizeirecht. Demnach liegt eine Gefahr vor, wenn „eine Sachlage bei ungehindertem Ablauf des objektiv zu erwartenden Geschehens im Einzelfall mit hinreichender Wahrscheinlichkeit zu einem Schaden, d.h. einer Verletzung der Schutzgüter der öffentlichen Sicherheit und Ordnung führt."[177] Der Begriff umschreibt demnach lediglich, dass eine Beeinträchtigung der Gesundheit stattfinden könnte.[178] Um einen ausreichenden Schutz des Lebens und der Gesundheit der Verbraucher gewährleisten zu können, müssen zeitnahe Eingriffe möglich sein. Auf der anderen Seite bedarf ein Agieren der Behörde einer hinreichenden Grundlage, da die Handlungen große Schäden bei den Unternehmen hervorrufen können.

Diese Problematik besteht auch hinsichtlich des Terms **Risiko**. Gemäß Art. 3 Nr. 9 VO (EG) Nr. 178/2002 handelt es sich beim Risiko um „eine Funktion der Wahrscheinlichkeit einer die Gesundheit beeinträchtigenden Wirkung und der Schwere dieser Wirkung als Folge der Realisierung einer Gefahr." Das Risiko setzt folglich Wahrscheinlichkeit und Schwere der Beeinträchtigung in Relation zueinander. Ein hohes Risiko besteht demnach, wenn entweder die Wahrscheinlichkeit des Eintritts sehr hoch ist und die Beeinträchtigung an sich eher gering oder die Wahrscheinlichkeit eher gering ist, die Beeinträchtigung aber schwerwiegend wäre.[179] Ist das Leben des Verbrauchers gefährdet, ist das Risiko mithin selbst bei geringer Wahrscheinlichkeit des Eintritts hoch.

Laut Weltgesundheitsorganisation entspricht **Gesundheit** einem „Zustand des vollständigen körperlichen, geistigen und sozialen Wohlbefindens". Diese Umschreibung geht sehr weit. Die Gesundheit ist generell beeinträchtigt, wenn es zu einer negativen Veränderung körperlich-medizinischen Befindens kommt. Gesundheitsschutz kann auch vorbeugend sein.[180] Wenn Beeinträchtigungen der Gesundheit vorliegen, ist zeitgleich die **Sicherheit** eines Produkts

---

176 Beck, Rita: Verbraucherinformationsgesetz, Kommentar und Vorschriftensammlung, Stuttgart 2009, S. 22–23.

177 Domeier, Danja/Matthes, Robert: Verbraucherinformationsgesetz Kommentar, Wiesbaden 2008, S. 22.

178 So Borchert, Günter in: Beyerlein, Thorsten/Borchert, Günter (Hrsg.): Verbraucherinformationsgesetz Kommentar, München 2010, § 1 VIG, S. 55, Rn. 41.

179 Beck, Rita: Verbraucherinformationsgesetz, Kommentar und Vorschriftensammlung, Stuttgart 2009, S. 23.

180 In diesem Sinne Domeier, Danja/Matthes, Robert: Verbraucherinformationsgesetz Kommentar, Wiesbaden 2008, S. 22–23.

nicht gegeben. So gelten z.B. Lebensmittel gemäß Art. 14 VO (EG) 178/2002 als nicht sicher, „wenn davon auszugehen ist, dass sie a) gesundheitsschädlich sind, b) für den Verzehr durch den Menschen ungeeignet sind."

Es gab verschiedene Auffassungen darüber, wie weit der Begriff **Verstöße** des alten § 1 Abs. 1 S. 1 Nr. 1 VIG auszulegen ist. Gemeint waren laut *Beck* (2009: 19–20) nicht nur gesundheitsbezogene Verstöße, sondern alle, die die Behörde zu Maßnahmen nach § 39 Abs. 2 LFGB (Verbot oder Beschränkung des Herstellens, Behandelns oder des Inverkehrbringens von Erzeugnissen) veranlassten. Mögliche Rechtsgrundlagen waren das LFGB und das vom LFGB abgelöste LMBG, im Zusammenhang mit den vorgenannten Gesetzen erlassene Verordnungen und unmittelbar geltende Rechtsakte der EU im Anwendungsbereich des LFGB. Rechtsverstöße lagen dann vor, wenn der Verdacht sich hinreichend gefestigt hatte. Es waren nicht ausschließlich endgültig rechtskräftig festgestellte Verstöße gemeint, da § 2 Nr. 1b VIG regelte, dass Informationen eines laufenden Verwaltungsverfahrens an den Verbraucher weitergeleitet werden durften, wenn Informationen über Verstöße nach Nr. 1 beantragt wurden.[181] *Borchert* (2010, 48–50) teilte diese Auffassung nicht. Bei Verstößen handelte es sich seiner Auffassung nach neben Straftat- und Bußgeldtatbeständen auch um alle Zuwiderhandlungen. Die praktischen Erfahrungen der Verbraucherzentrale hatten jedoch aufgezeigt, dass Behörden zum Beispiel Grenwertzüberschreitungen nicht als Verstoß werteten. Aus dem Wortlaut des VIG ließ sich zwar schließen, dass ein Verstoß im Sinne des Gesetzes bereits vorliegen kann, wenn das Verwaltungsverfahren an sich noch nicht abgeschlossen ist. Dies hätte jedoch gegen das Rechtsstaatprinzip verstoßen, welches vorsieht: „Im Rechtsstaat steht ein Rechtsverstoß nicht fest, bevor er in einem gerichtlichen, Ordnungswidrigkeiten- oder Verwaltungsverfahren amtlich zur Grundlage einer behördlichen oder gerichtlichen Entscheidung oder Feststellung gemacht wurde."[182] Die Novelle sieht eine Informationsvergabe bereits vor, wenn die zuständigen Stellen eine **Abweichung von Anforderungen** des Lebensmittel- und Futtermittelgesetzbuches und des Produktsicherheitsgesetzes feststellen. Die neue Begrifflichkeit dient der Klarstellung, welche die oben genannte Diskussion aus dem Weg räumen soll. Da der Tatbestand „Abweichungen" schneller erfüllt ist, handelt es sich zudem um eine Änderung zugunsten der Verbraucher.

---

181 Ausführlicher Beck, Rita: Verbraucherinformationsgesetz, Kommentar und Vorschriftensammlung, Stuttgart 2009, S. 19–20.

182 Borchert, Günter in: Beyerlein, Thorsten/Borchert, Günter (Hrsg.): Verbraucherinformationsgesetz Kommentar, München 2010, § 1 VIG, S. 48–50, Rn. 30–32.

2. Die Zugangsvoraussetzungen

Jede natürliche Person, unabhängig vom Wohnsitz und der Staatsangehörigkeit, kann den Zugang zu den Informationen der Behörden im Zusammenhang mit dem VIG beantragen.[183] Angesichts des starken Ungleichgewichts zwischen Verbrauchern und Unternehmen wäre laut *Beck* (2009: 8) eine generelle Weitergabe von Informationen an Jedermann und nicht nur auf Antrag die bessere Lösung.[184] Gemäß diesem Ansatz müssten die Behörden jegliche Daten, die ihnen vorliegen, veröffentlichen. Daraus würde ein erheblicher Arbeitsaufwand, eine Informationsflut und eine gewisse Gefahr für die Informationen der Unternehmen resultieren. Durch das VIG ist es grundsätzlich jedem möglich, die für ihn interessanten Informationen zu erfragen. Diese sind nicht unbedingt für die Allgemeinheit von Interesse. Dagegen könnte jedoch argumentiert werden, dass die Verbraucher durchaus auswählen könnten, mit welchen der allgemein zur Verfügung gestellten Informationen sie sich beschäftigen möchten oder nicht. Zudem spricht gegen die Regelung mit dem Antragsverfahren, dass es für Verbraucher schwierig ist, über jeden einzelnen Hersteller Informationen zu erfragen. Ferner müsste der Verbraucher immer wieder an die Behörden herantreten, da diesen von Zeit zu Zeit neue Daten vorliegen könnten. Es ist mehr oder minder unmöglich für einen Einzelnen, alle bedeutsamen Erkenntnisse zu erfragen, was somit letztendlich klar für den Ansatz von *Beck* (2009: 8) spricht. Dieser Ansatz würde jedoch, wie zuvor erwähnt, neben dem zusätzlichen Arbeitsaufwand und der Informationsflut ein höheres Risiko für Unternehmen darstellen, da mehr Personen Kenntnis über die Unternehmensdaten bei einer Veröffentlichung erhalten würden. Es würden jedoch nicht nur Unternehmensgeheimnisse, sondern auch Informationen über Qualitätsunterschiede und ähnlichem veröffentlicht, deren Kenntnis im Interesse der Verbraucher liegt. Am Ende ist anzunehmen, dass es sich bei dem Prinzip der Antragstellung um einen Kompromiss zwischen den Geheimnisinteressen der Unternehmen, dem Informationsinteresse der Verbraucher und dem Interesse der Behörden hinsichtlich des Arbeitsaufwandes zu handeln.

Auch wenn der Titel erwarten lässt, dass es sich lediglich bei Verbrauchern um berechtigte Antragsteller handelt, räumen der Gesetzestext an sich und die

183 Vgl. Hahn, Peter/Wellmann, Eva: Verbraucherinformationsgesetz, Hamburg 2008, S. 31.

184 Beck, Rita: Verbraucherinformationsgesetz, Kommentar und Vorschriftensammlung, Stuttgart 2009, S. 8.

Begründung auch juristischen Personen Zugang ein.[185] Auch das Ziel des Verbraucherinformationsgesetzes lässt darauf schließen, dass juristische Personen des öffentlichen Rechts Anspruchsberechtigte sind, soweit sie grundrechtsfähig sind, wie zum Beispiel öffentlich-rechtliche Rundfunkanstalten.[186] Es wird kritisch betrachtet, dass auch ausländische juristische Personen ein Zugangsrecht haben. Sie können von dem Gesetz profitieren, indem sie Informationen über andere Unternehmen erfragen. Nicht jedes Land hat ein Verbraucherinformationsgesetz und ermöglicht eine derartige Anfrage. Mithin können ausländische Unternehmen Daten über deutsche Unternehmen erlangen, die deutschen Unternehmen können im Gegenzug nur Informationen über das antragstellende Unternehmen erfahren, wenn es in dem Sitzland ein entsprechendes dem VIG ähnliches Gesetz gibt. Dadurch kann eine Wettbewerbsverzerrung entstehen.[187] Diesbezüglich wurden die Interessen der Unternehmen auf den ersten Blick kaum beachtet. Zu bedenken ist jedoch, dass Konkurrenten jederzeit eine natürliche Person abstellen könnten, die als Antragsteller auftritt. Die bereits aufgeführte Definition des Verbrauchers schränkt zwar theoretisch den Kreis der natürlichen Personen gemäß dem Titel des Gesetzes ein, jedoch wird bei Eingang des Antrags nicht überprüft, ob diesem Kriterium entsprochen wird. Eine Überprüfung ist nach Einschätzung der Autorin auch nicht möglich, da jede natürliche (und auch juristische) Person zumindest potenzieller Verbraucher ist und dies nicht nachweisbar ist. Das Gesetz soll unter anderem dazu dienen, vor dem Kauf Daten über die Qualität etc. eines Produkts zu erhalten, damit entschieden werden kann, ob das Produkt den Vorstellungen entspricht. Die Gefahr der Spionage könnte mithin auch nicht durch eine Beschränkung des Antragstellerkreises eingedämmt werden.

Maßgeblich erleichtert wird die mögliche Spionage durch Konkurrenzunternehmen dadurch, dass inzwischen bei Antragstellung nicht einmal mehr ein berechtigtes Interesse dargelegt werden muss. Der Antragsteller muss weder ein

---

185 So unter anderem Borchert, Günter in: Beyerlein, Thorsten/Borchert, Günter (Hrsg.): Verbraucherinformationsgesetz Kommentar, München 2010, S. 7, Rn. 2.

186 Dargestellt von unter anderem Domeier, Danja/Matthes, Robert: Verbraucherinformationsgesetz Kommentar, Wiesbaden 2008, S. 19.

187 So grundlegend in Bezug auf die EG-Richtlinie über den freien Zugang zu Informationen über die Umwelt (Richtlinie des Rates vom 7.6.1990 über den freien Zugang zu Informationen über die Umwelt (90/313/EWG)) Fluck, Jürgen: Der Schutz von Unternehmensdaten im Umweltinformationsgesetz, NVwZ 1994, S. 1048–1056 (1049).

berechtigtes Interesse an der Information haben noch betroffen sein.[188] Der Zugang ohne berechtigtes Interesse ist eine bedeutende Änderung, die das VIG mit sich bringt. Verbraucher können nun aus jeglichen Gründen, zum Beispiel zur Sicherstellung, dass den moralischen oder qualitätsbezogenen Standards entsprochen wird, Zugang zu den Erkenntnissen der Behörden erhalten. Dadurch fällt jegliche Bewertung der Interessen weg. Es könnte argumentiert werden, dass es sich um eine Art Zugeständnis der Wichtigkeit aller Informationsinteressen der Verbraucher und an den Verbraucherschutz an sich handelt. Im allgemeinen Verwaltungsrecht wird lediglich Beteiligten eines Verwaltungsverfahrens Akteneinsicht während des laufenden Verfahrens gestattet, sofern es für die Geltendmachung oder Verteidigung rechtlicher Interessen erforderlich ist. Laut Rechtsprechung liegt es außerhalb von dergleichen Verfahren im Ermessen der Behörde, Zugang zu den Informationen zu gewähren, wenn ein berechtigtes Interesse nachgewiesen wird. Auch im besonderen Verwaltungsrecht gibt es eine hohe Anzahl von Zugangsrechten,[189] die eine Betroffenheit voraussetzen.[190] Die Neuerung des VIG birgt eine Gefahr für das Geheimnisinteresse der Unternehmen, falls die Betriebs- und Geschäftsgeheimnisse offengelegt werden, wenn das öffentliche Interesse überwiegt. Es kann jedoch argumentiert werden, dass nur durch diese Herabstufung des Interesses der Unternehmen der Verbraucherschutz gewährleistet werden kann. Eine Darlegung des Interesses könnte potenzielle Antragsteller abhalten, da die Erbringung des Beweises sich als schwierig erweisen kann. Im Falle des VIG könnte argumentiert werden, dass das Interesse an der Verbraucherinformation an sich als berechtigtes Interesse zu werten ist. Wie bereits erläutert, können nur bestimmte Informationen von bestimmten Behörden erfragt werden. Ein jeder, der einen Antrag stellt, ist potenzieller Verbraucher des Gegenstandes.

Bei der Festlegung des Antragsgegners konnten die Unternehmer, entgegen des weiten Antragstellerkreises, ihr Anliegen erfolgreich durchsetzen. Der Anspruch gilt gegenüber den bereits beschriebenen Stellen. Das VIG sollte zunächst auch einen Informationsanspruch gegenüber Unternehmen enthalten. Es gab jedoch verfassungsrechtliche Bedenken und die Unternehmen wehrten sich vehement dagegen. Sie bezogen sich auf die hohen Kosten, die entstehen

188 Exemplarisch Domeier, Danja/Matthes, Robert: Verbraucherinformationsgesetz Kommentar, Wiesbaden 2008, S. 19.

189 Vgl. zum Beispiel § 19 BDSG.

190 Vgl. Schoch, Friedrich Das Recht auf Zugang zu staatlichen Informationen – Informationszugangsfreiheit in Deutschland und in der Schweiz, DÖV 2006, S. 1–10 (4).

würden, und stellten die Behauptung auf, dass es keinen Bedarf an mehr Informationen gäbe.[191]

3. Die Ausschluss- und Beschränkungstatbestände

a) Die Ausschluss- und Beschränkungstatbestände nach § 3 VIG

§ 3 VIG nennt die Ausschluss- und Beschränkungstatbestände. Bei Feststellung eines Ausschlusstatbestands, besteht der Informationsanspruch gänzlich nicht. Bei Vorliegen eines Beschränkungsgrunds kann die Teilmenge der Daten, die nicht dem Beschränkungsgrund unterliegt, übermittelt werden.[192] Der Ausnahmekatalog des § 3 VIG ist um einige Bestimmungen reicher als der des Informationsfreiheitsgesetzes.[193]

Das Informationsinteresse muss hinter folgenden öffentlichen Ausschluss- und Beschränkungsgründen zurückstehen, die dem Staat selbst und der Öffentlichkeit dienen. Eine Information ist vom Anspruch ausgeschlossen, wenn

(1) die Publikation sich nachteilig auf Internationale Beziehungen und sicherheitsempfindliche Belange der Bundeswehr auswirken kann. Die Möglichkeit einer negativen Wirkung reicht aus. Da Informationen über Erzeugnisse im Zusammenhang mit dem LFGB oder Produkte im Zusammenhang mit dem Produktsicherheitsgesetz selten im Zusammenhang mit dieser Materie stehen, ist dieser Ausschlusstatbestand eher irrelevant.[194]

(2) die Vertraulichkeit der Beratung von Stellen der öffentlichen Verwaltung berührt wird. Davon kann ausgegangen werden, wenn die Daten Rückschlüsse auf die Meinungsbildung zulassen und die Beratungen somit berührt werden. Umfasst werden schriftliche oder mündliche Meinungsäußerungen der Behörde vom Beginn bis zur Entscheidung über das Verwaltungsverfahren. Der Anspruch besteht weiterhin nicht, wenn eine Gefahr für die öffentliche Sicherheit besteht. Diese kann vorliegen, wenn das Wohl des Bundes, der Länder oder des einzelnen Bürgers (wie zum Beispiel die Gesundheit, die

---

191 Allgemein zur Rolle der Unternehmen Hüttner, Katja: Rechtslage zu Verbraucherinformation in Deutschland in Micklitz, Hans-W (Hrsg.): Informationszugang für Verbraucher in Europa und den USA, Baden-Baden 2009, S. 149.

192 So unter anderem Domeier, Danja/Matthes, Robert: Verbraucherinformationsgesetz Kommentar, Wiesbaden 2008, S. 30.

193 Ausführlich dargestellt Hahn, Peter/Wellmann, Eva: Verbraucherinformationsgesetz, Hamburg 2008, S. 47.

194 So Beck, Rita: Verbraucherinformationsgesetz, Kommentar und Vorschriftensammlung, Stuttgart 2009, S. 36–37.

Freiheit oder das Eigentum) erheblich und durch tatsächlich vorhandene Anhaltspunkte beeinträchtigt würde.[195]

(3) ein Verwaltungs-, Justiz-, Straf-, Disziplinar-, Gnaden- oder ordnungswidrigkeitsrechtliches Verfahren anhängig ist und durch die Vergabe der Information nachteilige Auswirkungen entstehen. Problematisch ist dabei zum einen, wie Behörden von der Einleitung eines Verfahrens Kenntnis gelangen sollen, wenn das Verfahren nach dem „Sitzland-Prinzip“ in einem anderen Staat stattfindet, und zum anderen wie der Antragsteller vom Abschluss des Verfahrens erfahren soll.
Einem Antrag während eines solchen Verfahrens wird stattgegeben, wenn Informationen nach § 2 Abs. 1 Nr. 1 und 2 VIG betroffen sind, also Abweichungen von Anforderungen des LFGB und des Produktsicherheitsgesetzes vorliegen oder Gefahren und Risiken bestehen.[196] In solchen Fällen müssen die Behörden die Informationen sogar kostenlos gewähren. Das alte VIG sah, wie bereits dargelegt, eine Offenlegung bei Rechtsverstößen vor und wurde hinsichtlich verschiedener Gesichtspunkte kritisiert. Es wurde argumentiert, in den Anfängen eines Verwaltungsverfahrens seien die Informationen über den Rechtsverstoß nicht hinreichend geprüft. Dadurch würden gegebenenfalls falsche Aussagen über unschuldige Unternehmen veröffentlicht. Auch auf die Problematik, dass es keine einheitliche Bestimmung des Begriffs “Rechtsverstoß“ gab, wurde bereits eingegangen. Zum Teil wurde die Auffassung vertreten, dass ein Rechtsverstoß erst vorliegt, wenn es sich um einen Straf- oder Bußgeldtatbestand handelt. Begründet wurde die Auffassung mit dem aus der Veröffentlichung resultierenden Grundrechtseingriff der Rechte der Unternehmen.[197] *Girnau* (2006: 660) sah die Offenlegung während eines Verwaltungsverfahrens bei Verstößen gegen das LFGB für nicht notwendig an, da gemäß § 40 LFGB die gesamte Öffentlichkeit von allein durch die Behörden informiert werden kann, wenn ein Verstoß vorliegt.[198] *Wiemers* (2009: 419–423) kritisierte, dass keine Abwägung der Schwere des Rechtsverstoßes und dem Wert der offenzulegenden Betriebs- und Geschäftsgeheimnis

195 Siehe Beck, Rita: Verbraucherinformationsgesetz, Kommentar und Vorschriftensammlung, Stuttgart 2009, S. 37–38.

196 Ebd., S. 38–40.

197 Vgl. Grube, Markus/Weyland, Gerd: Gesetz zur Verbesserung der gesundheitsbezogenen Verbraucherinformation – Verbraucherinformationsgesetz, Kommentar, Berlin 2008, § 2, Rn. 5.

198 Girnau, Marcus: Gesetz zur Neuregelung des Rechts der Verbraucherinformationen, ZLR 2006, S. 651–674 (660).

in der Norm vorgesehen ist und stellte die Verfassungsmäßigkeit in Frage. Er war weiterhin der Auffassung, dass bei einer Veröffentlichung von Verstößen gegen das Lebensmittelrecht unter Nennung des Unternehmens eine Doppelbestrafung vorgenommen wurde, da die Unternehmen bereits Bußgelder zahlen mussten oder strafrechtlich zur Verantwortung gezogen wurden und durch die Nennung schlechte Publicity entstand. Er führte weiter aus: „In jedem Fall liegt in der öffentlichen, von staatlichen Stellen vorgenommenen Verbindungen eines Unternehmens mit (gravierenden) Verstößen gegen das Lebensmittelrecht ein Eingriff in das Grundrecht der Berufsfreiheit, das auch die Berufsehre des Unternehmers umfasst. Zudem ist der Eingriff in das Recht am eingerichteten und ausgeübten Gewerbebetrieb möglich, sofern die öffentliche Anprangerung des betroffenen Unternehmen in seinem konkreten Bestand, seiner Substanz gefährdet."[199] Durch die Änderung des Gesetzes verschärft sich die Problematik noch weiter, da die Schwelle herabgesetzt wurde. Diesen Kritikpunkten ist jedoch entgegenzusetzen, dass fraglich ist, inwieweit den Unternehmen ein Schutz zusteht, wenn ein Rechtsverstoß vorliegt. Hierauf wird später noch eingegangen.

(4) die Behörden am Wirtschaftsleben teilnehmen und die fiskalischen Interessen gefährdet würden. Behörden können sich nicht auf eigene Betriebs- und Geschäftsgeheimnisse berufen. Die Bestimmung soll deswegen die Position der Behörden schützen. In der Praxis wird diese Ausnahme jedoch kaum Anwendung finden, da es unwahrscheinlich scheint, dass es Informationen über Erzeugnisse nach dem LFGB gibt, die gleichzeitig die fiskalischen Interessen der Behörden berühren. Ein Anspruch besteht weiterhin nicht, wenn es sich bei den Tatsachen um Dienstgeheimnisse, wie zum Beispiel den Erlass eines Haftbefehls, handelt. Diese Tatsachen sind nicht bereits durch § 3 Nr. 1 b) VIG, der die Auskunftsverweigerung während eines Verwaltungsverfahrens erfasst, da diese Norm nur die Daten innerhalb des Verfahrens schützt.[200]

(5) es sich um Daten im Zusammenhang mit einer privatrechtlichen Dienstleistung handelt, wie zum Beispiel Studien. Wenn Dritte die Ergebnisse von Untersuchungen ohne großen Kostenaufwand erfragen könnten, würden die Auftraggeber benachteiligt und daraus resultierend eventuell zukünftig von derartigen Aufträgen absehen.[201]

---

199 Wiemers, Matthias: Quo vadis, Verbraucherinformationsgesetz?, ZLR 2009, S. 413–437 (419–423).

200 Vgl. Beck, Rita: Verbraucherinformationsgesetz, Kommentar und Vorschriftensammlung, Stuttgart 2009, S. 40–41.

201 Ausführlicher ebd., S. 41.

(6) es sich um Informationen über Verstöße handelt, die länger als fünf Jahre zurückliegen. Dies betreffende Anfragen werden nur ausnahmsweise gewährt, wenn sonst dem Ziel des Gesetzes nicht mehr gerecht werden würde.[202]
(7) es sich um Informationen nach § 2 Abs. 1 S. 1 Nr. 1 VIG handelt, die vor mehr als fünf Jahren vor Antragstellung entstanden sind.

Die Norm enthält zudem im Folgenden dargestellte private Belange. Interessant ist dabei, dass drei der vier Ausnahmetatbestände dem Schutz von verschiedenen Unternehmensdaten dienen. Lediglich eine der Ausnahmen schützt die Belange von Privatpersonen. Doch nicht alleine die Tatsache, dass die eindeutige Mehrzahl der Ausnahmen zugunsten der Unternehmen ausfallen, sondern auch, dass Unternehmen gleich durch drei Ausnahmetatbestände berücksichtigt werden, ist große Beachtung zu schenken. Ein Anspruch ist nicht gegeben, wenn:

(1) personenbezogene Daten enthalten sind. Gemäß § 3 Abs. 1 Bundesdatenschutzgesetz[203] sind dies „Einzelangaben über persönliche oder sachliche Verhältnisse einer bestimmten oder bestimmbaren natürlichen Person".[204] Informationen sind beispielsweise auch dann personenbezogen, wenn sie auch ohne Namensnennung eindeutig einer natürlichen Person zugeordnet werden können.[205] Der betroffene Dritte wird befragt, um seine Belange oder eine eventuelle freiwillige Einwilligung zur Offenlegung festzustellen. So kann zum Beispiel bestimmt werden, ob eine Schwärzung der relevanten Stellen hinreichend ist. Generell werden juristische Personen nicht von dieser Bestimmung erfasst, da diese regelmäßig keine personenbezogenen Daten, sondern Betriebs- und Geschäftsgeheimnisse haben. Dies gilt jedoch nicht, wenn eine Ein-Mann-GmbH vorliegt und negative Rückschlüsse auf den alleinigen Inhaber möglich sind. In dem Fall ist dieser Tatbestand erfüllt.[206] Die ursprüngliche Fassung des VIG enthielt in § 3 S. 1 Nr. 2 a) eine Abwägungsklausel.

---

202 Siehe Beck, Rita: Verbraucherinformationsgesetz, Kommentar und Vorschriftensammlung, Stuttgart 2009, S. 42–43.

203 Bundesdatenschutzgesetz in der Fassung der Bekanntmachung vom 14.01.2003 (BGBl. I S. 66), das zuletzt durch Artikel 1 des Gesetzes om 14.08.2009 (BGBl. I S. 2814) geändert worden ist.

204 Domeier, Danja/Matthes, Robert: Verbraucherinformationsgesetz Kommentar, Wiesbaden 2008, S. 32.

205 Siehe Hahn, Peter/Wellmann, Eva: Verbraucherinformationsgesetz, Hamburg 2008, S. 53.

206 Umfassend Beck, Rita: Verbraucherinformationsgesetz, Kommentar und Vorschriftensammlung, Stuttgart 2009, S. 42–44.

Die Stelle muss zwischen dem einfachgesetzlich normierten Interesse der Öffentlichkeit an der Offenlegung der Daten und dem grundrechtlich durch Art. 2 Abs. 1 i. V. m. Art. 1 Abs. 1 GG geschützten Interesse des Dritten auf Selbstbestimmung abwägen.[207] Im Zuge der Novellierung des Gesetzes wurde die Abwägungsklausel in Nr. 2 a) gestrichen. Stattdessen wurde ein Satz 2 in der Norm eingefügt, der die Abwägung auf die Nummern b) und c) erweitert.

(2) der Schutz des geistigen Eigentums berührt wird. Dabei kann es sich auch um geistiges Eigentum der Behörde handeln. Die Offenlegung der Daten war vor der Novellierung nur bei einer Zustimmung des betroffenen Dritten möglich. Einer Abwägung der Interessen bedurfte es nicht.[208] § 3 Nr. 2 b) VIG erzeugte durch das Fehlen der Abwägung eine Sperrwirkung bei Informationen über geistiges Eigentum. Die Sperrwirkung wurde durch die Novelle des Gesetzes aufgehoben.[209] Der Schutz des geistigen Eigentums steht dem Informationsbegehren zum Beispiel nicht entgegen, wenn die Informationen öffentlich im Register zugänglich sind. Ein Abgrenzungsmerkmal zu den Betriebs- und Geschäftsgeheimnissen ist, dass geistiges Eigentum keinen Geschäftsbetrieb, dafür aber die Neuheit der Erfindung voraussetzt.[210]

(3) es sich um Informationen handelt, die aufgrund einer gesetzlichen Meldepflicht an die Behörden übermittelt wurden. Diese Regelung stellt einen absoluten Anspruchsausschluss dar. § 3 Nr. 2 d) VIG bleibt von der Einführung der Abwägung mit dem Interesse der Öffentlichkeit seitens der Behörde durch die Novelle des Gesetzes unberührt. Die Unternehmen sollen nicht für ihre Kooperation bestraft werden.[211] Insbesondere kann auch nicht davon ausgegangen werden, dass das Unternehmen kein Interesse an der Geheimhaltung hat, weil es die Information an die Behörde übermittelt hat. Dies gilt auch für Daten, die übermittelt wurden, wenn das Unternehmen fälschlicherweise davon ausging, dass eine Meldepflicht

207 Siehe Beck, Rita: Verbraucherinformationsgesetz, Kommentar und Vorschriftensammlung, Stuttgart 2009, S. 42–44.

208 Vgl. ebd., S. 44–45.

209 Zur alten Fassung des Gesetzes Girnau, Marcus: Gesetz zur Neuregelung des Rechts der Verbraucherinformationen, ZLR 2006, S. 651–674 (662).

210 Ausführlicher Beyerlein, Thorsten in: Beyerlein, Thorsten/Borchert, Günter (Hrsg.): Verbraucherinformationsgesetz Kommentar, München 2010, § 2 VIG, S. 110–113, Rn. 86–92.

211 So Hahn, Peter/Wellmann, Eva: Verbraucherinformationsgesetz, Hamburg 2008, S. 52–53.

besteht.[212] Daran ist zu kritisieren, dass der Fokus der Verbraucher gerade auf Erkenntnissen hinsichtlich der Einhaltung bestimmter gesetzlicher Kriterien liegt. Bei Verstößen muss die Behörde diese Daten offenlegen. Jedoch kann es zum Beispiel aufgrund moralischer Einstellungen andere Maßstäbe geben, so dass der Verbraucher keine Erkenntnisse darüber erhalten kann, ob das Produkt seinem Standard genügt.

(4) wenn durch die begehrten Informationen Betriebs- oder Geschäftsgeheimnisse offenbart würden. Das ursprüngliche Gesetz stellte zudem auf das Vorliegen von „sonstigen wettbewerbsrelevanten Informationen, die in ihrer Bedeutung für den Betrieb mit einem Betriebs- oder Geschäftsgeheimnis vergleichbar sind", ab.[213] Die sonstigen wettbewerbsrelevanten Informationen waren nicht definiert. Sie galten als Auffangtatbestand und dienten insbesondere den Tatsachen, denen es an einem betrieblichen Bezug fehlte, wie zum Beispiel den Qualitätsunterschieden. Diesen fehlt es an einem betrieblichen Bezug, da sie nicht vom Unternehmen selbst erzeugt werden, wodurch eine Qualifikation als Betriebs- und Geschäftsgeheimnis nicht möglich ist.[214] Laut *Beck* (2009: 47) konnte dem Prinzip des Auffangtatbestands durch eine weite Auslegung des Begriffs der Betriebs- und Geschäftsgeheimnisse entsprochen werden.[215] Die Novelle des VIG sieht die Streichung dieses Auffangtatbestands vor, da die Praxis zeigte, dass dieser überflüssig ist und ein ausreichender Schutz alleine durch den Ausnahmebestand der Betriebs- und Geschäftsgeheimnisse und einer diesbezüglich weitgehenden Definition des Bundesverfassungsgerichts[216] gewährleistet wird.[217] Diese Erkenntnis ist ein erster Indikator dafür, dass der Schutz der Betriebs- und Geschäftsgeheimnisse sehr umfangreich ist und vorherige Befürchtungen bezüglich der Offenlegung der Unternehmensdaten unbegründet waren.

---

212 Vgl. Beck, Rita: Verbraucherinformationsgesetz, Kommentar und Vorschriftensammlung, Stuttgart 2009, S. 46–48.

213 Drucksache 273/07 vom 27.04.07, Entwurf eines Gesetzes zur Neuregelung des Rechts der Verbraucherinformation, S. 2–3.

214 So argumentiert Beyerlein, Thorsten in: Beyerlein, Thorsten/Borchert, Günter (Hrsg.): Verbraucherinformationsgesetz Kommentar, München 2010, § 2 VIG, S. 128, Rn. 139.

215 Beck, Rita: Verbraucherinformationsgesetz, Kommentar und Vorschriftensammlung, Stuttgart 2009, S. 47.

216 BVerfG, Beschluss v. 14.03.2006 – 1 BvR 2087/03, 1 BvR 2111/03.

217 Dazu Entwurf eines Gesetzes zur Änderung des Rechts der Verbraucherinformationen, S. 29, abgerufen auf http://www.vigwirkt.de//fileadmin/sites/default/files/2011-07-20-VIGEntwurf.pdf.

Ob ein Betriebs- oder Geschäftsgeheimnis vorliegt, ist von Amts wegen zu prüfen und durch Befragung des betroffenen Unternehmens festzustellen. Dadurch wird den Unternehmen auch die Möglichkeit eröffnet, die Daten nachträglich als Betriebs- oder Geschäftsgeheimnisse zu kennzeichnen oder das Einverständnis bezüglich der Offenlegung zu geben.[218] Es ist fraglich, inwieweit der Ablehnungsbescheid der Behörde bereits die Betriebs- und Geschäftsgeheimnisse dem Antragsteller offenbart. Die Behörde wird mitteilen, dass Informationen vorliegen, diese jedoch aufgrund Interessen Dritter nicht offengelegt werden können. Wenn eine sehr konkrete Frage gestellt wurde, könnte der Bescheid der Behörde in der Tat bereits ein hinreichender Hinweis für den Antragsteller sein und damit würde der Schutz der Norm ins Leere laufen.[219]

Vor der Novellierung fand keine Interessenabwägung statt.[220] Es wurde argumentiert, dass nur so verhindert werden konnte, dass Dritte aus der geistigen Leistung einen wirtschaftlichen Wert schöpfen.[221] Dieser Auffassung ist nicht zu folgen, da eine Offenlegung auch weiterhin generell nicht vorgesehen ist und nur stattfindet, wenn öffentliche Belange überwiegen. Der Ausnahmetatbestand dient damit auch jetzt noch dem Schutz des Fortschritts. Unternehmen würden sich keine Mühe mehr geben zu forschen, wenn die Konkurrenten die neuen Erkenntnisse bei den Behörden ohne weiteres abfragen könnten und somit der wirtschaftliche Erfolg ausbliebe.[222] Insbesondere wird auf das berechtigte Interesse an der Geheimhaltung abgestellt. Dies liegt, wie bereits erläutert, regelmäßig dann vor, wenn die Unternehmen in ihrer Wettbewerbsfähigkeit eingeschränkt werden. Bei der Bewertung ist auf die Bedeutung der Informationen für (potenzielle) Kunden und Wettbewerber abzustellen.[223] Der Tatbestand ist

---

218 Siehe unter anderem Beck, Rita: Verbraucherinformationsgesetz, Kommentar und Vorschriftensammlung, Stuttgart 2009, S. 47–48.

219 So ansatzweise Lieberknecht, Otfried: Die Behandlung von Geschäftsgeheimnissen im deutschen und EG-Recht, WuW 1988, S. 833–848 (839).

220 Zur alten Fassung des Gesetzes Girnau, Marcus: Gesetz zur Neuregelung des Rechts der Verbraucherinformationen, ZLR 2006, S. 651–674 (663).

221 In Bezug auf das geistige Eigentum Beyerlein, Thorsten in: Beyerlein, Thorsten / Borchert, Günter (Hrsg.): Verbraucherinformationsgesetz Kommentar, München 2010, § 2 VIG, S. 110–111, Rn. 86.

222 So im Ergebnis hinsichtlich des IFG auch Sitsen, Michael: Das Informationsfreiheitsgesetz des Bundes: Rechtsprobleme im Zusammenhang mit dem Anspruch auf Informationszugang nach dem IFG, Hamburg 2009, S. 250.

223 Allgemein zur Offenlegung von Betriebs- und Geschäftsgeheimnissen in Verwaltungsverfahren Lieberknecht, Otfried: Die Behandlung von Geschäftsgeheimnissen im deutschen und EG-Recht, WuW 1988, S. 833–848 (839).

unter Umständen zeitlich begrenzt. Dabei ist auf den Zeitpunkt des Eingangs des Antrags abzustellen.[224] Die Einführung der Abwägung ist ein klares Zeichen zugunsten des Verbraucherschutzes. Ohne Interessenabwägung wurde den Betriebs- und Geschäftsgeheimnissen immer eine höherrangige Bedeutung zugesprochen, auch wenn das Anliegen der Verbraucher gegebenenfalls im Grunde von erheblicherer Bedeutung war. Die Umstrukturierung ist eine Art Anerkenntnis der möglichen Ebenbürtigkeit einiger Belange der Verbraucher. Es obliegt dann den Unternehmen, die Relevanz und Brisanz ihrer Daten darzustellen.

Wie bereits erwähnt, schützen gleich drei Tatbestände die Interessen der Unternehmen. Sofern Behörden sich nicht sicher sind, ob ein Betriebs- oder Geschäftsgeheimnis vorliegt, setzen durch die Anhörung der Unternehmen und die Möglichkeit der nachträglichen Kennzeichnung als Betriebs- oder Geschäftsgeheimnis weitere Schutzmechanismen zugunsten der Unternehmen ein. Die Norm enthält also einige Schutzmechanismen für Betriebs- und Geschäftsgeheimnisse, hinter denen die Verbraucherinteressen zurückstehen müssen. Positiv anzumerken ist, dass seit der Novellierung diese Sperrwirkung nicht greift, wenn es sich um Untersuchungsergebnisse der Lebensmittelüberwachung handelt, unabhängig davon, ob die Richtwerte eingehalten wurden oder nicht.[225]

Da vorerst neben den Betriebs- und Geschäftsgeheimnissen auch sonstige wettbewerbsrelevante Informationen geschützt wurden, hatte die Norm zudem einen sehr weiten Anwendungsbereich. Durch die Streichung der sonstigen wettbewerbsrelevanten Informationen und insbesondere die Einführung der Abwägung fließen die Verbraucherinteressen nun mit in die Norm mit ein. Es bleibt jedoch abzuwarten, wie sich die Einbeziehung der Interessenabwägung in der Praxis auswirkt.

b) Die Ausschluss- und Beschränkungsgründe nach § 4 VIG

§ 4 VIG regelt den Antrag und nennt in den Absätzen 3, 4 und 5 weitere Gründe, warum ein Antrag abgelehnt werden kann.[226] Bei den in § 4 Abs. 3–5 VIG enthaltenen Ablehnungsgründen besteht ein genereller Informationsanspruch,

---

224 So richtig Girnau, Marcus: Gesetz zur Neuregelung des Rechts der Verbraucherinformationen, ZLR 2006, S. 651–674 (663).

225 Vgl. http://www.bmelv.de/SharedDocs/Standardartikel/Verbraucherschutz/Verbraucherinformationsgesetz.html, zuletzt aufgerufen am 20.12.2012.

226 Dazu näher Girnau, Marcus: Gesetz zur Neuregelung des Rechts der Verbraucherinformationen, ZLR 2006, S. 651–674 (665).

der dann jedoch aufgrund der aufgeführten Tatbestände abgelehnt wird.[227] Liegt ein Ausschlussgrund vor, so besteht der Anspruch gemäß § 1 VIG generell nicht. Bei den Nummern 1–3 des 3. Absatzes handelt es sich zwar um Tatbestände, aufgrund derer der Antrag abgelehnt werden soll,[228] in Sonderfällen kann die Behörde jedoch auch einen Zugang gewähren. Bei den Beschränkungsgründen in den Absätzen 4 und 5 bleibt der Anspruch teilweise bestehen.[229]

Gemäß § 4 Abs. 3 Nr. 1 VIG ist ein Antrag abzulehnen, wenn es sich um Entwürfe handelt oder vorbereitendes Verwaltungshandeln berührt ist. Da es sich bei Gutachten und Stellungnahmen von Dritten (z.B. Unternehmen) nicht um Erkenntnisse der Behörde handelt, sind diese nicht von der Informationsvergabe ausgenommen. Es besteht keine Gefahr bezüglich der Entscheidung bei vorzeitiger Bekanntgabe dieser Daten.[230]

§ 4 Abs. 3 Nr. 2 VIG bestimmt, dass ein Antrag abzulehnen ist, wenn die begehrten Informationen vertraulich übermittelt oder erhoben wurden.

§ 4 Abs. 3 Nr. 3 VIG schützt die Verwaltungsabläufe, indem der Zugang zu Informationen versagt wird, die den Erfolg einer behördlichen Maßnahme gefährden würden. Es wäre fatal, wenn z.B. Unternehmen bereits im Vorfeld erfahren würden, dass Probeentnahmen geplant sind.[231] § 4 Abs. 3 Nr. 4 VIG geht in die gleiche Richtung und sieht vor, dass der Antrag abzulehnen ist, wenn durch die Bearbeitung des Antrags die Behörde ihre Aufgaben nicht richtig erfüllen kann.

Gemäß § 4 Abs. 3 Nr. 5 VIG sind Informationen im Zusammenhang mit wissenschaftlichen Forschungsarbeiten ausgenommen.

§ 4 Abs. 4 VIG schützt vor Missbrauch. Dieser ist unter anderem dann gegeben, wenn der Antragsteller die entsprechenden Informationen bereits hat. Es kann zwischen zwei weiteren Arten des Missbrauchs unterschieden werden: Dem behördenbezogenen, der zum Beispiel vorliegt, wenn der Antragsteller die

227 Siehe Beck, Rita: Verbraucherinformationsgesetz, Kommentar und Vorschriftensammlung, Stuttgart 2009, S. 55.

228 Vgl. Beyerlein, Thorsten in Beyerlein, Thorsten / Borchert, Günter (Hrsg.): Verbraucherinformationsgesetz Kommentar, München 2010, § 2 VIG, S. 87, Rn. 5.

229 Siehe Falck, Franz-Christian / Schwind, Joachim: Verbraucherinformationsgesetz, Hamburg 2011, S. 76–78.

230 So verdeutlicht in Beyerlein, Thorsten in Beyerlein, Thorsten / Borchert, Günter (Hrsg.): Verbraucherinformationsgesetz Kommentar, München 2010, § 3 VIG, S. 142, Rn. 26–28.

231 Auf den Punkt ebd., § 3 VIG, S. 144, Rn. 34–36.

Verzögerung eines Verwaltungsverfahrens bezwecken soll und dem verwendungsbezogenem Missbrauch, der gegeben ist, wenn die Daten für Zwecke außerhalb des Gesetzesziels genutzt werden.[232]

Gemäß § 4 Abs. 5 VIG wird ein Antrag abgelehnt, wenn die Information aus allgemein zugänglichen Quellen entnommen werden kann. Bei der Begründung ist diese Quelle zu nennen.[233] Bei der Bewertung, ob eine Quelle allgemein zugänglich ist, muss, soweit möglich, auf die Eigenschaften des Antragstellers abgestellt werden. Das Internet ist generell als allgemein zugängliche Quelle zu werten, nicht jedem Antragsteller ist es jedoch zumutbar, sich aus Quellen im Internet zu informieren. Irrelevant ist, ob die Daten dort kostenlos erhältlich sind oder nicht. Liegen der Behörde weitergehende Informationen vor als in der öffentlichen Quelle enthalten, so müssen diese zusätzlichen Informationen dem Antragsteller zur Verfügung gestellt werden, sofern dem nicht andere Normen des Gesetzes widersprechen.[234]

4. Der Informationszugang durch Antrag

Da der Antrag der Schriftform bedurfte, stellte das ursprüngliche VIG eine höhere formelle Anforderung als das IFG, welches keine Formvorschrift bezüglich des Antrags enthält.[235] Durch die Novelle wird die Möglichkeit des formlosen Antrags, zum Beispiel via E-Mail, vorgesehen. Diese Änderung erleichtert das Antragsverfahren enorm und senkt die (Porto-) Kosten für die Antragsteller als auch für die Behörden bei deren Antworten.[236] Da eine E-Mail zudem weniger aufwendig ist als das Aufsetzen und Versenden eines Briefs, stellt die Änderung der Vorschrift eine Verbesserung dar.

Anfragen müssen so genau wie möglich formuliert werden. Diese Regelung liegt auch im Interesse des Antragstellers der Anfrage, um von der Behörde die richtigen Informationen zu erhalten. Die Vorschrift bezweckt, dass Antragsteller

---

232 Vgl. Falck, Franz-Christian / Schwind, Joachim: Verbraucherinformationsgesetz, Hamburg 2011, S. 76–77.

233 Zu den einzelnen Ablehnungsgründen Hahn, Peter / Wellmann, Eva: Verbraucherinformationsgesetz, Hamburg 2008, S. 42.

234 Ausführlicher Beck, Rita: Verbraucherinformationsgesetz, Kommentar und Vorschriftensammlung, Stuttgart 2009, S. 58–59.

235 So herausgestellt von Beyerlein, Thorsten in: Beyerlein, Thorsten / Borchert, Günter (Hrsg.): Verbraucherinformationsgesetz Kommentar, München 2010, § 3 VIG, S. 135, Rn. 4.

236 Siehe http://www.bmelv.de/SharedDocs/Standardartikel/Verbraucherschutz/Verbraucherinformationsgesetz.html, zuletzt abgerufen am 26.04.2013.

keine weiten Anfragen stellen, um einen allgemeinen Überblick zu erhalten, auch wenn diese generell erlaubt sind, sofern sie keinen Rechtsmissbrauch im Sinne des § 4 Abs. 4 VIG darstellen. Da der Antragsteller jedoch noch nicht in Kenntnis dieser Informationen ist, kann von ihm kein detailgenauer Antrag verlangt werden.[237]

Eine weitere Formvorschrift zwingt den Antragsteller zur Offenlegung seines Namens und seiner Anschrift. So kann die Behörde den Kostenbescheid zustellen.[238] Der Antrag ist seitens der Behörde innerhalb eines Monats zu bearbeiten. Dies gilt auch für ablehnende Bescheide.[239] § 6 Abs. 1 VIG bestimmt die Art und Weise der Herausgabe der Informationen. Es sind viele Weisen denkbar, wie zum Beispiel schriftlich, mündlich, elektronisch oder auch durch Informationsveranstaltungen, Informationsblätter[240] oder Akteneinsicht.[241]

Im Falle der Anhörung Dritter wird der Stelle ein weiterer Monat zur Bearbeitung des Antrags eingeräumt. Die Stellungnahme Dritter muss schriftlich erbeten werden und hat innerhalb eines Monats zu erfolgen.[242] Dritte müssen angehört werden, wenn deren rechtliche Interessen durch den Ausgang des Verfahrens berührt werden können. Da es sich um die eigenen individuellen Interessen des Dritten handeln muss, sind mittelbare Auswirkungen nicht als Betroffenheit anzusehen.[243] Gemäß § 4 Abs. 1 Nr. 1–3 der ursprünglichen Fassung des VIG waren die Voraussetzungen regelmäßig erfüllt, wenn es sich um Daten handelte, die 1) personenbezogen waren 2) als Betriebs- oder Geschäftsgeheimnis gekennzeichnet waren oder 3) vor dem 01. Mai 2008 erhoben

---

237 Zu diesem Konflikt Beyerlein, Thorsten in: Beyerlein, Thorsten / Borchert, Günter (Hrsg.): Verbraucherinformationsgesetz Kommentar, München 2010, § 3 VIG, S. 136–138, Rn. 8–10.

238 Vgl. ebd., § 3 VIG, S. 139, Rn. 12–13.

239 Zu den einzelnen Bearbeitungsfristen Hahn, Peter / Wellmann, Eva: Verbraucherinformationsgesetz, Hamburg 2008, S. 40.

240 Exemplarisch Domeier, Danja / Matthes, Robert: Verbraucherinformationsgesetz Kommentar, Wiesbaden 2008, S. 41.

241 Weitergehend zum Antragsverfahren Bundesministerium für Ernährung, Landwirtschaft und Verbraucherschutz: Mehr Information – mehr Transparenz, das neue Verbraucherinformationsgesetz, Berlin 2008, S. 15–18.

242 Vgl. Domeier, Danja / Matthes, Robert: Verbraucherinformationsgesetz Kommentar, Wiesbaden 2008, S. 39–40.

243 Unter Heranziehung des IFG und VwVfG Beyerlein, Thorsten in: Beyerlein, Thorsten / Borchert, Günter (Hrsg.): Verbraucherinformationsgesetz Kommentar, München 2010, § 4 VIG, S. 153–154, Rn. 7–9.

wurden. Dieser Katalog war nicht abschließend. Bei geistigem Eigentum zum Beispiel wäre auch das Grundrecht eines anderen berührt worden und damit eine Anhörung erforderlich. Die Anhörung kann der Stelle bei der Entscheidungsfindung helfen, ob ein Ausschluss- oder Beschränkungsgrund vorliegt.[244] Die Prüfung, ob konkret ein Ausschluss- oder Beschränkungstatbestand vorliegt, findet erst nach der Anhörung statt.[245] Bei fehlender Reaktion kann nicht von einer konkludenten Zustimmung des Betroffenen ausgegangen werden, was einen zusätzlichen Schutz für die jeweiligen Unternehmen darstellt.[246] Diese Voraussetzungen verdeutlichen erneut die hohen Schutzmaßnahmen zugunsten der Unternehmensdaten.

Der durch das Gesetz zugesicherte Anspruch begründet keinen kostenlosen Zugang. Von den Behörden können kostendeckende Gebühren für die Informationsfreigabe erhoben werden, sofern kein Zusammenhang mit Rechtsverstößen besteht.[247] Seit der Novellierung ist gemäß § 7 Abs. 1 VIG der Zugang zu Informationen nach § 2 Abs. 1 S. 1 Nr. 1 VIG bis zu einem Verwaltungsaufwand von 1000 Euro kostenlos zu gewähren. Der Zugang zu sonstigen Informationen ist bis zu einem Aufwand von 250 Euro kostenfrei. Eine Regelung zur Höchstgrenze enthält das VIG nicht. Somit könnten hohe und unüberschaubare Gebühren entstehen.[248] Die Novelle sieht in dem neu eingefügten § 7 Abs. 1 S. 3 VIG vor, dass die Antragsteller über die Kostenerhebung und gegebenenfalls über die Höhe der Kosten im Vornherein informiert werden. In diesem Zuge wird dann auch die Möglichkeit der Rücknahme des Antrags eingeräumt.[249] Die Erhebung von Kosten ist insofern problematisch, als sich nicht jeder Verbraucher

244 Umfassend Beck, Rita: Verbraucherinformationsgesetz, Kommentar und Vorschriftensammlung, Stuttgart 2009, S. 61–65.

245 Vgl. Beyerlein, Thorsten in: Beyerlein, Thorsten / Borchert, Günter (Hrsg.): Verbraucherinformationsgesetz Kommentar, München 2010, § 3 VIG, S. 156, Rn. 16.

246 Siehe Beck, Rita: Verbraucherinformationsgesetz, Kommentar und Vorschriftensammlung, Stuttgart 2009, S. 61–65.

247 Auch zu der Höhe der Gebühren Hahn, Peter / Wellmann, Eva: Verbraucherinformationsgesetz, Hamburg 2008, S. 39.

248 Dargestellt von Böhm, Monika: Der Auskunftsanspruch nach dem VIG – Besonderheiten und Gemeinsamkeiten im Kontext mit nationalen Auskunftsansprüchen und gemeinschaftsrechtlichen Regelungen in: Böhm, Monika / Freund, Georg / Voit, Wolfgang (Hrsg.): Verbraucherinformationsgesetz, 2. Marburger Symposium zum Lebensmittelrecht, Baden-Baden 2009, S. 17.

249 Zur alten Gebührenregelung Bundesministerium für Ernährung, Landwirtschaft und Verbraucherschutz: Mehr Information – mehr Transparenz, das neue Verbraucherinformationsgesetz, Berlin 2008, S. 23.

einen kostenpflichtigen Antrag leisten kann. Zumal nicht von vornherein klar ist, welchen Inhalt die zugänglichen Informationen haben werden. Jeder Verbraucher konsumiert eine hohe Anzahl an Produkten, es wäre ein enormer finanzieller Aufwand, all die Hersteller und Produkte zu überprüfen.[250] Mithin wird es keinem Verbraucher möglich sein, sich umfassend und nach Belieben zu informieren.

Der Beschluss über die Gewährung des Informationszugangs ist eine hoheitliche Maßnahme auf dem Gebiet des öffentlichen Rechts. Dieser weist eine unmittelbarere Wirkung nach außen auf, regelt den Einzelfall und ist mithin ein Verwaltungsakt. Regelmäßig hat dieser eine Drittwirkung, sobald eine Betroffenheit Dritter vorliegt. Die gegebenenfalls folgende Herausgabe der Information ist ein Realakt. Dies ist der Fall, da es an einem Regelungscharakter fehlt. Den Beteiligten der Verfahren steht es offen, ein Widerspruchsverfahren (soweit nach Landesrecht vorgesehen) und ein gerichtliches Verfahren gegen die Entscheidung der Behörde einzuleiten.[251] Somit könnten auch Unternehmen gegen die Offenlegung ihrer Daten vorgehen, so dass ein weiterer Schutz greift. Es ist jedoch zu beachten, dass dieser Mechanismus zu spät greift, da die Geheimnisse zu diesem Zeitpunkt bereits offenbart wären.

Die Informationen sind so aufzubereiten, dass sie verständlich sind. Verbraucher müssen sich entsprechend vorher kein Fachwissen aneignen. Die Aufbereitung liegt jedoch in dem Ermessen der Behörde.[252] Zudem haben die Behörden keine „Untersuchungs-, Ermittlungs- oder Nachforschungspflicht", wenn ihr die angefragten Informationen nicht vorliegen.[253] Es kann mitunter also sehr mühsam für Verbraucher werden, die richtige Stelle ausfindig zu machen.

Eine Überprüfung der Richtigkeit der Informationen muss nur bei persönlichen Daten vorgenommen werden. Es ist bemerkenswert, dass eine Überprüfung nicht von den Unternehmervertretern auch für die Unternehmensinformationen durchgesetzt wurde. Zweifel bezüglich der Richtigkeit jeglicher Informationen

250 Ansatzweise auch Ziegler, Gerhard: Das Verbraucherinteresse und seine Durchsetzbarkeit – Eine kritische Untersuchung über die restriktiven Bedingungen von Verbraucherarbeit in der Bundesrepublik Deutschland, Frankfurt am Main 1980, S. 149.

251 Mühlbauer, Bernhard: Rechtsschutz gegen behördliche Entscheidungen nach dem Verbraucherinformationsgesetz, DVBl. 2009, S. 354–361 (355–356).

252 Siehe Hahn, Peter / Wellmann, Eva: Verbraucherinformationsgesetz, Hamburg 2008, S. 43–44.

253 Bundesministerium für Ernährung, Landwirtschaft und Verbraucherschutz: Mehr Information – mehr Transparenz, das neue Verbraucherinformationsgesetz, Berlin 2008, S. 15–18.

sind dem Antragsteller im Allgemeinen mitzuteilen. Das ist ein sehr umstrittener Punkt, da die Übermittlung falscher Daten bei Verbrauchern zu falschen Rückschlüssen und bei den Unternehmen zu erheblichen Schäden führen kann.[254] So sind für Verbraucher falsche Daten zum Beispiel nachteilig, wenn Produkte als unauffällig eingestuft werden, in Wirklichkeit jedoch Gefahren von ihnen ausgehen.[255] Ferner hat dies auch enorme Auswirkungen für die Unternehmen. Die fehlende Pflicht zur Überprüfung des Inhalts wird noch problematischer, wenn die Terminologie „vorliegt" bezüglich der amtlichen Informationen weit ausgelegt wird und auch als gegeben angesehen wird, wenn die Behörde nicht verfügungsberechtigt ist. In diesen Fällen ist es unwahrscheinlicher, dass die Behörde die Fehlerhaftigkeit der Informationen erkennt und entsprechende Zweifel bei der Offenlegung der Daten anmeldet.[256] Das Ziel des Gesetzes, die Funktionsfähigkeit und die Transparenz des Markts zu verbessern, kann nur erreicht werden, wenn die offengelegten Informationen richtig sind.[257] *Girnau* (2006, 663–668) fordert, dass die inhaltliche Kontrolle lediglich für die Daten entfallen darf, die von der Behörde selbst von den Unternehmen erhoben wurden.[258] Ferner wird in diesem Zusammenhang der Ausschluss der Amtshaftung diskutiert. Ein Ausschluss der Amtshaftung verstoße gegen das in Art. 34 GG niedergelegte Prinzip der Staatshaftung und gegen die in Art. 12 Abs. 1 GG normierte Berufsfreiheit, da ein unverhältnismäßiger Eingriff stattfinde. Laut *Werner* (2008: 117–122) führt § 6 Abs. 3 VIG nicht zum Ausschluss der Staatshaftung. Er argumentiert vielmehr, dass § 6 Abs. 3 VIG nichtig sei, da die Norm einen ungerechtfertigten Eingriff in die Berufsausübung darstelle. Eine Rechtfertigung der Herausgabe falscher Informationen liege zu keiner Zeit vor und stelle somit einen Eingriff dar. Dies gelte ebenfalls für Daten, deren Richtigkeit noch nicht abschließend geklärt sei. § 6 Abs. 3 VIG setze zudem kein öffentliches Interesse, welches eine Rechtfer-

254 Vgl. Beck, Rita: Verbraucherinformationsgesetz, Kommentar und Vorschriftensammlung, Stuttgart 2009, S. 76–77.

255 Auf den Punkt angemerkt Jesse-Allgöwer: Informationsaufbereitung und Richtigkeit der Informationen nach § 5 VIG in: Böhm, Monika / Freund, Georg / Voit, Wolfgang (Hrsg.): Verbraucherinformationsgesetz, 2. Marburger Symposium zum Lebensmittelrecht, Baden-Baden 2009, S. 62.

256 Anlehnend an Kube, Hanno: Die Macht der Informationen: Konsultation, Information, Rechte der Betroffenen, ZLR 2007, S. 165–199 (192).

257 So auch Werner, Matthias: Verbraucherinformation ohne Prüfung der inhaltlichen Richtigkeit? Verfassungs- und systemwidrige Vorschriften im neuen Verbraucherinformationsgesetz, ZLR 2008, S. 115–134 (115).

258 Girnau, Marcus: Gesetz zur Neuregelung des Rechts der Verbraucherinformationen, ZLR 2006, S. 651–674 (663–668).

tigung darstellen könnte, voraus. Mithin führe die Berechtigung der Offenlegung der Daten ohne vorherige inhaltliche Prüfung zur Nichtigkeit der Norm. Zudem dürfen wahrscheinlich falsche Daten offengelegt werden, wenn Zweifel an der Richtigkeit mitgeteilt werden. Die Praxis zeigt, dass bei Warnungen nicht nur das relevante Produkt, sondern alle Produkte des Herstellers gemieden werden und dies somit eine Gefahr für die Unternehmen birgt.[259] Fraglich ist, inwieweit die Verbraucher auf die von der Behörde geäußerten Zweifel vertrauen und nicht doch lieber Abstand vom Kauf des Produkts nehmen.

Auf der anderen Seite ergibt sich ein Haftungsausschluss wegen Übermittlung unrichtiger Daten bereits aus dem Anspruch selbst, da dieser den Zugang zu Daten, die der Behörde vorliegen, ermächtigt.[260] Zudem wurde in der sog. Glykol-Entscheidung[261] (auf die später noch detaillierter eingegangen werden soll) festgestellt, dass Informationen vor einer abschließenden Prüfung offen gelegt werden können, soweit die Tatbestände sorgsam aufgeklärt wurden. Diese Auslegung erscheint erforderlich, wenn bedacht wird, dass manche Ergebnisse nicht überprüft werden können, da die Proben nicht mehr vorliegen. Einen Ausschluss der Amtshaftung stellt die Regelung laut *Beck* (2009: 76–77) zwar generell nicht dar. Die Behörden müssten für „vorsätzliche oder fahrlässige Amtsverletzungen" haften. Wenn zu dem Zeitpunkt des Antrags jedoch keine Zweifel an der Richtigkeit angebracht waren, könne die Behörde dafür nicht verantwortlich gemacht werden.[262]

Des Weiteren ist bei der Haftung gegenüber Unternehmen zu bedenken, welche Quelle die Informationen regelmäßig haben. Entweder wurden die Daten selbst von dem Unternehmen übermittelt, von der Behörde oder von Dritten erhoben, die einen entsprechenden Auftrag der Behörde erhalten haben.[263] Wenn die Unternehmen selbst falsche Informationen übermittelt haben, ist ihnen dies

---

259 Werner, Matthias: Verbraucherinformation ohne Prüfung der inhaltlichen Richtigkeit? Verfassungs- und systemwidrige Vorschriften im neuen Verbraucherinformationsgesetz, ZLR 2008, S. 115–134 (117–122).

260 So richtig in Bezug auf das Umweltinformationsgesetz angemerkt von Schomerus, Thomas: Anspruchsvoraussetzung und Verwaltungsverfahren nach dem Umweltinformationsgesetz – Zum Umgang mit betriebsbezogenen Umweltdaten, ZUR 1994, S. 226–231 (231).

261 Vgl. BVerfGE 105, 252.

262 Beck, Rita: Verbraucherinformationsgesetz, Kommentar und Vorschriftensammlung, Stuttgart 2009, S. 76–77.

263 Anschaulich vor allem Bund für Lebensmittelrecht und Lebensmittelkunde e.V.: Leitfaden Verbraucherinformationsgesetz, Bonn 2008, S. 23.

zuzuschreiben. Stammen die Daten von einer Behörde, so wurden diese bereits einmal von dieser geprüft. Ähnlich gestaltet sich der Fall, wenn Dritte im Auftrag der Behörde Untersuchungsergebnisse oder ähnliches erstellt haben. Wie bereits erwähnt, arbeitet die Behörde mit diesen Informationen, so dass eine grundlegende Richtigkeit der Daten vorausgesetzt werden kann.

5. Die aktive Informationsvergabe ohne Antrag

Gemäß § 6 Abs. 1 S. 3 VIG ist es den Behörden möglich, Informationen ohne Antrag öffentlich zu machen. Sie sind dazu jedoch nicht verpflichtet.[264] Die Verbraucher haben keinen Rechtsanspruch darauf. Da den Behörden nicht immer alle relevanten Informationen vorliegen, könnte eine Verpflichtung enorme haftungsrechtliche Folgen mit sich bringen.[265]

Bei der aktiven Herausgabe sind die Voraussetzungen des Gesetzes zu beachten. Zudem ist die Regelung von § 40 LFGB abzugrenzen.[266] Eine aktive Herausgabe von Informationen durch die Behörden setzt voraus, dass (1) das Interesse der Öffentlichkeit gegenüber denen des Unternehmens überwiegt, (2) den Unternehmen die Möglichkeit eröffnet wurde, selbst an die Öffentlichkeit zu gehen (was eine weniger abschreckende Wirkung hat als die Warnung der Behörden und sich damit weniger schädlich für die Unternehmen auswirkt) und dass (3) eine Anhörung der Unternehmen stattfand sofern „keine Gefahr in Verzug“ ist. Das Handeln der Behörde muss *ultima ratio* sein. Kann das Ziel zum Beispiel durch eine Rückrufaktion erreicht werden, ist vorzugsweise diese anzuordnen. Die Namensnennung des Produkts und des Unternehmens kann, muss jedoch nicht, erfolgen und sollte dem Verhältnismäßigkeitsprinzip entsprechen. Die Nennung kann auch stattfinden, wenn die Produkte bereits verbraucht oder vom Markt genommen wurden und die Verhältnismäßigkeit gegeben ist. Bei der Überlegung welche Maßnahme angebracht ist, sind die Faktoren der Art und Schwere des Gesundheitsrisikos sowie das Ausmaß zu beurteilen.[267] Generell beinhaltet die Norm also eine Abwägung der Interessen der Verbraucher und der Unternehmen.

---

264 Ausführlicher Beck, Rita: Verbraucherinformationsgesetz, Kommentar und Vorschriftensammlung, Stuttgart 2009, S. 73–74.

265 So dargestellt von Hüttner, Katja: Rechtslage zu Verbraucherinformation in Deutschland in: Micklitz, Hans-W (Hrsg.): Informationszugang für Verbraucher in Europa und den USA, Baden-Baden 2009, S. 145.

266 Vgl. Beck, Rita: Verbraucherinformationsgesetz, Kommentar und Vorschriftensammlung, Stuttgart 2009, S. 73–74.

267 Hahn, Peter / Wellmann, Eva: Verbraucherinformationsgesetz, Hamburg 2008, S. 56–60.

Demnach werden den Unternehmen zusätzlich die Möglichkeiten des Herantretens an die Öffentlichkeit und der Anhörung eingeräumt. Dies verdeutlicht, dass der Schaden bei den Unternehmen möglichst gering gehalten werden soll.

Die Produktwarnungen stellen keinen Verwaltungsakt dar, da es an einer verbindlichen Rechtsfolge fehlt, die Voraussetzung für die Qualifikation als Verwaltungsakt ist.[268]

V. Das VIG in der Praxis

Aufgrund der geringen praktischen Erfahrungen mit dem VIG sollen die Erfahrungen mit dem IFG als zusätzliche Referenz hinzugezogen werden. Um einen allgemeinen Überblick zu erhalten, ist zu erwähnen, dass die telefonischen und schriftlichen Anfragen bei der Verbraucherzentrale Hamburg zwischen 1996 und 2000 um fast 50% von 55.000 auf 90.000 anstiegen. Diese Zahlen verdeutlichen das allgemeine Interesse der Verbraucher an weitergehenden Informationen.[269] Aus dem Bericht des Bundesbeauftragten für Datenschutz zum Informationsfreiheitsgesetz geht hervor, dass die erwartete Welle von direkten Anträgen bei den Behörden in Verbindung mit dem IFG ausblieb. Zudem sei es zu keinem unlösbaren Konflikt zwischen Datenschutz und Informationsfreiheit gekommen, da § 5 IFG eine gute Lösung biete und die Antragsteller den Datenschutz Dritter akzeptierten. Insgesamt sei das Informationsfreiheitsgesetz positiv aufgenommen worden.[270] Laut Statistik des Bundesministeriums für Wirtschaft wurden bis zum 31. Dezember 2006 insgesamt 2.278 Anträge im Zusammenhang mit dem Informationsfreiheitsgesetz gestellt. Davon gingen 164 bei dem Bundesministerium für Ernährung, Landwirtschaft und Verbraucherschutz ein. 1.379 Anträgen konnten die Behörden zumindest zum Teil nachkommen. Auch diese Statistik bestätigt, dass der große Ansturm ausblieb.[271] Auch wenn die Verbraucher selbst

---

268 Vgl. Hüttner, Katja: Rechtslage zu Verbraucherinformation in Deutschland in: Micklitz, Hans-W (Hrsg.): Informationszugang für Verbraucher in Europa und den USA, Baden-Baden 2009, S. 146.

269 Vgl. Steffens, Heiko: Neustrukturierung des Verbraucherschutzes – Welche Auswirkungen sind für die Informationen des Verbrauchers zu erwarten? – in: Verbraucherschutz und Verbraucherinformation – Beiträge zum zweiten Workshop der Arbeitsgruppe Lebensmittelqualität und -sicherheit, Kiel 2002, S. 29.

270 Vgl. Borchert, Günter in: Beyerlein, Thorsten / Borchert, Günter (Hrsg.): Verbraucherinformationsgesetz Kommentar, München 2010, S. 18, Rn. 16.

271 Siehe zu den praktischen Erfahrungen Hüttner, Katja: Rechtslage zu Verbraucherinformation in Deutschland in: Micklitz, Hans-W. (Hrsg.): Informationszugang für Verbraucher in Europa und den USA, Baden-Baden 2009, S. 154.

eher selten Nutzen aus dem Informationszugang ziehen, so ist es dennoch Experten mit Fachkenntnissen möglich, die Informationen zu erhalten, zu bewerten und die Erkenntnisse aufzubereiten und an die Verbraucher weiterzuleiten; so wie es *foodwatch* praktiziert. Auf diese Weise gelangen die Informationen im Resultat auch zu den Verbrauchern.[272] Seitens der Behörden kam es häufig zu Ablehnungen aufgrund von § 6 Satz 2 IFG, auch wenn im konkreten Fall keine Betriebs- oder Geschäftsgeheimnisse vorlagen.[273] Diese Vorgehensweise könnte damit erklärt werden, dass die Behörden die Prüfung, ob ein Betriebs- oder Geschäftsgeheimnis vorliegt, oft den Unternehmen selbst überlassen.[274]

Eine vom Ministerium beauftragte Studie hatte ergeben, dass die durch die Behörden herausgegebenen Informationen oftmals nicht detailliert genug waren und die Kosten hoch angesetzt wurden. Eine Studie der Verbraucherzentralen bestätigte ebenfalls die hohen Kosten. So wurden Verbrauchern zudem enorme Kosten angedroht, wenn sie die Anfragen weiterverfolgen wollten. Weiterhin fielen die Antworten auch hier nicht konkret aus, wobei zu erkennen war, dass die Anfragen, die direkt durch die Verbraucherzentrale und nicht durch die Verbraucher an sich gestellt wurden, mit größerer Sorgfalt behandelt wurden. Positiv wurde angemerkt, dass die Antworten der Behörde verständlich aufbereitet waren. Die verschiedenen Tests hatten zudem ergeben, dass manche kommunale Behörden aufgrund fehlender landesrechtlicher Gesetze die Anfragen nicht bearbeiten konnten.[275]

Laut *Kraushaar* (2009: 7) kristallisierten sich bereits in den ersten Monaten Probleme bei der Handhabung des VIG heraus, die sich zumeist auf das Handeln der Behörden bezogen.[276] In dem ersten halben Jahr nach Erlass des Gesetzes gab es in Hessen wenige Anfragen zu verzeichnen. Dies galt insbesondere für die unteren Verwaltungsbehörden. Die Anträge, etwa 12 an der Anzahl, erfolgten zumeist mündlich und bezogen sich auf aktuelle Themen. Oftmals konnten

---

272 Anlehnend an Borchert, Günter: Sind Daten über die Arzneimittelsicherheit Betriebsgeheimnisse?, ZRP 1996, S. 124–127 (125).

273 Zu dieser Problematik näher ders. in: Beyerlein, Thorsten / Borchert, Günter (Hrsg.): Verbraucherinformationsgesetz Kommentar, München 2010, S. 19, Rn. 16.

274 So kritisch Hüttner, Katja: Rechtslage zu Verbraucherinformation in Deutschland in: Micklitz, Hans-W. (Hrsg.): Informationszugang für Verbraucher in Europa und den USA, Baden-Baden 2009, S. 160.

275 Näher zu den praktischen Erfahrungen Borchert, Günter in: Beyerlein, Thorsten / Borchert, Günter (Hrsg.): Verbraucherinformationsgesetz Kommentar, München 2010, S. 21–23, Rn. 19–21.

276 Kraushaar, Horst: Grußwort, in: Böhm, Monika / Freund, Georg / Voit, Wolfgang (Hrsg.): Verbraucherinformationsgesetz, 2. Marburger Symposium zum Lebensmittelrecht, Baden-Baden 2009, S. 7.

diese Anfragen durch Verweise auf die öffentlich zugänglichen Quellen beantwortet werden. Von Verbraucherschutzorganisationen wurden vermehrt Pauschalanträge zu Produktgruppen mit Angabe zu den Herstellern gestellt. Diese führten zu Befragungen Dritter und gegebenenfalls auch zu Widerspruchs- und Gerichtsverfahren. Es gab ungefähr fünf Anfragen dieser Art. In diesen Fällen wurde zumeist die durch das VIG festgesetzte Frist nicht eingehalten.[277] Bei den Anhörungen für die umfangreichen Anfragen der Verbraucherschutzorganisationen kommt erschwerend hinzu, dass oftmals zum Beispiel Zwischenhändler im Ausland sitzen und unter der ausländischen Adresse anzuhören sind. Dabei tauchen Verständigungsprobleme auf und die Befragung auf dem Postweg erschwert die Wahrung der Frist seitens der Behörde.[278]

Hüttner (2008: 367) begründet das Ausbleiben der großen Nachfrage seitens der Verbraucher damit, dass sie von der lange vorherrschenden Amtsverschwiegenheit abgeschreckt sind und sich die neue Transparenz noch nicht in den Köpfen ausreichend durchgesetzt hat.[279] Probleme entstehen unter anderem auch dadurch, dass die Behörden den Begriff „Verstöße“ und das Ausmaß der Ausnahme bezüglich der Betriebs- und Geschäftsgeheimnisse nicht zu interpretieren wissen.[280] Diese beiden Problematiken sollen durch die Novellierung gelöst werden. Der Begriff Verstöße wurde ersetzt und die Betriebs- und Geschäftsgeheimnisse näher erläutert.

Im Gegensatz zu den Verbrauchern stellen die Verbraucherschutzorganisationen vermehrt Anträge und veröffentlichen die Ergebnisse.[281]

Eine Greenpeace-Umfrage aus dem Jahr 2008 hat die Problematik bestätigt, dass Schwierigkeiten bei Anfragen bei kommunalen Lebensmittelüberwachungsbehörden entstehen, da diese oftmals die Anträge mit dem Hinweis auf eine fehlende landesrechtliche Aufgabenzuweisung abweisen mussten.[282]

---

277 Vgl. Neuß, Viola: Erste Erfahrungen mit Auskunftsbegehren in Hessen in: Böhm, Monika / Freund, Georg / Voit, Wolfgang (Hrsg.): Verbraucherinformationsgesetz, 2. Marburger Symposium zum Lebensmittelrecht, Baden-Baden 2009, S. 25.

278 So richtig angemerkt von Wustmann, Ulrich: das Verbraucherinformationsgesetz – Erste Praxiserfahrungen, ZLR 2008, S. 71–76 (72).

279 Hüttner, Katja: Das „VIG wirkt“ – oder doch nicht?!, VuR 2008, S. 367–374 (367).

280 Wiemers, Matthias: Quo vadis, Verbraucherinformationsgesetz?, ZLR 2009, S. 413–437 (416).

281 Vgl. Beck, Rita: Verbraucherinformationsgesetz, Kommentar und Vorschriftensammlung, Stuttgart 2009, S. 8–9.

282 So Schwind, Joachim: Umsetzung des Verbraucherinformationsgesetzes in Niedersachsen, NdsVBl. 2008, S. 343–347 (344).

Auch *foodwatch*[283] hat Testanfragen bei den Behörden gestellt und kam zu dem Ergebnis, dass es sich bei dem VIG um „reine Symbolpolitik" handele. Von 29 Anträgen wurden bei 80% die Fristen nicht eingehalten, hohe Kosten festgesetzt oder gar keine Antwort gegeben. Einige Anfragen wurden mit einer Gebühr von EUR 1.000,00 versehen. Die Behörde führte dazu aus: „Ich setzte daher (…) die Zahlung eines Vorschusses in Höhe von EUR 1.000,- fest. Sollten Sie an der weiteren Bearbeitung ihres Antrags festhalten, bitte ich den vorgenannten Betrag (…) zu überweisen."[284] Die Behörde fügte dem Schreiben ein Formblatt zur Rücknahme des Antrags mit dem Vermerk bei, die Gebühr zu reduzieren, wenn der Antrag zurückgezogen werden würde.[285] Diese Aussage lässt eher darauf schließen, dass die Behörden nicht gewillt sind, Anträge zu behandeln. Im Durchschnitt wurde die Frist um einen Monat überschritten. Bei einem der Anträge mussten 1.500 Dritte befragt werden, die wiederum oftmals mit Rückfragen an die Behörden herangetreten sind. In diesem Fall wurde *foodwatch* jedoch erst nach drei Monaten über einen Zwischenstand informiert.[286] Namensnennungen fanden praktisch nicht statt. Bei der Ablehnung aufgrund eines laufenden Ermittlungsverfahrens wurde auf die Bitte seitens *foodwatch*, den Antrag zu beantworten sobald das Verfahren abgeschlossen wurde, nicht eingegangen.[287]

Neben diesen auf die Anträge bezogenen Problemen ist zudem auf das Ungleichgewicht der vorhandenen Informationen hinzuweisen. Die Produkte, die am meisten eingekauft werden, werden kontrolliert. Es wird nicht darauf abgestellt, ob ein Produkte ein besonders hohes Risikopotenzial inne haben. Die Anzahl der Prüfer steht in Relation zu der Bevölkerungsdichte und nicht zu dem Risikofaktor des Standorts.[288]

Insgesamt haben die Erfahrungen der Länder gezeigt, dass keine Probleme mit dem Datenschutz aufgrund der Informationsfreiheitsgesetze entstanden

283 Foodwatch ist ein Verein, der sich für die Rechte der Verbraucher in Bezug auf Lebensmittel einsetzt.

284 http://www.foodwatch.de/e10/e14743/e19162/e19242/ „Gebühren in abschreckender Höhe", zuletzt abgerufen am 05.12.2008.

285 Vgl. ebd., zuletzt abgerufen am 05.12.2008.

286 Vgl. http://www.foodwatch.de/e10/e14743/e19162/e19244/ „Fristen werden nicht eingehalten, Antworten verzögert", zuletzt abgerufen am 05.12.2008.

287 Vgl. http://foodwatch.de/foodwatch/content/e10/e14743/e19162/e19232/foodwatch-Report_Praxistest-VIG_122008_ger.pdf, Der foodwatch-Report über den Praxistest des Verbraucherinformationsgesetzes – wenig Informationen, lange Fristen, hohe Gebühren, zuletzt abgerufen am 05.12.2008, S. 7, 11.

288 So richtig angemerkt von Bode, Thilo: Gammelfleisch: Wo bleiben die Verbraucherrechte?, ZRP 2006, S. 73–76 (73).

sind.[289] Zudem zeigt die Praxis, wie bereits aufgeführt, dass übervorsichtig mit den Daten der Unternehmen umgegangen wird. Teilweise wird sogar den Unternehmen die Entscheidung überlassen, ob die Information vertraulich behandelt werden soll. Diese Umgangsweise entspricht nicht dem Ziel des VIG, aber bestätigt den sehr vorsichtigen Umgang mit den Unternehmensdaten.[290]

Die Problematik bezüglich der Kosten wurde ebenfalls in der Evaluierung durch die Bundesregierung behandelt und in der Novelle aufgegriffen. In der Untersuchung wurde ebenfalls festgestellt, dass die Bürger nur zögerlich von der Verbraucherinformationsfreiheit Gebrauch machen und das mit den hohen Gebühren und dem Schriftformerfordernis begründet. Dementsprechend enthält die Novelle eine Änderung des Schriftformerfordernisses. Die Problematik bezüglich der Fristen wurde nicht bestätigt. Demzufolge wurde im ersten Jahr in 70% der Fälle die vorgeschriebene Frist eingehalten. Im zweiten Jahr waren es 80%. Eine Überschreitung gab es in aufwendigen Verfahren mit vielen Drittbeteiligten. Bei den Anfragen der oben genannten Institutionen wird es regelmäßig viele Drittbeteiligte gegeben haben. Laut Studie war eine Beteiligung Dritter in weniger als 50% der Fälle nötig. In 27 Fällen waren 2 bis 10 Dritte zu befragen. In 8 Fällen waren mehr als 10 Betriebe beteiligt.[291] Die Novelle geht dennoch auf die Probleme der Verbraucherschutzorganisationen ein und enthält eine entsprechende Anpassung dieser Norm.

Weiterhin wird argumentiert, das VIG fördere nicht das gesteigerte Interesse der Verbraucher, da der erwartete große Ansturm ausblieb. Wie bereits erläutert, stellen Verbraucherschutzorganisationen hingegen vermehrt Anträge und veröffentlichen die Ergebnisse. Durch die Veröffentlichung könnte argumentiert werden, dass diesem Ziel dennoch entsprochen wird.[292]

Die praktischen Erfahrungen zeigen zudem, dass dem Ziel, die Position der Verbraucher zu verbessern, kaum gerecht wurde. Die Novellierung des VIG deutet jedoch darauf hin, dass das Ziel weiterhin verfolgt wird. Da scheinbar

---

289 Vgl. Erdelt, Alexander: Informationszugang und das Recht auf Information, DuD 2003, S. 465–470 (470).

290 So kritisch Hüttner, Katja: Rechtslage zu Verbraucherinformation in Deutschland in: Micklitz, Hans-W (Hrsg.): Informationszugang für Verbraucher in Europa und den USA, Baden-Baden 2009, S. 160.

291 Vgl. Drucksache 17/1800, Unterrichtung durch die Bundesregierung: Bericht der Bundesregierung über die Ergebnisse der Evaluation des Verbraucherinformationsgesetzes vom 14.05.2010, S. 7.

292 Siehe Beck, Rita: Verbraucherinformationsgesetz, Kommentar und Vorschriftensammlung, Stuttgart 2009, S. 8–9.

insbesondere die Auslegung des Gesetzes durch die Behörden die Problematik erzeugt hat, ist ungeklärt, ob auch die Novelle gegebenenfalls doch noch solche Schlupflöcher durch die Auslegung bereit hält. Fraglich ist, warum diese ablehnende Haltung vorherrscht. Die bisherige Praxis der Behörden begründet sicherlich das Ausbleiben des Ansturms mit.

VI. Ergebnis

Der Erlass des VIG an sich ist auf den ersten Blick ein klares Zeichen zugunsten des Verbraucherschutzes. Die Position der Verbraucher am Markt wird durch den Informationszugang generell gestärkt. Insbesondere die Neuerung, dass kein berechtigtes Interesse vorliegen muss, ist ein gewichtiger Fortschritt. Er ist zugleich Kritikpunkt der Unternehmen, da auch juristische Personen, und damit auch Konkurrenten, ohne rechtliches Interesse Informationen abfragen können.[293] Das Antragsverfahren ist (insbesondere durch die Novelle) einfach gestaltet.[294]

Diese Stärkung der Position der Verbraucher stellt generell ein Risiko für die Unternehmen dar. Jedoch wird das Risiko durch die Einschränkung des Adressatenkreises und der Natur der abzufragenden Informationen gesenkt. Es gibt verschiedene Auffassungen darüber, wie weit diese Einschränkungen gehen, abhängig davon, wie die einzelnen Terminologien wie zum Beispiel „vorhanden" ausgelegt werden.[295] Weiterhin wurde durch eine Vielzahl sehr weitreichender Ausnahmetatbestände das Risiko eingedämmt und damit wiederum die Rechte der Verbraucher eingeschränkt. Das besondere Augenmerk liegt auf dem Ausnahmetatbestand hinsichtlich der Betriebs- und Geschäftsgeheimnisse. Die Lobby der Unternehmen hat damit zumindest einen Teilerfolg erzielt.[296] Neben diesen Vorsichtsmaßnahmen ist zu bemängeln, dass Verbraucher im Endeffekt nicht umfassend informiert werden. Da die Informationen, außer bei der ausnahmsweise aktiven Herausgabe durch die Behörde, nur auf Antrag erteilt werden und diese teilweise kostenpflichtig sind, ist es Verbrauchern nicht möglich,

---

293 So unter anderem Borchert, Günter in: Beyerlein, Thorsten / Borchert, Günter (Hrsg.): Verbraucherinformationsgesetz Kommentar, München 2010, S. 7, Rn. 2.

294 Zu den Erfordernissen Bundesministerium für Ernährung, Landwirtschaft und Verbraucherschutz: Mehr Information – mehr Transparenz, das neue Verbraucherinformationsgesetz, 2008, S. 22.

295 Dazu ausführlicher Wustmann, Ulrich: „VIG – Klappe – die Vierte" Dauerbrenner Verbraucherinformation, ZLR 2007, S. 242–255 (245–248).

296 In Anlehnung an unter anderem Hüttner, Katja: Rechtslage zu Verbraucherinformation in Deutschland in: Micklitz, Hans-W (Hrsg.): Informationszugang für Verbraucher in Europa und den USA, Baden-Baden 2009, S. 149.

sich allumfassend zu informieren.[297] Auch die Praxis zeigt, dass Behörden eher reserviert handeln und übervorsichtig mit den Unternehmensdaten umgehen.[298] Mithin handelt es sich eher um ein zögerliches Verbraucherschutzinstrument mit großer Beachtung der betrieblichen Interessen.

297 Auch zu der Höhe der Gebühren Hahn, Peter / Wellmann, Eva: Verbraucherinformationsgesetz, Hamburg 2008, S. 39.

298 Vgl. http://www.foodwatch.de/e10/e14743/e19162/e19242/ „Gebühren in abschreckender Höhe", zuletzt abgerufen am 05.12.2008.

E. Der Freedom of Information Act

I. Entwicklung und Allgemeines

In den USA ist, im Gegensatz zu Deutschland, das Prinzip des „open government" seit langem vorherrschend.[299] So gab es bereits 1849 in Wisconsin das „open records law".[300] Zwar räumten der „Espionage and Seditions Act" 1917 und 1918 und der „Smith Act" 1940 der Regierung ein, Informationen jeder Natur unter Verschluss zu halten und Daten beliebig zu ermitteln und stellten damit Rückschritte dar,[301] doch der erste Grundstein für die Offenlegung behördlicher Akten wurde bereits durch Section 3 des „Administrative Procedure Act" von 1946 gelegt. Dieser ermöglichte Betroffenen Zugang zu Informationen, solange keine guten Gründe für den Verschluss dieser sprachen. Kritikpunkte an dieser Bestimmung waren, dass lediglich Betroffenen ein Zugangsrecht zustand und der Tatbestand „gute Gründe" weit ausgelegt werden konnte.[302] Die Bestimmung wurde von den Behörden in dem Sinne genutzt, Informationen möglichst vorzuenthalten anstatt diese offenzulegen.[303] Da durch diese Bestimmung nicht das gewünschte Ziel erreicht wurde, wurde 1955 ein Untersuchungsausschuss gegründet.[304] Ergebnis nach elf Jahren Untersuchungsausschuss war der erste Entwurf des Freedom of Information Acts. Dieser sollte bewirken, dass nunmehr jeder Zugang zu den behördlichen Daten hat und ein effektiver Rechtsschutz gewährleistet wird, Ablehnungen der Anträge nur die Ausnahme sind und die Beweislast in diesen Fällen bei der Behörde liegt, die generell eher

299 Erdelt, Alexander: Informationszugang und das Recht auf Information, DuD 2003, S. 465–470 (466).

300 Bundesministerium für Ernährung, Landwirtschaft und Verbraucherschutz: Mehr Information - mehr Transparenz, das neue Verbraucherinformationsgesetz, Berlin 2008, S. 7.

301 Siehe Sides, Charles H.: Freedom of Information in a post 9–11 world, Amityville 2006, S. 24.

302 Rosler, Gerhard: Informationsfreiheit in den Vereinigten Staaten von Amerika, Heidelberg 1984, S. 58–60.

303 Vgl. Kuersteiner, Richard L. / Herbach, Etta G.: The Freedom of Information Act: An Examination of the Commercial or Financial Exemption, 16 Santa Clara L. Rev. 1975–1976, S. 193–213 (193).

304 Dazu Rosler, Gerhard: Informationsfreiheit in den Vereinigten Staaten von Amerika, Heidelberg 1984, S. 59.

ablehnende Haltung der Behörden abgelegt wird[305] und den Bürgern die Gelegenheit gegeben wird, die Datenspeicherung bei den Behörden zu kontrollieren.[306] Die Vereinigten Staaten von Amerika waren das weltweit dritte Land mit einem solchen Gesetz.[307] Nach Inkraft treten des Freedom of Information Acts im Jahr 1966, zogen viele Bundesstaaten nach und erließen ebenfalls Informationsfreiheitsgesetze.[308] Bereits im November 1974 wurde der FOIA novelliert.[309] Grund dafür war der Watergate-Skandal. Die Überarbeitung der Ausnahmetatbestände 1 und 7 bezüglich der nationalen Sicherheit und der Strafverfolgung hatte zum Ziel, die Anzahl der ablehnenden Bescheide zu reduzieren und dadurch eine bessere Kontrolle der Behörden zu erzielen.[310] Die Behörden hatten jedoch nach wie vor (und auch nach den Anpassungen der Ausnahmetatbestände 1976 und 1986)[311] eine eher ablehnende Einstellung gegenüber dem Gesetz, so dass der Zugang weiterhin oftmals verweigert wurde.[312] Um dies zu verhindern, forderte Präsident Clinton 1993 die Behörden durch ein Kabinettschreiben auf, dem Ziel des FOIA gerecht zu werden.[313] Zudem wurde der FOIA vom Kongress erweitert. 1996 wurde das Gesetz den „informationstechnologischen

305 Siehe Rosler, Gerhard: Informationsfreiheit in den Vereinigten Staaten von Amerika, Heidelberg 1984, S. 59–61.

306 Vgl. Hammerl, Christian: Der gläserne Betrieb – Informationsbeschaffung unter dem Freedom of Information Act, ZIP-Report 1994, S. 1230–1234 (1230).

307 Vgl. Lightfoot, Patrick: Waiving Goodbye to nondisclosure under FOIA's Exemption 4: The Scope and Applicability of the Waiver Doctrine, 61 Cath. U. L. Rev. 2011–2012, S. 807–838 (811).

308 Vgl. Bundesministerium für Ernährung, Landwirtschaft und Verbraucherschutz: Mehr Information – mehr Transparenz, das neue Verbraucherinformationsgesetz, Berlin 2008, S. 7.

309 Siehe Kuersteiner, Richard L. / Herbach, Etta G.: The Freedom of Information Act: An Examination of the Commercial or Financial Exemption, 16 Santa Clara L. Rev. 1975–1976, S. 193–213 (193).

310 Siehe Halstuk, Martin E.: When Secrecy Trumos Transparency: Why the Open Government Act of 2007 falls short, 16 CommLaw Conspectus 2007–2008, S. 427–469 (445–446).

311 Siehe Lightfoot, Patrick: Waiving Goodbye to nondisclosure under FOIA's Exemption 4: The Scope and Applicability of the Waiver Doctrine, 61 Cath. U. L. Rev. 2011–2012, S. 807–838 (812).

312 So unter anderem Gellmann, Robert: Electronic Freedom of Information Act, DuD 1998, S. 446–448 (446).

313 Hammerl, Christian: Der gläserne Betrieb – Informationsbeschaffung unter dem Freedom of Information Act, ZIP-Report 1994, S. 1230–1234 (1233).

Entwicklungen" angeglichen.[314] Vor der Erweiterung des Gesetzes nutzten Behörden oftmals die Digitalisierung zur Begründung der Versagung des Zugangs und die Gerichte entschieden lediglich von Fall zu Fall, ob dies gerechtfertigt war.[315] Die Erweiterung des Gesetzes verpflichtet die Behörden, dem Antragsteller die Informationen in der erwünschten Form zur Verfügung zu stellen, sofern die Informationen in dieser Art vorliegen.[316] Generell wurden ab dem Erlass des Freedom of Information Acts an die (Verbraucher-)Rechte bezüglich des Informationszugangs fortlaufend erweitert. Durch die Anschläge vom 11. September 2001 gab es jedoch einen Rückzug. Der „Patriot Act" von 2001 und der „Homeland Security Act" von 2002 haben die Handhabung von Informationen durch die Regierung zu Gunsten der nationalen Sicherheit geändert. Ein Abschnitt des Homeland Security Acts ist der „Critical Infrastructure Information Act" von 2002. Dieser nimmt das „Homeland Security Department" vom Anwendungsbereich des FOIA (und dem „Federal Open Meeting Law" / „Sunshine Act") aus. Dabei wird insbesondere kritisiert, dass der „Critical Infrastructure Information Act" eine Ausnahme für sensible Daten aufgrund jeglicher Motive schafft, ohne diese zu definieren.[317] Zwar haben Belange der öffentlichen Sicherheit in erster Linie keine Relation zu Verbraucherinformation, jedoch können die Begriffe weit ausgelegt werden und damit auch Daten unter Verschluss gehalten werden, die eigentlich nicht in den Ausnahmekatalog fallen.

2003 wurde dann der Gesetzesvorschlag für den „Domestic Security Enhancement Act", auch „Patriot Act II" genannt, hervorgebracht, der die Befugnisse der Regierung unter dem Patriot Act erweitern sollte. Entgegen der bisher erlassenen Gesetze, stieß dieser Vorschlag auf Kritik seitens Bürgerrechtsaktivisten. Diese sahen unter anderem eine Gefahr für die Interessen der Verbraucher in einer Erweiterung des Begriffs Terrorismus und einem damit einhergehenden weiten Ausnahmetatbestand. Bis heute wurde das Gesetz nicht angenommen,

---

314 Gellmann, Robert: Electronic Freedom of Information Act, DuD 1998, S. 446–448 (447).

315 So Halstuk, Martin E.: When Secrecy Trumos Transparency: Why the Open Government Act of 2007 falls short, 16 CommLaw Conspectus 2007–2008, S. 427–469 (452).

316 Siehe Gellmann, Robert: Electronic Freedom of Information Act, DuD 1998, S. 446–448 (447).

317 Ausführlicher Sides, Charles H.: Freedom of Information in a post 9–11 world, Amityville 2006, S. 23–28.

so dass die Bürgerrechtsaktivisten einen großen Erfolg verzeichnen konnten.[318] 2007 erfolgte eine Änderung des FOIA zur Verbesserung der Prozesse[319] und insbesondere nach der Wahl Präsident Obamas wurden die Behörden wieder zur Offenlegung der Informationen ermutigt. Insbesondere sollten Informationen von Unternehmen erneut hinsichtlich ihres Geheimnischarakters überprüft werden,[320] was ein klares Signal für den Verbraucherschutz ist. Offenbar führt der Weg wieder hin zu einem verbraucherschützenden Ansatz. 2009 erfolgte eine weitere Änderung hinsichtlich des Ausnahmetatbestands 3, auf die an dieser Stelle jedoch nicht weiter eingegangen werden soll.[321]

In den Vereinigten Staaten gibt es kein separates Informationsfreiheitsgesetz für Verbraucher. Verbraucherinformationen fallen in den Bereich des 1966 erlassenen Freedom of Information Acts.[322] Das Gesetz beinhaltet drei Abschnitte. Der erste legt den Bundesbehörden die Pflicht zur Offenlegung von Dokumenten wie etwa Verwaltungsvorschriften auf, der zweite Einzelfallentscheidungen und andere Dokumente dieser Kategorie durch Verzeichnisse zugänglich zu machen und der dritte statuiert das Akteneinsichtsrecht für jedermann.[323] In dieser Arbeit soll auf den dritten Abschnitt eingegangen werden, da dieser für die Bürger in ihrer Position als Verbraucher von besonderer Relevanz ist.

Antragsgegner sind bis auf wenige Ausnahmen Behörden auf Bundesebene.[324] Unter dem Begriff Behörde fallen seit Erweiterung des Begriffs alle Einrichtungen, die staatliche Aufgaben wahrnehmen und Informationen verwalten, die die Allgemeinheit interessieren. Zudem fallen unter den Begriff Unternehmen, die von

---

318 Zu der Entwicklung der Informationsfreiheit Sides, Charles H.: Freedom of Information in a post 9–11 world, Amityville 2006, S. 29–30.

319 Vgl. Lightfoot, Patrick: Waiving Goodbye to nondisclosure under FOIA's Exemption 4: The Scope and Applicability of the Waiver Doctrine, 61 Cath. U. L. Rev. 2011–2012, S. 807–838 (813).

320 Vgl. Rowe, Elizabeth A.: Striking a Balance: When should Trade-Secret Law shield Disclosures to the Government?, 96 Iowa L. Rev. 2010–2011, S. 791–835 (795).

321 Siehe Lightfoot, Patrick: Waiving Goodbye to nondisclosure under FOIA's Exemption 4: The Scope and Applicability of the Waiver Doctrine, 61 Cath. U. L. Rev. 2011–2012, S. 807–838 (813).

322 Vgl. http://www.justice.gov/oip/referenceguidemay99.htm#intro.

323 Siehe Gurlit, Elke: Akteneinsicht in den Vereinigten Staaten in: Winter, Gerd (Hrsg.): Öffentlichkeit von Umweltinformationen: Europäische und nordamerikanische Rechte und Erfahrungen, Baden-Baden 1990, S. 511–512.

324 Ausführlich United States Department of Justice: Freedom of Information Act Guide 2007, S. 46–51.

der Regierung kontrolliert werden, oder Teil der Exekutive sind.[325] In den USA ist generell die im Jahr 1927 gegründete „Food and Drug Administration" (FDA) für die Sicherheit der Verbraucher zuständig. Die Behörde war zunächst aufgrund von Widerständen der Industrie und Werbebranche nur mit wenigen Befugnissen aufgestellt. Elf Jahre später kam ihr als Folge des als Reaktion auf einen Skandal erlassenen „Federal Food, Drug and Cosmetic Acts" mehr Kompetenzen zu.[326] Daraus ist ersichtlich, dass auch in den USA Verbraucherrechte aufgrund der Abwehrhaltung der Unternehmen nicht ohne weiteres erweitert werden können und erst Skandale zum Erlass von entsprechenden Regelungen führen.

Die von dem Freedom of Information Act erfassten Akten müssen bei der Behörde vorhanden sein. Es handelt sich um Behördenakten, wenn die Akte von einer Behörde erschaffen oder erwirkt wurde und die Behörde Kontrolle über sie hat. Dabei wird auf die Absicht des Verfassers, die Kontrolle über die Akte zu behalten oder abzugeben, die Befähigung der Behörde diese im gegenwärtigen Zustand zu verwenden, die Kenntnis des Inhalts und den Grad der Einbeziehung in die Datenerfassung abgestellt.[327] Die Akten müssen zudem in dem Verantwortungsbereich der Behörde liegen. Die Behörden verfügen entsprechend über ausreichend Kenntnis, die Sensibilität der (Unternehmens-) Daten einzuschätzen. Den Behörden obliegt keine Pflicht, die Akten zu beschaffen oder zu erstellen.[328] Zudem besteht keine Aufbereitungspflicht und bereits veröffentlichte Daten müssen nicht erneut an den Antragsteller weitergegeben werden.[329] Wie bereits erläutert, müssen die Informationen zudem seit der Erweiterung des Gesetzes nicht unbedingt schriftlich niedergelegt sein, um in den Anwendungsbereich des Freedom of Information Acts zu fallen.[330] Um die Anträge besser koordinieren

325 So Rosler, Gerhard: Informationsfreiheit in den Vereinigten Staaten von Amerika, Heidelberg 1984, S. 115.

326 In Bezug auf Rückrufe fehlerhafter Produkte Bodewig, Theo: Der Rückruf fehlerhafter Produkte – Eine Untersuchung der Rückrufpflichten und Rückrufansprüche nach dem Recht Deutschlands, der Europäischen Union und der USA, Tübingen 1999, S. 18.

327 United States Department of Justice: Freedom of Information Act Guide 2007, S. 53–55.

328 So (und damit ähnlich der Lage in Deutschland) Feldman, Steven W.: The Government's Commercial Data Privilege under Exemption five of the Freedom of Information Act, 15 Pub. Cont. L.J. 1984–1985, S. 122–137 (125).

329 Vgl. United States Department of Justice: Freedom of Information Act Guide 2007, S. 81–85.

330 Dazu Rosler, Gerhard: Informationsfreiheit in den Vereinigten Staaten von Amerika, Heidelberg 1984, S. 116.

zu können, wurden in den einzelnen Behörden so genannte „FOIA-offices" etabliert, deren Aufgabe jedoch nur die Koordination und nicht die Bearbeitung der Anträge ist.[331] Daraus lässt sich schließen, dass in den Vereinigten Staaten viel weitergehende Maßnahmen zugunsten der Funktionalität des Freedom of Information Acts getroffen werden. Eine vergleichbare Handhabung gibt es in Deutschland nicht.

Der FOIA bezweckt den Schutz der Gesundheit, der Sicherheit und des Vermögens des Verbrauchers und einen gerechten und effizienten Markt.[332] Antragsberechtigt ist jeder, unabhängig von der amerikanischen Staatsbürgerschaft. Auch juristische Personen haben einen Anspruch. Es muss kein berechtigtes Interesse vorliegen. Auch in den USA müssen Anfragen hinreichend spezifiziert werden.[333] Aufgrund der Auswirkungen auf die Kostenerhebung ist den Behörden die Motivation mitzuteilen. Es wird eine Unterscheidung in fünf Interessengruppen vorgenommen: 1) wirtschaftlich 2) bildungspolitisch 3) wissenschaftlich 4) journalistisch oder 5) die, die nicht in eine der vorgenannten Kategorien einzuordnen sind.[334] Für den Aufwand werden Gebühren berechnet, die sich nach dem Status des Antragstellers bemessen. So müssen zum Beispiel kommerzielle Antragsteller zusätzlich Gelder für die Aktendurchsicht auf geheimhaltungsbedürftige Dokumente bezahlen. Die Gebühr wird reduziert oder gar nicht erhoben, wenn die Information im öffentlichen

---

331 Gurlit, Elke: Akteneinsicht in den Vereinigten Staaten in: Winter, Gerd (Hrsg.): Öffentlichkeit von Umweltinformationen: Europäische und nordamerikanische Rechte und Erfahrungen, Baden-Baden 1990, S. 523.

332 Vgl. Pfeiffer, Thomas / Heinke Theresa / Portugall, Philipp: Untersuchung des Verbraucherinformationsrechts in Deutschland, Belgien, Dänemark, Frankreich, Großbritannien, Irland, Schweden und den Vereinigten Staaten von Amerika, Abschlussbericht vom 07.05.2010, Band I, abgerufen unter http://www.vigwirkt.de//fileadmin/sites/default/files/Evaluation/Rechtsvergleich-Abschlussbericht-1.pdf, zuletzt am 21.04.2013, S. 34.

333 Näher zu den Antragsberechtigten Gurlit, Elke: Akteneinsicht in den Vereinigten Staaten in: Winter, Gerd (Hrsg.): Öffentlichkeit von Umweltinformationen: Europäische und nordamerikanische Rechte und Erfahrungen, Baden-Baden 1990, S. 521–522.

334 So aufgelistet in Pfeiffer, Thomas / Heinke Theresa / Portugall, Philipp: Untersuchung des Verbraucherinformationsrechts in Deutschland, Belgien, Dänemark, Frankreich, Großbritannien, Irland, Schweden und den Vereinigten Staaten von Amerika, Abschlussbericht vom 07.05.2010, Band I, abgerufen unter http://www.vigwirkt.de//fileadmin/sites/default/files/Evaluation/Rechtsvergleich-Abschlussbericht-1.pdf, zuletzt am 21.04.2013, S. 68.

Interesse steht.[335] Diese Ausführung ist ein großer Vorteil gegenüber der Regelung in Deutschland. Der Verbraucher wird mithin nicht für das bekundete Interesse bestraft indem er Gebühren zahlen muss, wenn die Daten auch für die Allgemeinheit von Belang sind (außer es handelt sich um Informationen im Zusammenhang mit Rechtsverstößen). Zudem hält es gegebenenfalls Unternehmen vor Anträgen ab. Sofern keine natürliche Person unter einem Vorwand den Antrag für das Unternehmen stellt, kommen Kosten auf die Unternehmen bei Anfragen zu. Oftmals wird der Wert der erlangten Informationen den der Gebühren überschreiten, so dass Unternehmen dennoch die Anträge stellen werden. Doch nicht zuletzt weil die Antragsteller vorher nicht wissen, welche Daten sie erhalten werden und entsprechend vielleicht die Anträge noch einmal überdenken, ist es ein guter Ansatz. Das Gesetz soll den Bürgern dienen und ihre Position verbessern und nicht die der Unternehmen.

Wird ein Antrag abgelehnt, kann der Bürger gegen diese Entscheidung klagen.[336] Nach Erachten der Autorin könnte daraus resultieren, dass zu oft Zugang gewährt wird, um Klagen zu umgehen. Es ist allgemein bekannt, dass es sogar Klagen wegen fehlender Hinweise vor heißem Kaffee gab, mithin könnte davon ausgegangen werden, dass es auch bei Versagung des Zugang zu Informationen schnell zu Klagen kommt.

II. Die Ausnahmetatbestände

Das Gesetz enthält insgesamt neun Ausnahmetatbestände. Der Entwurf des vorgenannten Moss Komitees enthielt lediglich drei Ausnahmen, erst nach Verhandlungen wurden sechs weitere Ausnahmetatbestände aufgenommen. Die ursprünglich enthaltenen Ausnahmen sind untenstehend unter (1), (3) und (8) aufgeführt. Die Betriebs- und Geschäftsgeheimnisse waren nicht als Ausnahmetatbestand vorgesehen.[337] Die Interessenvertreter der Unternehmen hatten demnach erfolgreich die Berücksichtigung der Betriebs- und Geschäftsgeheimnisse bei der weiteren Entwicklung des Gesetzes erzielt. Liegt einer der neun

335 Dazu unter anderem Gurlit, Elke: Akteneinsicht in den Vereinigten Staaten in: Winter, Gerd (Hrsg.): Öffentlichkeit von Umweltinformationen: Europäische und nordamerikanische Rechte und Erfahrungen, Baden-Baden 1990, S. 524.

336 Siehe unter anderem Gellmann, Robert: Electronic Freedom of Information Act, DuD 1998, S. 446–448 (446).

337 Vgl. Halstuk, Martin E.: When Secrecy Trumos Transparency: Why the Open Government Act of 2007 falls short, 16 CommLaw Conspectus 2007–2008, S. 427–469 (439).

Tatbestände, die nach allgemeiner Auffassung eng ausgelegt werden sollen, vor, kann die Information dem Antragsteller vorenthalten werden[338]:

(1) Informationen, die aufgrund einer präsidentiellen Verordnung als im Zusammenhang stehend mit der Verteidigung oder der auswärtigen Politik festgestellt werden, sind von der Offenlegung ausgenommen (Ausnahmetatbestand 1).[339] Bei diesem Ausnahmetatbestand waren die Gerichte unter anderem mit der Frage beschäftigt, ob der Präsident persönlich über den Geheimnischarakter der Information bestimmen muss.[340] Da die für Verbraucher relevante Informationen regelmäßig nicht im Zusammenhang mit der Verteidigung oder der auswärtigen Politik stehen, wird auf diese Thematik nicht weiter eingegangen.
(2) Von der Informationsvergabe ausgenommen sind behördeninterne personelle Regelungen (Ausnahmetatbestand 2). Sobald Informationen lediglich im Zusammenhang mit internen personellen Entscheidungen, wie zum Beispiel Essenszeiten, stehen, sind sie von der Veröffentlichung ausgenommen.[341] *Fellmeth* (1969: 353) ist der Auffassung, dass diese Ausnahme gestrichen werden sollte. Der Freedom of Information Act hätte es zum Ziel, die politischen und behördlichen Prozesse zu veröffentlichen. Die Bestimmung würde es jedoch den Behörden ermöglichen, der Öffentlichkeit essenzielle Daten vorzuenthalten und stehe damit dem Ziel des Gesetzes entgegen.[342] Dem ist nach Ansicht der Autorin jedoch nicht zuzustimmen, da die Bestimmung die persönliche Freiheit der Angestellten schützten soll. Solange der Ausnahmetatbestand ordnungsgemäß und eng ausgelegt wird, weisen die Informationen keine Relevanz für Verbraucher auf.
(3) Sofern Informationen aufgrund anderer Spezialgesetze als geheim eingestuft werden, bilden diese eine Ausnahme zu der generellen Zugangsfreiheit

338 Siehe Kuersteiner, Richard L. / Herbach, Etta G.: The Freedom of Information Act: An Examination of the Commercial or Financial Exemption, 16 Santa Clara L. Rev. 1975–1976, S. 193–213 (194).

339 Vgl. Rosler, Gerhard: Informationsfreiheit in den Vereinigten Staaten von Amerika, Heidelberg 1984, S. 75.

340 Zu dieser Problematik bejahend Waples, Gregory L.: The Freedom of Information Act: A Seven-Year Assessment, 74 Colum. L. Rev. 1974 S. 895–959 (932).

341 Siehe Rosler, Gerhard: Informationsfreiheit in den Vereinigten Staaten von Amerika, Heidelberg 1984, S. 78.

342 Fellmeth, Robert C.: The Freedom of Information Act and the Federal Trade Commission: A Study in Malfeasance, 4 Harv. C. R.-C. L. L. Rev. 1968–1969, S. 345–377 (353).

(Ausnahmetatbestand 3). Dabei müssen die Spezialgesetze entweder eine Offenlegung der Daten ohne jeglichen Ermessensspielraum verbieten oder Kriterien oder Typen der Daten festlegen, die geheim zu halten sind.[343] *Rosler* (1984: 78–79) führte aus, das besondere Augenmerk gelte dabei dem „Trade Secrets Act", „Consumer Product Safety Act", „Federal Trade Commission Improvement Act" und „Internal Revenue Code".[344] Diese Bestimmung würde dann bereits die Betriebs- und Geschäftsgeheimnisse schützen, ohne sie explizit zu nennen. Die Vermutung läge mithin entsprechend nahe, dass die Bestimmung nachträglich auf Drängen der Unternehmerverbände aufgenommen wurde. In dem Leitfaden des „Department of Justice" jedoch wird dargelegt, dass zwar bisher der Supreme Court dazu keinerlei Stellung genommen hat, andere Gerichte aber entschieden haben, dass der Trade Secrets Act nicht in den Bereich dieser Ausnahme fällt. Der D.C. Circuit[345] stellte 1987 fest, dass der Trade Secrets Act nur die Offenlegung verbietet, wenn diese nicht durch Gesetz erlaubt ist und damit kein absolutes Verbot ausspricht. Es liegt ein Ermessensspielraum vor und es gibt keine klaren Vorgaben. Die Betriebs- und Geschäftsgeheimnisse werden infolgedessen lediglich durch den 4. Ausnahmetatbestand geschützt und die 3. Ausnahme bietet keinen Auffangtatbestand, falls den Unternehmen der Schutz unter dem 4. Ausnahmetatbestand versagt wird.[346] Mithin konnten die Interessenvertretungen der Unternehmen entweder von Anfang an bei Entwurf des Gesetzes einen weiteren Ausnahmetatbestand zu Gunsten des Schutzes ihrer Betriebs- und Geschäftsgeheimnisse nicht erwirken, oder dieser wurde im Nachhinein entkräftet.

(4) Ein weiterer Ausnahmetatbestand schützt den innerbehördlichen Entscheidungsprozess (Ausnahmetatbestand 5). Es werden solche Dokumente von der Herausgabe ausgenommen, die auf die Meinungsbildung der Behörde schließen können.[347] Durch diesen Ausnahmetatbestand soll die Kommunikation innerhalb einer oder zu anderen Behörden geschützt werden und

---

343 United States Department of Justice: Freedom of Information Act Guide 2009, S. 207.

344 Rosler, Gerhard: Informationsfreiheit in den Vereinigten Staaten von Amerika, Heidelberg 1984, S. 78–79.

345 Vgl. *CNA Fin. Corp v. Donovan*, 830 F. 2d 1132, 1137–43.

346 United States Department of Justice: Freedom of Information Act Guide 2009, S. 259–260.

347 Siehe Gurlit, Elke: Akteneinsicht in den Vereinigten Staaten in: Winter, Gerd (Hrsg.): Öffentlichkeit von Umweltinformationen: Europäische und nordamerikanische Rechte und Erfahrungen, Baden-Baden 1990, S. 532.

die frühe Offenlegung von Absichten verhindert werden.[348] Die Regelung soll umfassende politische und rechtliche Diskussionen sicherstellen und verhindern, dass manche Aspekte oder kritische Kommentare aus Angst vor Veröffentlichung nicht genannt und somit bedacht werden.[349] Des Weiteren soll die Arbeit der Behörden anhand ihrer Handlungen und Entscheidungen und nicht anhand von Überlegungen bemessen werden.[350] Verbraucherschützer kritisieren, dass die Behörden sich zu oft auf diesen Tatbestand berufen.[351] So haben sich Behörden auch auf diesen Ausnahmetatbestand berufen, wenn das Memorandum lediglich statistische Daten enthielt.[352] Bei enger (und korrekter) Auslegung jedoch steht diese Ausnahme den Verbraucherinteressen nicht entgegen.

(5) Ein Ausnahmetatbestand schützt zudem Untersuchungsberichte zu Strafverfolgungen (Ausnahmetatbestand 7). Dadurch wird neben den behördlichen Interessen auch das Interesse der Personen geschützt, gegen die das Verfahren eingeleitet werden soll.[353] *Fellmeth* (1969: 362) kritisiert, dass von der Kartellbehörde fast jede Maßnahme als investigativ angesehen wird und entsprechend viele Daten nicht offengelegt werden dürfen, die gegebenenfalls für die Öffentlichkeit interessant sind. Weiterhin sei die Untersuchungsphase zumeist sehr langwierig. Der Ausnahmetabestand würde eine Prüfung der Effizienz und des Arbeitstempos zur Freude der Behörde unmöglich machen.[354] Es ist jedoch auch auf das Interesse der Behörde auf effektive

348 So unter anderem Rosler, Gerhard: Informationsfreiheit in den Vereinigten Staaten von Amerika, Heidelberg 1984, S. 84.

349 So auch Fellmeth, Robert C.: The Freedom of Information Act and the Federal Trade Commission: A Study in Malfeasance, 4 Harv. C. R.-C. L. L. Rev. 1968–1969, S. 345–377 (360–361).

350 Zu dieser wichtigen Unterscheidung Waples, Gregory L.: The Freedom of Information Act: A Seven-Year Assessment, 74 Colum. L. Rev. 1974, S. 895–959 (938).

351 So Gurlit, Elke: Akteneinsicht in den Vereinigten Staaten in: Winter, Gerd (Hrsg.): Öffentlichkeit von Umweltinformationen: Europäische und nordamerikanische Rechte und Erfahrungen, Baden-Baden 1990, S. 532.

352 Siehe Fellmeth, Robert C.: The Freedom of Information Act and the Federal Trade Commission: A Study in Malfeasance, 4 Harv. C. R.-C. L. L. Rev. 1968–1969, S. 345–377 (361).

353 Konkludiert von Rosler, Gerhard: Informationsfreiheit in den Vereinigten Staaten von Amerika, Heidelberg 1984, S. 88–89.

354 Siehe Fellmeth, Robert C.: The Freedom of Information Act and the Federal Trade Commission: A Study in Malfeasance, 4 Harv. C. R.-C. L. L. Rev. 1968–1969, S. 345–377 (362).

Arbeitsweisen und auf die der Person / des Unternehmens als Verfahrensgegner abzustellen. Wird zum Beispiel veröffentlicht, dass gegen ein Unternehmen ermittelt wird, entstehen dem Unternehmen Schäden, obwohl die Anschuldigungen gegebenenfalls unbegründet waren. Sollte es sich um für den Durchschnittsverbraucher bedrohliche Rechtsverstöße handeln, würde die Behörde ohnehin informieren, so dass der Ausnahmetatbestand die Offenlegung solcher Daten nicht umgeht.

(6) Die Regelungen zur Ausnahme von Informationen betreffend Kreditinstitute schützt im Prinzip vertrauliche Unternehmensdaten (Ausnahmetatbestand 8). In der Praxis findet diese Bestimmung kaum Anwendung.[355] Für Verbraucher können diese Daten hinsichtlich ihrer finanziellen Interessen gegebenenfalls wichtig sein. Hinsichtlich der im VIG behandelten Thematiken ist diese Ausnahme jedoch unerheblich.

(7) In dem Ausnahmetatbestand „geologische und physikalische Daten“ geht es um Informationen über Bodenschätze, die von Dritten gesammelt wurden und nicht von anderen ohne Aufwand erschlossen werden sollen (Ausnahmetatbestand 9).[356] Auch diese Bestimmung wird in der Regel nicht dem Informationsbedarf der Verbraucher entgegenstehen.

(8) Eine wichtige Ausnahme bilden die personenbezogenen Daten. Diese sind generell zu schwärzen (Ausnahmetatbestand 6). Die Schwärzung muss dem Antragsteller gegenüber begründet werden.[357] Bei persönlichen Daten, die bestimmten Behörden wie der Veteran Administration, Department of Health, Education and Welfare, Selective Service und dem Bureau of Prisons vorliegen, findet vor der Offenlegung eine Interessenabwägung mit dem öffentlichen Interesse statt. Ein Schutz besteht, wenn eine „offensichtliche, ungerechtfertigte Verletzung der Privatsphäre“ eintreten würde.[358]

(9) Ein letzter Ausnahmetatbestand des FOIA betrifft „trade secrets and commercial or financial information obtained from a person [that is] privileged

---

355 So Rosler, Gerhard: Informationsfreiheit in den Vereinigten Staaten von Amerika, Heidelberg 1984, S. 90–91.

356 Vgl. Rosler, Gerhard: Informationsfreiheit in den Vereinigten Staaten von Amerika, Heidelberg 1984, S. 91.

357 Zu der Problematik bezüglich der personenbezogenen Daten Gurlit, Elke: Akteneinsicht in den Vereinigten Staaten in: Winter, Gerd (Hrsg.): Öffentlichkeit von Umweltinformationen: Europäische und nordamerikanische Rechte und Erfahrungen, Baden-Baden 1990, S. 532–533.

358 Rosler, Gerhard: Informationsfreiheit in den Vereinigten Staaten von Amerika, Heidelberg 1984, S. 86–87.

or confidential“[359] (Ausnahmetatbestand 4). Die Interessen der Unternehmen sind insbesondere gefährdet, da aufgrund einer Reihe von Gesetzen Unternehmen zum Teil sehr geheime Daten den Behörden mitteilen müssen. Demzufolge liegen den Behörden sehr viele Angaben von Unternehmen vor, insbesondere wenn das Geschäftsfeld genehmigungspflichtig ist. Zur Überprüfung müssen den Behörden fortlaufend Geschäftsberichte zur Verfügung gestellt werden.[360] Aber auch mitunter durch Ausschreibungen werden Daten ermittelt und übermittelt.[361]

Wie auch die anderen acht Ausnahmetatbestände, ist die Formulierung dieses Tatbestands mehrdeutig.[362] Die meisten gerichtlichen Streitigkeiten basieren auf dem zweiten Halbsatz.[363] Die Ausnahme (im Originaltext)[364] könnte drei Tatbestände (1) Betriebs- und Geschäftsgeheimnisse, (2) gewerbliche oder finanzielle Informationen und (3) geschützte oder vertrauliche Informationen, oder lediglich zwei Tatbestände (1) Betriebs- und Geschäftsgeheimnisse und (2) gewerbliche oder finanzielle Daten, die geschützt oder geheim sind und von einer Person erhalten wurden, enthalten. Die grammatikalische Auslegung, die drei Ausnahmetatbestände herauslöst, würde die Möglichkeit der Vorenthaltung von Informationen sehr erweitern. Viele Daten erfüllen die Eigenschaft gewerblich oder sind aus irgendwelchen Gründen geheim. Es gibt eine Gerichtsentscheidung (*Barceloneta Shoe Corporation v. Compton*[365]), die eine schriftliche Fürsprache für die Auslegung mit den drei Tatbeständen enthält. Das Gericht sah den Tatbestand durch geheime Informationen erfüllt, die keinerlei Betriebsbezug aufwiesen. In der Entscheidung *Consumers Union of United States, Incorporated v. Veterans*

---

359 Übersetzung: „Betriebs- und Geschäftsgeheimnisse und gewerbliche oder finanzielle Informationen, erhalten von einer Person, die geschützt oder geheim sind“.

360 So auch Rosler, Gerhard: Informationsfreiheit in den Vereinigten Staaten von Amerika, Heidelberg 1984, S. 80–81.

361 Dazu Stevenson, Russel B. Jr.: Protecting Business Secrets under the Freedom of Information Act: Managing Exemption 4, 34 Admin. L. Rev. 1982, S. 207–261 (215).

362 Zur grammatikalischen Auslegung Katz, Joan M.: The Games Bureaucrats Play: Hide and Seek under the Freedom of Information Act, 48 Tex. L. Rev. 1969–1970, S. 1261–1284 (1262–1263).

363 Vgl. Stevenson, Russel B. Jr.: Protecting Business Secrets under the Freedom of Information Act: Managing Exemption 4, 34 Admin. L. Rev. 1982, S. 207–261 (211).

364 5 U.S.C. § 552 (6) (b) (4) “trade secrets and commercial or financial information obtained from a person and privileged or confidential”.

365 Vgl. *Barceloneta Shoe Corporation v. Compton*, 271 F. Supp. 591 (D.P.R. 1967).

Administration[366] hingegen ging das Gericht lediglich von zwei Ausnahmetatbeständen aus und sah damit die Eigenschaften „geschützt oder geheim" und „von einer Person erhalten" als weitere Ausführungen der gewerblichen oder finanziellen Informationen an.[367] Nach Auffassung der Autorin ist dem Ansatz, der zwei Tatbestände vorsieht, zu folgen, da der andere Ansatz zu weit gehen würde und das Ziel des Gesetzes untergraben würde, da sehr viele Informationen als geheim einzustufen sind und dadurch kaum noch Daten offengelegt werden dürften.

Neben der Anzahl der enthaltenen Tatbestände ist fraglich, wann es sich um Betriebs- und Geschäftsgeheimnisse und vertrauliche gewerbliche oder finanzielle Informationen handelt. Das Gesetz enthält keine Definition für die Terminologien „gewerblich" oder „finanziell". Auch die Rechtsprechung hat bisher keine allgemeine Definition entwickelt, so dass im Einzelfall entschieden wird.[368] In verschiedenen Gerichtsentscheidungen[369] hat sich die Auffassung herauskristallisiert, dass Informationen nur dann als gewerblich oder finanziell anzusehen sind, wenn sie im Zusammenhang mit einem Betrieb stehen. Ist diese Voraussetzung erfüllt, ist die Natur der Daten unerheblich. Eine weitere Differenzierung oder Voraussetzung gibt es nicht.[370] Grundsätzlich entsprechen zum Beispiel Kundenlisten und Verkaufsstatistiken den Voraussetzungen.[371]

Geschützt werden Informationen, die von einer Person erhalten wurden. Unter den Begriff fällt im Prinzip jeder Dritte, natürliche Personen sowie juristische Personen.[372] Die Information gilt lediglich als von einer

---

366 Vgl. *Consumers Union of United States, Incorporated v. Veterans Administration,* 301 F. Supp. 796 (S.D.N.Y. 1969).

367 Vgl. Katz, Joan M.: The Games Bureaucrats Play: Hide and Seek under the Freedom of Information Act, 48 Tex. L. Rev. 1969–1970, S. 1261–1284 (1263–1264).

368 Ausführliche Darstellung der Rechtsprechung Lightfoot, Patrick: Waiving Goodbye to nondisclosure under FOIA's Exemption 4: The Scope and Applicability of the Waiver Doctrine, 61 Cath. U. L. Rev. 2011–2012, S. 807–838 (814–822).

369 Vgl. u.a. *Brockway v. Department of the Air Force*, 370 F. Supp. 738 (N.D. Iowa 1974).

370 Dazu ausführlicher Kuersteiner, Richard L. / Herbach, Etta G.: The Freedom of Information Act: An Examination of the Commercial or Financial Exemption, 16 Santa Clara L. Rev. 1975–1976, S. 193–213 (200–201).

371 Ausführlich zur Auslegung des Ausnahmetatbestands Lightfoot, Patrick: Waiving Goodbye to nondisclosure under FOIA's Exemption 4: The Scope and Applicability of the Waiver Doctrine, 61 Cath. U. L. Rev. 2011–2012, S. 807–838 (814).

372 So dargelegt United States Department of Justice: Freedom of Information Act Guide 2007, S. 266–273.

Person erhalten, wenn es sich um eine Person außerhalb der Behörde handelt. In dem Gesetzesentwurf von 1964 war im Ausnahmetatbestand 4 nicht von einer „Person" sondern von der „Öffentlichkeit" erlangten Information die Rede. Diese Änderung des Wortlauts sollte jedoch nach Meinung der Gerichte[373] nicht die Inklusion der innerbehördlichen Personen bedeuten. Wären diese mit inbegriffen, so könnten Daten von einer Behörde zu einer anderen gereicht werden und fielen dann in den Ausnahmetatbestand, was dem Ziel des Freedom of Information Acts widersprechen würde. Es wird die Auffassung vertreten, die Änderung des Textes beruhe auf dem Wunsch der Verdeutlichung, dass es sich um sehr private Informationen handle.[374]

Bezüglich der gewerblichen oder finanziellen Informationen, die von einer Person übermittelt wurden und geheim oder geschützt sind, sind Gerichte zumeist mit der Frage beschäftigt, wann eine Information geheim ist.[375] Zur Frage des Geheimnischarakters der Daten wurde zunächst darauf abgestellt, ob ein Versprechen vorlag, die Informationen geheim zu halten oder ob die Angaben objektiv betrachtet unter normalen Umständen veröffentlicht worden wären.[376] Diesbezüglich hat das Gericht in dem Verfahren *National Parks & Conservation Ass'n v. Morton* (hiernach „*National Parks*")[377], in dem eine Umweltschutzorganisation die Herausgabe von Daten des Innenministeriums beantragt hatte, dies weiter verifiziert und einen zweistufigen Test entwickelt. Die Daten sind als geheim einzustufen und damit von der Herausgabe Abstand zu nehmen[378], wenn durch die Offenlegung entweder die Behörde zukünftig nicht mehr in Stande wäre,

---

373 Vgl. zum Beispiel die bereits zitierte Entscheidung *Consumers Union of the United States, Inc. v. Veterans Administration*, 301 F. Supp. 796 (S.D.N.Y. 1969).

374 Siehe Kuersteiner, Richard L. / Herbach, Etta G.: The Freedom of Information Act: An Examination of the Commercial or Financial Exemption, 16 Santa Clara L. Rev. 1975–1976, S. 193–213 (195, 202).

375 So dargelegt von Vermazen Radez, Kathleen: The Freedom of Information Act Exemption 4: Protecting Corporate Reputation in the Post-Crash Regulatory Environment, 2010 Col. Bus. L. Rev. 2010, S. 632–684 (645).

376 Vgl. United States Department of Justice: Freedom of Information Act Guide 2009, S. 273.

377 Vgl. *National Parks & Conservation Ass'n v. Morton* 498 F. 2d 765 (D.C. Cir. 1974).

378 Dazu unter anderem ausführlicher Zimmerman, Samuel L.: Understanding Confidentiality: Program Effectiveness and the Freedom of Information Act Exemption 4, 53 Wm. & Mary L. Rev. 2011–2012, S. 1087–1114 (1099).

notwendige Informationen zu erhalten, oder eine substanzielle Beeinträchtigung der Wettbewerbsposition des Unternehmens vorläge.[379] Es soll verhindert werden, dass Unternehmen zukünftig aus Angst vor Offenlegung von der Übermittlung ihrer Daten Abstand nehmen, ohne welche die Behörden nicht arbeiten können.[380] Zudem würden andernfalls Unternehmen nicht mehr mit Behörden zusammen arbeiten wollen und nicht mehr auf Ausschreibungen reagieren.[381] Bei der Frage, ob es zu einer substanziellen Beeinträchtigung auf Seiten der Unternehmen kommen könnte, stellen die Gerichte auf die Daten und die Wettbewerbslage ab. Der Test aus *National Parks* verlangt diesbezüglich keine Beweisführung durch die Unternehmen. Ein Indikator für die Bewertung ist zum Beispiel das Alter der Daten.[382] Die Gefahr, dass die Öffentlichkeit durch die Offenlegung von Daten ein Unternehmen für nicht ausreichend stabil in finanzieller Hinsicht halten würde, wurde zum Beispiel von einem Gericht nicht als substanzielle Verschlechterung der Wettbewerbslage angesehen.[383] Dieser zweistufige Test des D.C. Bezirks wurde von sieben weiteren Bezirken übernommen und bisher von keinem anderen abgelehnt. Teilweise wurden weitere Unterteilungen unternommen. So wurde zum Beispiel zwischen freiwillig und unfreiwillig übermittelten Daten unterschieden. Freiwillig übermittelte Daten fallen in den Ausnahmetatbestand, wenn sie üblicherweise von dem Unternehmen nicht publiziert werden würden.[384] Bezüglich der Informationen, die von

---

379 Siehe Gurlit, Elke: Akteneinsicht in den Vereinigten Staaten in: Winter, Gerd (Hrsg.): Öffentlichkeit von Umweltinformationen: Europäische und nordamerikanische Rechte und Erfahrungen, Baden-Baden 1990, S. 529.

380 So unter anderem Martin, Robert: Disclosure v. Privacy, 13 Forum 1977–1978, S. 142–153 (145).

381 Zu diesem Kritikpunkt an der Informationsvergabe Stevenson, Russel B. Jr.: Protecting Business Secrets under the Freedom of Information Act: Managing Exemption 4, 34 Admin. L. Rev. 1982, S. 207–261 (215–216).

382 So argumentiert aufgrund der Rechtsprechung Gurlit, Elke: Akteneinsicht in den Vereinigten Staaten in: Winter, Gerd (Hrsg.): Öffentlichkeit von Umweltinformationen: Europäische und nordamerikanische Rechte und Erfahrungen, Baden-Baden 1990, S. 530.

383 Vgl. Vermazen Radez, Kathleen: The Freedom of Information Act Exemption 4: Protecting Corporate Reputation in the Post-Crash Regulatory Environment, 2010 Col. Bus. L. Rev. 2010, S. 632–684 (647).

384 Dazu unter anderem ausführlicher Zimmerman, Samuel L.: Understanding Confidentiality: Program Effectiveness and the Freedom of Information Act Exemption 4, 53 Wm. & Mary L. Rev. 2011–2012, S. 1087–1114 (1099–1102).

den Unternehmen übermittelt werden mussten, wurde kein weiterer Prüfungspunkt entwickelt. Obwohl weitere Gerichte angedeutet haben, diesem Ansatz zu folgen, wurde dieser zusätzliche Test bisher nicht angewandt. Der *National Parks* Test setzt sich weiterhin durch.[385] *Zimmerman* (2012: 1113) kritisiert an dem Test, dass dieser lediglich das Interesse der Behörde sowie der Unternehmen abdeckt. Seiner Auffassung nach sollten jedoch weitere Interessen von der Bestimmung erfasst werden.[386] Es findet keine Abwägung zwischen den Belangen des Unternehmens und der Öffentlichkeit statt.[387] Eine Abwägung mit genau diesen Gesichtspunkten ist in nach Auffassung der Autorin jedoch unbedingt erforderlich, um einen ausreichenden Verbraucherschutz zu gewährleisten. Diese Abwägung müsste im zweiten Schritt stattfinden, wenn die Daten als geheim einzustufen sind.

Es steht Unternehmen frei, Daten als geheim zu kennzeichnen. Inwieweit die Behörde mit dieser Auffassung übereinstimmt, wird nicht nach Eingang festgestellt, sondern erst, sobald ein Antrag bei der Behörde bezüglich dieser Information gestellt wird.[388]

Zur Definition der Betriebs- und Geschäftsgeheimnisse wird zumeist von den Gerichten § 757 (b) Restatement of Torts von 1939 herangezogen.[389] Der Begriff der Betriebs- und Geschäftsgeheimnisse wird dabei mittlerweile in Verbindung mit dem FOIA enger gefasst, als der etablierte im Bereich des

385 Siehe Vermazen Radez, Kathleen: The Freedom of Information Act Exemption 4: Protecting Corporate Reputation in the Post-Crash Regulatory Environment, 2010 Col. Bus. L. Rev. 2010, S. 632–684 (649–650).

386 Zimmerman, Samuel L.: Understanding Confidentiality: Program Effectiveness and the Freedom of Information Act Exemption 4, 53 Wm. & Mary L. Rev. 2011–2012, S. 1087–1114 (1113).

387 So Bräutigam, Tobias: Das deutsche Informationsfreiheitsgesetz aus rechtsvergleichender Sicht, DVBl. 2006, S. 950–957 (954), Gegendarstellung United States Department of Justice: Freedom of Information Act Guide 2009, S. 306 in Bezug auf die Executive Order 12, 600 gemäß welcher die Unternehmen informiert werden müssen und ihnen dadurch die Gelegenheit gegeben wird ihre Belange (vor Gericht) darzustellen .

388 Richtig angemerkt von Hammerl, Christian: Der gläserne Betrieb – Informationsbeschaffung unter dem Freedom of Information Act, ZIP-Report 1994, S. 1230–1234 (1233).

389 Ausführlicher zu der Auslegung Rosler, Gerhard: Informationsfreiheit in den Vereinigten Staaten von Amerika, Heidelberg 1984, S. 82.

Schadensersatzes.[390] Im Fall *Public Citizen Health Research Group v. FDA*[391] stellte das Gericht fest: "(a trade secret) is a secret, commercially valuable plan, formula, process, or device that is used for the making, preparing, compounding, or processing of trade commodities and that can be said to be the end product of either innovation or substantial effort."[392] Auffällig ist, dass die Definition, die von den Gerichten in Fragestellungen zum FOIA verwendet wird, anstatt der sonstigen Definitionsmerkmale, Beispiele aufzählt und auf die Innovation abstellt. Die Innovation ist sonst eher nicht als Voraussetzung genannt, da auch ein allgemein bekanntes Verfahren zu einem Betriebsgeheimnis werden kann, wenn die Verwendung im Betrieb geheim ist.[393] Durch diese schwammige Definition wird der Ausnahmetatbestand, wie offenbar gewollt und gerade auch im Vergleich zu der in Deutschland angewandten Definition, sehr weitreichend.

Es liegt im Ermessen der Behörde, Daten, die eigentlich einen Ausnahmetatbestand darstellen, zu offenbaren.[394] Es handelt sich um eine Kann- und keine Soll-Vorschrift.[395] Der District of Columbia Circuit Court äußerte sogar, dass die Ausnahme selbst dann nicht greift, wenn aufgrund einer Anfrage des Informationsinhabers die Vertraulichkeit der Daten zugesichert wurde.[396] Die Unternehmen müssen folglich auch um ihre Informationen

390 So Gurlit, Elke: Akteneinsicht in den Vereinigten Staaten in: Winter, Gerd (Hrsg.): Öffentlichkeit von Umweltinformationen: Europäische und nordamerikanische Rechte und Erfahrungen, Baden-Baden 1990, S. 528.

391 *Public Citizen Health Research Group v. FDA,* 704 F.2d 1280, D.C. Dir. 1983.

392 Gurlit, Elke: Akteneinsicht in den Vereinigten Staaten in: Winter, Gerd (Hrsg.): Öffentlichkeit von Umweltinformationen: Europäische und nordamerikanische Rechte und Erfahrungen, Baden-Baden 1990, S. 529; Übersetzung: „(Ein Betriebs- und Geschäftsgeheimnis) ist ein Geheimnis, kommerziell wertiger Plan, Formel, Prozess oder Gerät, das zur Erstellung, Vorbereitung, Zusammensetzung oder Verarbeitung von Handelsgütern benutzt wird und von dem gesagt werden kann, das Endprodukt von entweder Innovation oder beträchtlichen Bemühung zu sein."

393 So auch Liu, Xiaohai: Rechtsschutz von Unternehmensgeheimnissen: Vergleichende Untersuchung zum Schutzniveau des chinesischen Rechts im Vergleich mit dem deutschen und amerikanischen Recht, Frankfurt am Main 1999, S. 34.

394 Vgl. Winter, Gerd / Gurlit, Elke: Zusammenfassender Bericht in: Winter, Gerd (Hrsg.): Öffentlichkeit von Umweltinformationen: Europäische und nordamerikanische Rechte und Erfahrungen, Baden-Baden 1990, S. 49.

395 Siehe Cohen, Jerry / Gutteman, Alan S.: Trade Secrets Protection and Exploitation, Washington D.C. 1998, S. 140–141.

396 Dargestellt von Rosler, Gerhard: Informationsfreiheit in den Vereinigten Staaten von Amerika, Heidelberg 1984, S. 82.

bangen, wenn diese in den Bereich einer der Ausnahmetatbestände fallen. Die Tatbestände sichern lediglich vor einer verpflichtenden Offenbarung seitens der Behörde. Sie halten die Behörden jedoch generell nicht von einer Offenbarung ab.[397]

Die Auslegung des Ausnahmetatbestands als Kann-Vorschrift wird teilweise kritisiert. Die Vorgehensweise würde das Ziel der Ausnahmetatbestände untergraben. Als Gegenargument wird aufgezeigt, dass diese Ausnahmen nicht vor einer freiwilligen Offenbarung durch den Staat schützen, sondern lediglich der Feststellung dienten, ob generell eine sensible Information vorliegt.[398] Der Ansicht ist teilweise zu folgen. Eine Information, die als ein Ausnahmetatbestand qualifiziert werden kann, sollte im ersten Schritt von der Behörde als vertraulich behandelt werden. Dennoch sollte es der Behörde jederzeit möglich sein, auch diese Daten zu veröffentlichen, wenn zum Beispiel gesundheitliche Gefahren bestehen oder die Öffentlichkeit beziehungsweise der Antragsteller aufgrund anderer Belange davon erfahren sollen. Dies ist im Einzelfall abzuwägen, so wie es die Novelle des VIG auch vorsieht.

Der FOIA verpflichtet die Behörden generell nicht dazu, die Unternehmen vor der Freigabe von Informationen um Erlaubnis zu fragen.[399] Auch wenn es prinzipiell keine Pflicht zur Anhörung der Unternehmen gibt, kann die Behörde das Unternehmen unterrichten. Bei der Annahme, dass wirtschaftliche Interessen betroffen sind, werden Unternehmen in der Praxis regelmäßig angehört. In der Rechtsprechung wurde zudem der Grundsatz entwickelt, dass die Consumer Product Safety Commission vor der Offenlegung der Informationen den Unternehmen die Möglichkeit geben muss, die Daten gegebenenfalls zu korrigieren.[400]

397 Vgl. Milgrim, Roger M.: Milgrim on Trade Secrets, Vol. 2, New York 1983, Appendix E, E-28.

398 Dazu ebd., Appendix E, E-29.

399 Siehe Bräutigam, Tobias: Das deutsche Informationsfreiheitsgesetz aus rechtsvergleichender Sicht, DVBl. 2006, S. 950–957 (954).

400 So Pfeiffer, Thomas / Heinke Theresa / Portugall, Philipp: Untersuchung des Verbraucherinformationsrechts in Deutschland, Belgien, Dänemark, Frankreich, Großbritannien, Irland, Schweden und den Vereinigten Staaten von Amerika, Abschlussbericht vom 07.05.2010, Band I, abgerufen unter http://www.vigwirkt.de//fileadmin/sites/default/files/Evaluation/Rechtsvergleich-Abschlussbericht-1.pdf, zuletzt am 21.04.2013, S. 130–131.

Oftmals gibt es derartige spezielle Regelungen von Behörden, die den Umgang mit besonders sensiblen Informationen zum Inhalt haben.[401] Der für Verbraucher besonders interessante „Federal Food, Drug and Cosmetic Act" verbietet der „Food and Drug Administration" die Herausgabe sowohl von Betriebs- und Geschäftsgeheimnissen als auch von geheimen gewerblichen oder finanziellen Informationen. Die verwendete Definition der Betriebs- und Geschäftsgeheimnisse ist derjenigen des Restatement of Torts ähnlich, jedoch etwas enger gefasst.[402] Generell gilt jedoch auch für diese Behörde, dass möglichst viele Informationen offengelegt werden sollen. Wenn Zweifel daran bestehen, ob es sich um einen Ausnahmetatbestand handelt, ist (entgegen der fehlenden Regelung im FOIA) das entsprechende Unternehmen zu befragen. Entscheidet die Behörde, dass die Informationen nicht geheim zu halten sind, steht es Unternehmen frei, innerhalb von fünf Tagen eine richterliche Überprüfung der Entscheidung der Behörde einzuleiten. Unternimmt ein Inhaber der Informationen keine Schritte, wird davon ausgegangen, dass dieser die behördliche Auffassung teilt.[403]

Dies ist eine spezielle Regelung der Behörde. Generell steht laut Freedom of Information Act zwar Antragstellern, deren Antrag abgelehnt wurde, der Rechtsweg offen, für Unternehmen sieht der Freedom of Information Act aber nicht gleichermaßen Rechtsmittel vor, wenn ihre Daten von der Behörde veröffentlicht werden sollen. Dennoch haben viele Unternehmen gerichtliche Schritte eingeleitet, um eine Unterlassung der Behörde zu erreichen. Der Supreme Court befasste sich 1979 in dem Fall *Chrysler Corp. v. Brown*[404] mit der Thematik und stellte fest, dass der Freedom of Information Act keinerlei Grundlage für die Klagen der Unternehmen stelle, da es sich um ein Gesetz für die Informationsherausgabe handle. Auch der Trade Secrets Act beinhalte dieses Recht nicht. Der Anspruch ergebe sich schließlich aus dem

---

401 Vgl. Milgrim, Roger M.: Milgrim on Trade Secrets, Vol. 2, New York 1983, Appendix E, E-29 - E-30.

402 Die von der FDA benutzte Defintion lautet: "A trade secret may consist of any commercially valuable plan, formula, process, or device that is used for the making, preparing, compounding, or processing of trade commodities and that can be said to be the end product of either innovation or substantial effort. There must be a direct relationship between the trade secret and the productive process.".

403 Zur Vorgehensweise Rowe, Elizabeth A.: Striking a Balance: When should Trade-Secret Law shield Disclosures to the Government?, 96 Iowa L. Rev. 2010–2011, S. 791–835 (807).

404 Vgl. *Chrysler Corp. v. Brown*, 441 U.S. 281 (1979).

Administrative Procedure Act.[405] Es steht betroffenen Unternehmen offen, einen sogenannten „reverse suit" einzuleiten, wenn sie erfahren, dass ihre Daten an einen Antragsteller herausgegeben werden sollen. Durch dieses, von dem Freedom of Information Act unabhängige Verfahren, kann festgestellt werden, ob die Informationen geheim zu halten sind. Die Behörde muss dann entsprechend den Antrag gegebenenfalls ablehnen.[406] Einen reverse suit können Unternehmen jedoch nur dann einleiten, wenn sie in Kenntnis darüber sind, dass dieser Antrag besteht. Da das FOIA selbst keine solche Informationspflicht enthält, wird den Unternehmen teilweise die Möglichkeit genommen, ihr Eigentum zu schützen.

In der Praxis gehen nach Meinung der Umweltverbände die Behörden übervorsichtig mit Daten von Unternehmen um,[407] so dass Unternehmen kaum reverse suits einleiten müssen und das Ziel des Gesetzes, möglichst viele Daten offenzulegen, nicht erreicht wird. Gerichte haben beispielsweise Kostenaufstellungen eines Pflegeheims, die dem Ministerium für Gesundheit, Bildung und Soziales übermittelt wurden, Verkaufs- und Profitzahlen von Unternehmen, die der Kartellbehörde im Zuge eines Kartellverfahrens vorliegen, ein Bericht bezüglich eines Flugunglücks und Teile eines Antrags für eine Genehmigung zur Errichtung einer kerntechnischen Anlage, der bei der Atomenergiekommission eingereicht wurde, als geheim eingestuft.[408] Demnach ist auf einen übervorsichtigen Umgang mit den Daten der Unternehmen durch eine weite Auslegung des Ausnahmetatbestands zu schließen, so wie es in Deutschland auch der Fall ist.

Die neun Ausnahmetatbestände sind laut *Stevenson* (1982: 210) Ausfluss der Überlegung des Kongresses, einerseits die Rechte des Verbrauchers auf Informationen zu berücksichtigen, gleichzeitig aber auch der Notwendigkeit der Behörden, einige Akten geheim zu halten, um zum Beispiel Arbeitsprozesse oder das Recht der Unternehmen auf Betriebs- und Geschäftsgeheimnisse zu schützen,

---

405 Siehe Stevenson, Russel B. Jr.: Protecting Business Secrets under the Freedom of Information Act: Managing Exemption 4, 34 Admin. L. Rev. 1982, S. 207–261 (213–214).

406 Ausführlicher Milgrim, Roger M.: Milgrim on Trade Secrets, Vol. 2, New York 1983, Appendix E, E-30 - E-33.

407 Dargestellt in Winter, Gerd / Gurlit, Elke: Zusammenfassender Bericht in: Winter, Gerd (Hrsg.): Öffentlichkeit von Umweltinformationen: Europäische und nordamerikanische Rechte und Erfahrungen, Baden-Baden 1990, S. 21.

408 Dazu näher Kuersteiner, Richard L.: / Herbach, Etta G. The Freedom of Information Act: An Examination of the Commercial or Financial Exemption, 16 Santa Clara L. Rev. 1975–1976, S. 193–213 (204–205).

gerecht zu werden.[409] Insgesamt sind die Ausnahmetatbestände nicht klar umgrenzt. Mithin können Behörden durch weite Auslegungen das Ziel des Freedom of Information Acts untergraben.[410]

In der Rechtsprechung[411] wurde zum Teil erklärt, dass die Informationen, die den Behörden vorliegen, der Vermutung unterliegen der Allgemeinheit zugänglich zu sein. Somit sind die Ausnahmetatbestände eng auszulegen.[412] Dennoch sollte die enorme Bedeutung der Ausnahmetatbestände für die behördlichen Prozesse beispielsweise den unternehmerischen Erfolg der Unternehmen nicht außer Acht gelassen werden.

Ferner ist zu erwähnen, dass im Jahr 1987 eine Verordnung zum Schutz Dritter erlassen wurde. Diese verpflichtet die Behörden, den Informationslieferanten von Daten, die nicht älter als 10 Jahre sind, über die Herausgabe in Kenntnis zu setzen.[413] Es wird Unternehmen die Möglichkeit eröffnet, Daten als vertraulich zu markieren.

III. Das Antragsverfahren

Die Behörde muss von sich aus Informationen darüber veröffentlichen, wie die Behörde im Allgemeinen aufgebaut ist, wie die Verfahren ablaufen und welche Daten vorliegen. Dies hat den Vorteil, dass leichter abgeschätzt werden kann, ob die begehrte Information dieser Behörde vorliegt. Der Einzelne kann die bei den Behörden vorhandenen Akten einsehen. Darunter fallen Akten jeglicher Art, auch elektronische, akustische etc.[414]

---

409 Stevenson, Russel B. Jr.: Protecting Business Secrets under the Freedom of Information Act: Managing Exemption 4, 34 Admin. L. Rev. 1982, S. 207–261 (210).

410 Gleicher Auffassung ist Fellmeth, Robert C.: The Freedom of Information Act and the Federal Trade Commission: A Study in Malfeasance, 4 Harv. C. R.-C. L. L. Rev. 1968–1969, S. 345–377 (376).

411 Vgl. *Nat'l Cmty. Reinvestment Coal. v. Nat'l Credit Union Admin.*, 290 F. Supp. 2d 124, 133 (D.D.C. 2003).

412 Siehe Martin, Erin E.: The Intersection Between Finance and Intellectual Property: Trade Secrets, Hedge Funds, and Section 13(f) of the Exchange Act, 53 N.Y.L. Sch. L. Rev. 2008–2009, S. 575–598 (590).

413 Zu diesem Instrument zum Schutz Dritter Gurlit, Elke: Akteneinsicht in den Vereinigten Staaten in: Winter, Gerd (Hrsg.): Öffentlichkeit von Umweltinformationen: Europäische und nordamerikanische Rechte und Erfahrungen, Baden-Baden 1990, S. 538.

414 Vgl. Pfeiffer, Thomas / Heinke Theresa / Portugall, Philipp: Untersuchung des Verbraucherinformationsrechts in Deutschland, Belgien, Dänemark, Frankreich,

Gemäß FOIA müssen Anträge schriftlich gestellt werden. Die Einreichung ist auch via Fax oder E-Mail möglich.[415] Die Behörde ist angehalten, den Antragsteller darüber zu informieren, ob der Antrag weiter bearbeitet oder abgelehnt wird. Gegen einen negativen Bescheid kann Widerspruch eingelegt werden.[416] Wenn eine Gefahr für Leib oder Leben dargelegt wird, kann eine schnellere Bearbeitung beantragt werden.[417]

Aus dem FOIA lässt sich keine Pflicht der Behörden ableiten, die Informationen aufzubereiten oder verständlich darzustellen. Zudem gibt es keine Weiterleitungspflicht, wenn der Behörde die Informationen nicht vorliegen. Wie bereits bezüglich der Betriebs- und Geschäftsgeheimnisse dargelegt, sind im FOIA so wie im VIG keine Regelung zur Überprüfung der Richtigkeit enthalten.[418]

Es ist erneut zu betonen, dass seitens der Behörden aufgrund des Freedom of Information Acts Richtlinien erlassen wurden. Infolgedessen gibt es keine einheitliche Verfahrensweise für Bereiche, die nicht direkt von dem Gesetz selbst geregelt werden.[419]

Die Food and Drug Administration stellt die entsprechenden Informationen nach einem Antrag in so genannten „public reading rooms" aus. In diesen kann jeder frei und unabhängig von den behördlichen Bearbeitungsfristen recherchieren. Diese Räume werden oft von Interessenten aufgesucht.[420]

Großbritannien, Irland, Schweden und den Vereinigten Staaten von Amerika, Abschlussbericht vom 07.05.2010, Band I, abgerufen unter http://www.vigwirkt.de//fileadmin/sites/default/files/Evaluation/Rechtsvergleich-Abschlussbericht-1.pdf, zuletzt am 21.04.2013, S. 59.

415 So ebd., S. 125.

416 Siehe Gurlit, Elke: Akteneinsicht in den Vereinigten Staaten in: Winter, Gerd (Hrsg.): Öffentlichkeit von Umweltinformationen: Europäische und nordamerikanische Rechte und Erfahrungen, Baden-Baden 1990, S. 536.

417 Zu den allgemeinen Fristen Pfeiffer, Thomas / Heinke Theresa / Portugall, Philipp: Untersuchung des Verbraucherinformationsrechts in Deutschland, Belgien, Dänemark, Frankreich, Großbritannien, Irland, Schweden und den Vereinigten Staaten von Amerika, Abschlussbericht vom 07.05.2010, Band I, abgerufen unter http://www.vigwirkt.de//fileadmin/sites/default/files/Evaluation/Rechtsvergleich-Abschlussbericht-1.pdf, zuletzt am 21.04.2013, S. 127.

418 Siehe ebd., S. 123, 134.

419 Vgl. Hammerl, Christian: Der gläserne Betrieb – Informationsbeschaffung unter dem Freedom of Information Act, ZIP-Report 1994, S. 1230–1234 (1233).

420 Gurlit, Elke: Akteneinsicht in den Vereinigten Staaten in: Winter, Gerd (Hrsg.): Öffentlichkeit von Umweltinformationen: Europäische und nordamerikanische Rechte und Erfahrungen, Baden-Baden 1990, S. 520.

Warnungen vor gefährlichen Produkten und Dienstleistungen und Produktrückrufe können ohne vorliegenden Antrag von den Behörden angeordnet werden, ausgeführt werden diese jedoch zumeist durch die entsprechenden Unternehmen selbst. Eine präventive Wirkung entfalten zudem Gesetze, nach denen die Unternehmen in den USA verpflichtet sind, Informationen über jegliche Risiken und die Zusammensetzung des Produkts auf der Verpackung anzubringen. Oft informieren Unternehmen Verbraucher weitergehend als gesetzlich vorgeschrieben. Hintergrund dafür ist, dass so ein Vorsprung vor Konkurrenten geschaffen und Schadensersatzklagen vorgebeugt werden soll.[421] Die Klagemöglichkeiten, beziehungsweise die Erfolgsquote dieser, stellen einen großen Vorteil der Lage der Verbraucher in den USA gegenüber der der Verbraucher in Deutschland dar. Damit stärken die Gerichte indirekt den Verbraucherschutz.

IV. Der FOIA in der Praxis

Der Consumer Product Safety Commission gingen um 1990 jährlich 13.000 Anträge zu, die von 16 Personen bearbeitet und hauptsächlich von Anwälten wegen Produktmängeln gestellt wurden.[422] Bei der Food and Drug Administration wurden ca. 80% der Anträge von Unternehmen eingereicht.[423] Dabei ging es nicht immer darum, Konkurrenten auszuspionieren, sondern auch Informationen über anstehende Maßnahmen oder potenzielle Interessenten zu erhalten.[424]

---

421 Vgl. Pfeiffer, Thomas / Heinke Theresa / Portugall, Philipp: Untersuchung des Verbraucherinformationsrechts in Deutschland, Belgien, Dänemark, Frankreich, Großbritannien, Irland, Schweden und den Vereinigten Staaten von Amerika, Abschlussbericht vom 07.05.2010, Band I, abgerufen unter http://www.vigwirkt.de//fileadmin/sites/default/files/Evaluation/Rechtsvergleich-Abschlussbericht-1.pdf, zuletzt am 21.04.2013, S. 59, 106, 114.

422 Zu den praktischen Erfahrungen mit dem FOIA Winter, Gerd / Gurlit, Elke: Zusammenfassender Bericht in: Winter, Gerd (Hrsg.): Öffentlichkeit von Umweltinformationen: Europäische und nordamerikanische Rechte und Erfahrungen, Baden-Baden 1990, S. 15–17.

423 Siehe Kiethe, Kurt / Groeschke, Peer: Informationsfreiheitsgesetz: Informationsfreiheit contra Betriebsgeheimnis? – Notwendige Vorkehrungen für den Schutz von Betriebs- und Geschäftsgeheimnissen, WRP 2006, S. 303–306 (303).

424 So argumentieren Winter, Gerd / Gurlit, Elke: Zusammenfassender Bericht in: Winter, Gerd (Hrsg.): Öffentlichkeit von Umweltinformationen: Europäische und nordamerikanische Rechte und Erfahrungen, Baden-Baden 1990, S. 17.

Lediglich die Hälfte dieser Anfragen wurden jedoch von den Unternehmen selbst gestellt. 11% der Anträge wurden von durch die Unternehmen mandatierte Anwälte gestellt und 34% der Daten wurden von „FOIA service companies“ abgefragt. Die Unternehmen sammeln die Informationen der Behörden und verkaufen sie im Paket an Unternehmen, die auf diesem Weg anonym gegenüber den Behörden bleiben können. 1987 gingen bei der FDA 41.500 Anträge ein. 443 wurden abgelehnt. In 218 Fällen berief die Behörde sich dabei auf den Schutz von Betriebs- und Geschäftsgeheimnissen. Bei der Consumer Product Safety Commsission wurden lediglich 72 von 14.721 eingegangen Anträgen aufgrund des Schutzes von geschäftlichen Informationen abgelehnt.[425]

Einem Report aus 2007 ist zu entnehmen, dass die Zahl der ablehnenden Bescheide aufgrund der Ausnahmetatbestände zwischen 1998 und 2006 drastisch anstieg.[426] Insbesondere zu Zeiten der Präsident Bush-Regierung vermehrten sich die ablehnenden Bescheide seitens der Behörden. Die Tendenz bildete sich bereits in den ersten Monaten ab. Nach dem 11. September 2001 stieg die Zahl der Ablehnungen noch weiter an.[427] Es wurde ein Anstieg von 49% bei den Ablehnungen der Offenlegung der Daten aufgrund von Betriebs- und Geschäftsgeheimnissen oder finanziellen oder gewerblichen Informationen, die von einer Person übermittelt wurden und geheim oder geschützt sind, verzeichnet.[428] Diese ablehnende Haltung zugunsten der Unternehmen während der Bush-Regierung wurde bereits zuvor dargestellt. Es ist fraglich, ob die Ablehnungen wirklich zugunsten des Schutzes der Unternehmen stattfanden, oder ob lediglich der Ausnahmetatbestand genutzt wurde, um andere politische Ziele durch die Ablehnung zu verfolgen. In jedem Fall haben die Unternehmen davon profitiert und die Stützung auf diesen Ausnahmetatbestand war sicherlich auf die gute Interessenvertretung zurückzuführen.

---

425 Gurlit, Elke: Akteneinsicht in den Vereinigten Staaten in: Winter, Gerd (Hrsg.): Öffentlichkeit von Umweltinformationen: Europäische und nordamerikanische Rechte und Erfahrungen, Baden-Baden 1990, S. 521–528.

426 Siehe Vermazen Radez, Kathleen: The Freedom of Information Act Exemption 4: Protecting Corporate Reputation in the Post-Crash Regulatory Environment, 2010 Col. Bus. L. Rev. 2010, S. 632–684 (644).

427 Dargestellt von Sides, Charles H.: Freedom of Information in a post 9–11 world, Amityville 2006, S. 30.

428 Vgl. Vermazen Radez, Kathleen: The Freedom of Information Act Exemption 4: Protecting Corporate Reputation in the Post-Crash Regulatory Environment, 2010 Col. Bus. L. Rev. 2010, S. 632–684 (644).

Auch in den USA werden aus Angst vor schlechter Presse Daten zurückgehalten. Einige Unternehmen geben deswegen vornehmlich lediglich mündliche Auskünfte. *Winter* und *Gurlit* (1990: 19–20) zeigten in ihrem Bericht aus dem Jahr 1990 auf, dass in einer Umfrage kein Unternehmen darlegen konnte, durch eine Informationsvergabe geschädigt worden zu sein.[429] Ferner wurde die Aussage getroffen "I know of no example where information we have released has ever harmed a company. And they could not during all the hearings to create this section of our Act, they could not come up with a single instance of a company being hurt by information, and I think it's still true today. What they're worried about is companies or individuals waving around adverse information about their product and it just hasn't happened. Usually, if there has been a problem with their product it's made public anyway thru recalls, thru press release, thru their own recall contacts with individuals. So the FOI doesn't really affect it at all even though they seem to think it does and they still are nervous about information we release but I've never had it proven to me there was any harm."[430] und

"They (the companies) don't understand that when a request comes in we're not going to release it, we're required to send it back to them and ask for those claims all over again. And we do that, we did it 700 times last year.[...]"[431]

Rowe (2011: 815–816) legte in ihrem Artikel aus 2011 dar, dass es (auch ohne FOIA-Anträge) zu versehentlichen Veröffentlichungen von Betriebs- und Geschäftsgeheimnissen und geheimen betriebsbezogenen Daten kam. Beispielsweise in *Jerome Stevens Pharm, Inc. v. FDA*[432] wurden vier Monate lang Informationen eines Arzneimittels auf der Homepage gepostet. In *B&J Oil & Gas v. Fed. Energy Regulatory Comm'n*[433] wurden ebenfalls Daten auf der Homepage veröffentlicht. In *Myers v. Williams*[434] wurde einem Gefangenen, der sich darauf berief, aufgrund eines Schlafmittels die Tat vollübt zu haben, die

429 Winter, Gerd / Gurlit, Elke: Zusammenfassender Bericht in: Winter, Gerd (Hrsg.): Öffentlichkeit von Umweltinformationen: Europäische und nordamerikanische Rechte und Erfahrungen, Baden-Baden 1990, S. 19–20.

430 Ebd., S. 20.

431 Ebd., S. 20.

432 Vgl. *Jerome Stevens Pharm, Inc. v. FDA*, 402 F.3d, 1249 (D.C. Circuit 2005).

433 Vgl. *B&J Oil & Gas v. Fed. Energy Regulatory Comm'n B&J Oil & Gas v. Fed. Energy Regulatory Comm'n*, 353 F.3d 71, 74 (D.C. Circuit 2004).

434 Vgl. *Myers v. Williams*, 819 F. Supp. 919 (D. OR. 1993).

Rezeptur dieser Arznei offenbart. Und in einem weiteren Fall wurden einer Umweltschutzorganisation Betriebs- und Geschäftsgeheimnisse verraten,[435] die die anderen Marktteilnehmer dann erfolgreich nutzen konnten.[436]

Fraglich ist, ob bereits häufiger Betriebs- und Geschäftsgeheimnisse herausgegeben wurden und die Unternehmen diesen Vorfall nicht öffentlich gemacht haben, um den Schaden einzugrenzen. Anteilseigner an dem Unternehmen könnten sonst gegebenenfalls die Geschäftsführer für inkompetent halten. Zudem hat durch die Offenlegung wahrscheinlich lediglich eine Partei Kenntnis von den Daten erlangt. Würde der Vorfall in der Presse veröffentlicht werden, würden weitere Konkurrenten davon erfahren und könnten die Informationen ebenfalls einsehen, sofern diese noch nicht aus den reading rooms entfernt wurden. Ferner gibt es gegebenenfalls auch Konstellationen, in denen sich Unternehmen nicht der Tatsache bewusst sind, dass ihre Betriebs- und Geschäftsgeheimnisse veröffentlicht wurden.[437]

Die vorgenannten Vorfälle sind in Relation zu dem langen Bestehen des FOIA und den vielen Anträgen zu sehen. Auch wenn dem einzelnen Unternehmen große Schäden entstanden sind, sind bei der klaren Mehrzahl der Unternehmen bisher keinerlei Daten aus Versehen oder bewusst veröffentlicht worden.

Hinzuzufügen ist, dass nach Aussage von Antragstellern die Bearbeitungsfrist nahezu nie eingehalten wird.[438] Von der Consumer Product Safety Commission wurden lediglich 60% der Anfragen innerhalb der Frist beantwortet.[439] Auch die weit gefassten und nicht eindeutig formulierten Normen stellen in der Praxis eine Schwierigkeit dar. Die Beamten tendieren dazu, Informationen vorzuenthalten

---

435 Rowe, Elizabeth A.: Striking a Balance: When should Trade-Secret Law shield Disclosures to the Government?, 96 Iowa L. Rev. 2010–2011, S. 791–835 (815–816).

436 Vgl. Gurlit, Elke: Akteneinsicht in den Vereinigten Staaten in: Winter, Gerd (Hrsg.): Öffentlichkeit von Umweltinformationen: Europäische und nordamerikanische Rechte und Erfahrungen, Baden-Baden 1990, S. 530.

437 Auf den Punkt gebracht von Stevenson, Russel B. Jr.: Protecting Business Secrets under the Freedom of Information Act: Managing Exemption 4, 34 Admin. L. Rev. 1982, S. 207–261 (218).

438 Vgl. Gurlit, Elke: Akteneinsicht in den Vereinigten Staaten in: Winter, Gerd (Hrsg.): Öffentlichkeit von Umweltinformationen: Europäische und nordamerikanische Rechte und Erfahrungen, Baden-Baden 1990, S. 536.

439 Zu dieser Problematik Winter, Gerd / Gurlit, Elke: Zusammenfassender Bericht in: Winter, Gerd (Hrsg.): Öffentlichkeit von Umweltinformationen: Europäische und nordamerikanische Rechte und Erfahrungen, Baden-Baden 1990, S. 23.

(wie bereits zuvor in Hinblick auf die Betriebs- und Geschäftsgeheimnisse dargestellt), wenn sie unsicher sind, unter welche Bestimmung sie fallen.[440] Dies wirkt sich entsprechend negativ auf die Verbraucherposition aus.

V. Ergebnis

In den Vereinigten Staaten von Amerika war im Gegensatz zu Deutschland, das Prinzip des „open governments" vorherrschend. Daraus resultierte, dass bereits 1966 der Freedom of Information Act in Kraft getreten ist.[441] Die Bestimmungen dieses Gesetzes wurden stetig so erweitert (z.B. aufgrund des Watergate Skandals), dass ein möglichst umfangreiches Informieren seitens der Verbraucher ermöglicht wurde. Rückschritte aufgrund verschiedener Ereignisse, wie dem 11. September 2001, oder politischer Maßnahmen wurden immer wieder durch Novellierungen wett gemacht.[442] Zudem wurden die Prozesse effektiver gestaltet indem so genannte „FOIA Offices" und „reading roms" errichtet wurden.[443]

Da es sich um ein allgemeines Informationsrecht handelt, gibt es keine dem VIG vergleichbaren Einschränkungen hinsichtlich der Antragsteller, Adressaten und Natur der Informationen. Auch hier wird oft als problematisch bewertet, dass auch juristische Personen Anträge stellen können und kein berechtigtes Interesse nachgewiesen werden muss.[444] Der Unterschied ist jedoch, dass die Kosten sich nach dem Antragsteller und dessen Beweggründen richten, so dass kommerzielle Anfragen teurer sind als solche, die im Interesse der Öffentlichkeit stehen (zumal

440 Kritisiert unter anderem von Rosler, Gerhard: Informationsfreiheit in den Vereinigten Staaten von Amerika, Heidelberg 1984, S. 114.

441 Erdelt, Alexander: Informationszugang und das Recht auf Information, DuD 2003, S. 465–470 (466).

442 Zu den Entwicklungen u. a. Lightfoot, Patrick: Waiving Goodbye to nondisclosure under FOIA's Exemption 4: The Scope and Applicability of the Waiver Doctrine, 61 Cath. U. L. Rev. 2011–2012, S. 807–838 (812).

443 Gurlit, Elke: Akteneinsicht in den Vereinigten Staaten in: Winter, Gerd (Hrsg.): Öffentlichkeit von Umweltinformationen: Europäische und nordamerikanische Rechte und Erfahrungen, Baden-Baden 1990, S. 520–523.

444 Siehe zu den praktischen Erfahrungen Kiethe, Kurt / Groeschke, Peer: Informationsfreiheitsgesetz: Informationsfreiheit contra Betriebsgeheimnis? – Notwendige Vorkehrungen für den Schutz von Betriebs- und Geschäftsgeheimnissen, WRP 2006, S. 303–306 (303).

dort die Gebühr komplett entfällt).[445] Das FOIA enthält keine Überprüfungs- oder Weiterleitungspflicht der schriftlich zu stellenden Anträge.[446]

Es gibt neun Ausnahmetatbestände, bei denen die Auskunft verweigert werden kann, jedoch nicht in jedem Fall soll.[447] Dies ist insbesondere bei Betriebs- und Geschäftsgeheimnissen sowie gewerblicher oder finanzieller Informationen, die von einer Person übermittelt wurden und geheim oder geschützt sind, von Interesse. Verschiedene Rechtsverordnungen sehen deshalb eine vorherige Befragung der Unternehmen vor.[448] Bei der Bewertung, ob eine Geheimhaltung stattfinden sollte, wird gemäß der *National Parks* Rechtsprechung darauf abgestellt, ob andernfalls die Behörde zukünftig in ihrer Arbeit gestört wird und es zu einer substanziellen Beeinträchtigung der Wettbewerbsposition der Unternehmen kommen würde.[449]

Die Ausnahmetatbestände können weit ausgelegt werden, was auch von den Behörden genutzt wird. Vielleicht ist dies auch der Fall, da Anträge sehr häufig von Unternehmen statt Verbrauchern gestellt werden.[450] Teilweise wird in der Literatur dargelegt, dass es bereits zu Offenbarungen von Betriebs- und Geschäftsgeheimnissen kam.[451]

---

445 Zu den Abstufungen Pfeiffer, Thomas / Heinke Theresa / Portugall, Philipp: Untersuchung des Verbraucherinformationsrechts in Deutschland, Belgien, Dänemark, Frankreich, Großbritannien, Irland, Schweden und den Vereinigten Staaten von Amerika, Abschlussbericht vom 07.05.2010, Band I, abgerufen unter http://www.vigwirkt.de//fileadmin/sites/default/files/Evaluation/Rechtsvergleich-Abschlussbericht-1.pdf, zuletzt am 21.04.2013, S. 68.

446 Anlehnend an Feldman, Steven W.: The Government's Commercial Data Privilege under Exemption five of the Freedom of Information Act, 15 Pub. Cont. L. J. 1984–1985, S. 122–137 (124).

447 Siehe Milgrim, Roger M.: Milgrim on Trade Secrets, Vol. 2, New York 1983, Appendix E, E-28.

448 Vgl. Bräutigam, Tobias: Das deutsche Informationsfreiheitsgesetz aus rechtsvergleichender Sicht, DVBl. 2006, S. 950–957 (954).

449 Siehe unter anderem Gurlit, Elke: Akteneinsicht in den Vereinigten Staaten in: Winter, Gerd (Hrsg.): Öffentlichkeit von Umweltinformationen: Europäische und nordamerikanische Rechte und Erfahrungen, Baden-Baden 1990, S. 529.

450 Siehe Kiethe, Kurt / Groeschke, Peer: Informationsfreiheitsgesetz: Informationsfreiheit contra Betriebsgeheimnis? – Notwendige Vorkehrungen für den Schutz von Betriebs- und Geschäftsgeheimnissen, WRP 2006, S. 303–306 (303).

451 Dargelegt in Rowe, Elizabeth A.: Striking a Balance: When should Trade-Secret Law shield Disclosures to the Government?, 96 Iowa L. Rev. 2010–2011, S. 791–835 (815–816).

F. Die Grundrechtslage in Deutschland

I. Die einschlägigen Grundrechte der Unternehmen

1. Der verfassungsrechtliche Schutz von Betriebs- und Geschäftsgeheimnissen

Fraglich ist, inwieweit die im Konflikt stehenden Interessen der Unternehmen und Verbraucher in Bezug auf die Informationsfreiheit in der Verfassung Beachtung finden. Es wird zuerst untersucht, ob das Geheimnisinteresse an den Betriebs- und Geschäftsgeheimnisse grundrechtlich geschützt ist. Das Grundgesetz normiert keinen namentlichen Schutz für Betriebs- und Geschäftsgeheimnisse. Es gilt zu untersuchen, ob dennoch ein Schutz durch das Grundgesetz gewährleistet wird. Falls ein Schutz aus den Normen abgeleitet werden kann, wird im zweiten Schritt die Reichweite des Schutzes festgestellt.[452]

a) Das Recht auf informationelle Selbstbestimmung

Art. 2 Abs. 1 GG in Verbindung mit Art. 1 Abs. 1 GG statuiert das Recht auf informationelle Selbstbestimmung, wodurch jeder Einzelne selbst über seine persönlichen Daten bestimmen kann. Es ist umstritten, ob sich der Schutz der Daten auch auf juristische Personen erstreckt. Unternehmen haben, wie bereits dargelegt, ein Interesse daran, gewisse Informationen unter Verschluss zu halten, dies gilt insbesondere für jegliche, die negative Rückschlüsse zulassen oder einen Vorsprung vor den Konkurrenten gewährleisten. Im Gegensatz zu natürlichen Personen ist es für Unternehmen von erheblicher Bedeutung öffentlich zu sein. Je häufiger ein Verbraucher von dem Unternehmen in der Presse hört und je mehr ein Verbraucher über das Unternehmen erfährt, desto eher werden Produkte gekauft (sofern die Beurteilung positiv ausfällt). Darin begründen sich die großen Marketingoffensiven der Unternehmen.[453] Bei der Preisgabe von Betriebs- und Geschäftsgeheimnissen ist der wirtschaftliche Wert grundsätzlich und sogar – wie bereits beschrieben – per Definition vordergründig. Es geht nicht um die

---

452 Vgl. Taeger, Jürgen: Die Offenbarung von Betriebs- und Geschäftsgeheimnissen, Baden-Baden 1988, S. 53.

453 Zur Öffentlichkeit von Produktinformationen Murswiek, Dieter: Das Bundesverfassungsgericht und die Dogmatik mittelbarer Grundrechtseingriffe, Zu der Glykol- und der Osho- Entscheidung vom 26.6.2002, NJW 2003, S. 1–8 (2).

Preisgabe persönlicher Daten an sich, welche diese Norm verhindern soll.[454] Für „markt- und verbraucherschutzrelevante Produktinformationen“ ist die Erstreckung des Schutzes der persönlichen Daten infolgedessen zu verneinen.[455]

Betriebs- und Geschäftsgeheimnisse werden erst dann durch diese Norm geschützt, wenn sie einer natürlichen Person zugeordnet werden können. In diesem Fall wäre nur die personenbezogene Information vom Schutz erfasst.[456] Ein weitergehender Schutz wird nicht gewährleistet. Zusammenfassend könnten Unternehmen sich nicht auf Art. 2 Abs. 1 GG in Verbindung mit Art. 1 Abs. 1 GG berufen, wenn ihre Daten aufgrund des VIG an Dritte weitergegeben werden.

b) Die Eigentumsgarantie

(1) Die Grundrechtsträger

Träger des in Art. 14 GG normierten Eigentumsschutzes sind alle natürlichen Personen. Da es sich um ein Menschenrecht handelt, wird der Schutz Deutschen und Ausländern gewährt. Gemäß Art. 19 Abs. 3 GG sind inländische juristische Personen den natürlichen Personen gleichgestellt und somit ebenfalls Träger des Grundrechts. Juristische Personen, deren effektiver Verwaltungsmittelpunkt sich nicht in Deutschland befindet, genießen den Schutz des Art. 14 GG generell nicht. Das ist auch dann nicht der Fall, wenn das Unternehmen von deutschen Staatsangehörigen beherrscht wird. Die das Unternehmen beherrschenden natürlichen Personen hingegen sowie alle ausländischen Anteilseigener können sich wiederum auf das Grundrecht berufen, wenn es um das Eigentum an ihren Anteilen geht. Auch inländische Tochtergesellschaften eines ausländischen Konzerns können sich auf das Grundrecht berufen. In der Praxis wird auch ausländischen juristischen Personen aufgrund einfachgesetzlicher Regelungen oder völkerrechtlicher Verträge der Schutz zugesprochen. Juristische Personen des öffentlichen Rechts sind keine Grundrechtsträger des Art. 14 GG.[457] Das bedeutet, dass

---

454 Dazu ausführlicher Willbrand, Jens: Gesetzlicher Regelungsbedarf von umweltrechtlichen Betriebs- und Geschäftsgeheimnissen, Daten- und Informationsrechtliche Überlegungen zur Neuregelung von § 99 VwGO, Hamburg 2006, S. 67–68.

455 Zur Öffentlichkeit von Produktinformationen Murswiek, Dieter: Das Bundesverfassungsgericht und die Dogmatik mittelbarer Grundrechtseingriffe, Zu der Glykol- und der Osho- Entscheidung vom 26.6.2002, NJW 2003, S. 1–8 (2).

456 Ausführlicher Taeger, Jürgen: Die Offenbarung von Betriebs- und Geschäftsgeheimnissen, Baden-Baden 1988, S. 55–56.

457 Siehe Depenheuer, Otto in: Mangoldt, Hermann von / Klein, Friedrich / Starck, Christian (Hrsg.): Grundgesetz Kommentar, Band 1, 6. Auflage, München 2010, Art. 14, S. 1387–1389, Rn. 186–189.

Art. 14 GG keinen Schutz für das Eigentum ausländischer juristischer Personen bietet. Somit können die Betriebs- und Geschäftsgeheimnisse ausländischer juristischer Personen auch keinesfalls in den Schutzbereich des Art. 14 GG fallen. Welches Eigentum der inländischen juristischen Personen geschützt wird und ob die Betriebs- und Geschäftsgeheimnisse darunter zu fassen sind, wird im Folgenden untersucht.

(2) Der Schutzumfang

Art. 14 GG schützt das Eigentum und sichert einen „Freiheitsraum im vermögensrechtlichen Bereich".[458] *Depenheuer* (2010: 1324) führt aus: „Der Einzelne soll darauf vertrauen dürfen, dass seine Anstrengungen in materialisierter Form Achtung und Schutz der Rechtsgemeinschaft finden."[459] Unternehmen sollen mithin den Wert aus ihrer Forschung, Entwicklung von Produktionsweisen etc. schöpfen können. Eine Definition für den Eigentumsbegriff enthält die Norm nicht.[460] Im Allgemeinen gelten alle privatrechtlichen vermögenswerten Rechte als Eigentum im Sinne des Art. 14 GG. Diese müssen einem Inhaber ausschließlich zugeordnet sein, privatnützig und verfügungsfähig sein. Darunter fallen ausschließlich greifbare Sachen, als auch geldwerte Forderungen und ähnliches.[461] Der Schutzumfang erstreckt sich auf die Innehabung, Nutzung und Verfügung von gesicherten vermögenswerten Rechtspositionen.[462]

---

458 Bryde, Brun-Otto in: Münch, Ingo von / Kunig, Philip: Grundgesetz-Kommentar, 6. Auflage, München 2012, Art. 14, S. 1135, Rn. 3, zitiert aus BVerfGE 24, 367 (389); 50, 290 (339), 93, 121 (140f.); 102, 1 (15).

459 Depenheuer, Otto in: Mangoldt, Hermann von / Klein, Friedrich / Starck, Christian (Hrsg.): Grundgesetz Kommentar, Band 1, 6. Auflage, München 2010, Art. 14, S. 1324, Rn. 13.

460 Ausführlicher Dolzer, Rudolf / Vogel, Klaus / Großhof, Karin (Hrsg.): Bonner Kommentar zum Grundgesetz, Heidelberg Loseblattsammlung seit 1950, Art. 14 GG, S. 11, Rn. 1–7.

461 Vgl. Sitsen, Michael: Das Informationsfreiheitsgesetz des Bundes: Rechtsprobleme im Zusammenhang mit dem Anspruch auf Informationszugang nach dem IFG, Hamburg 2009, S. 255–256.

462 Ausführlicher zu dem Schutzumfang Jarass, Hans D. in: Jarass, Hans D. / Pieroth, Bodo: Grundgesetz für die Bundesrepublik Deutschland Kommentar, 12. Auflage, München 2012, Art. 14 GG, S. 393–398, Rn. 6–20.

Das Grundrecht stellt auf das Prinzip der Leistung ab.[463] Es schützt das bereits Erworbene, den konkret erworbenen Bestand.[464] Dazu gehören unter anderem bereits rechtlich gesicherte Erwerbsaussichten.[465] Im Gegensatz zu Art. 12 GG umfasst der Schutzbereich des Art. 14 GG laut herrschender Meinung keine Chancen etwas zu erwerben.[466] Nur vereinzelt wird die Auffassung vertreten, dass Chancen ebenfalls geschützt sind. *Bryde* stellt dabei auf deren Verwertbarkeit ab.[467] Dieser Auffassung ist jedoch nicht zu folgen, da Chancen nicht oder kaum auf die eigene Leistung zurückzuführen sind. Würden die Chancen ebenfalls durch Art. 14 GG geschützt werden, würde der Schutzbereich einen kaum fassbaren Bereich umschließen. Chancen können von sehr vielen Faktoren abhängig sein. Sobald einer dieser Faktoren durch eine Maßnahme des Gesetzgebers berührt würde, käme es zu einem Eingriff in das Schutzgut. Bei der Offenlegung von Unternehmensdaten geht es neben dem Bestand des Unternehmens gerade um den Verlust zukünftiger Einkünfte. Für die Chancen besteht gemäß Art. 14 GG kein Schutz.[468] Das VIG bietet durch seinen Ausnahmekatalog Schutz sowohl für den Bestand als auch für zukünftige Chancen. Die Klausel sieht keinerlei Unterscheidung vor. Allein die Einführung der Abwägungsklausel stellt auf die Wirkung im Unternehmen ab.

Die Frage, ob konkret der eingerichtete und ausgeübte Gewerbebetrieb, in den vermehrt auch die Betriebs- und Geschäftsgeheimnisse eingeordnet werden,[469] in den Schutzbereich des Art. 14 GG fällt, wurde von der Rechtsprechung

---

463 Vgl. Bryde, Brun-Otto in: Münch, Ingo von / Kunig, Philip: Grundgesetz-Kommentar, 6. Auflage, München 2012, Art. 14, S. 1135–1136, Rn. 3.

464 Vgl. Depenheuer, Otto in: Mangoldt, Hermann von / Klein, Friedrich / Starck, Christian (Hrsg.): Grundgesetz Kommentar, Band 1, 6. Auflage, München 2010, Art. 14, S. 1354, Rn. 99.

465 So Jarass, Hans D. in: Jarass, Hans D. / Pieroth, Bodo: Grundgesetz für die Bundesrepublik Deutschland Kommentar, 12. Auflage, München 2012, Art. 14 GG, S. 398, Rn. 22.

466 Siehe unter anderem Depenheuer, Otto in: Mangoldt, Hermann von / Klein, Friedrich / Starck, Christian (Hrsg.): Grundgesetz Kommentar, Band 1, 6. Auflage, München 2010, Art. 14, S. 1354, Rn. 99.

467 Bryde, Brun-Otto in: Münch, Ingo von / Kunig, Philip: Grundgesetz-Kommentar, 6. Auflage, München 2012, Art. 14, S. 1148, Rn. 21.

468 Grundlegend Depenheuer, Otto in: Mangoldt, Hermann von / Klein, Friedrich / Starck, Christian (Hrsg.): Grundgesetz Kommentar, Band 1, 6. Auflage, München 2010, Art. 14, S. 1354, Rn. 99.

469 Vgl. Breuer, Rüdiger: Schutz von Betriebs- und Geschäftsgeheimnissen im Umweltrecht, NVwZ 1986, S. 171–179 (172).

unterschiedlich bewertet. In dem Beschluss vom 22. Mai 1979 legte das Bundesverfassungsgerichts dar: „[Die Eigentumsgarantie erstrecke sich] auch auf den Gewerbebetrieb mit all seinen Ausstrahlungen, auf Betriebsgrundstücke, Geschäftsverbindungen, den Kundenstamm und alles, was in seiner Gesamtheit den wirtschaftlichen Wert eines Betriebes ausmache" und ergänzte[470] „Ob diese Auffassung einer eingehenden verfassungsrechtlichen Prüfung standhalten würde, kann zweifelhaft sein. Es ist die Frage, ob der Gewerbebetrieb als solcher die konstituierenden Merkmale des verfassungsrechtlichen Eigentumsbegriffs aufweist. Eigentumsrechtlich gesehen ist das Unternehmen die tatsächliche – nicht aber die rechtliche – Zusammenfassung der zu seinem Vermögen gehörenden Sachen und Rechte, die an sich schon vor verfassungswidrigen Eingriffen geschützt sind." 1953 führte das Bundesverfassungsgericht[471] aus, „es ist innerlich berechtigt, die Sach- und Rechtsgesamtheit, als die sich der Gewerbebetrieb darstellt, dem reinen Sacheigentum gleichzustellen. Denn es entspricht den heute allgemein herrschenden gesellschaftlichen Auffassungen, das, was der einzelne sich durch eigene Leistung und eigenen Kapitalaufwand erworben hat, im besonderen Sinne als sein Eigentum anzuerkennen und gegenüber Eingriffen als schutzwürdig anzusehen".[472] Der BGH[473] stellte fest, Art. 14 GG schützt „den eingerichteten und ausgeübten Gewerbebetrieb nicht nur in dessen eigentlichem Bestand, sondern auch in dessen einzelnen Erscheinungsformen, wozu die gesamte gewerbliche Tätigkeit zu rechnen ist, vor unmittelbaren Störungen. (…) Zum Gewerbebetrieb gehören nach heutiger Auffassung nicht nur die Betriebsgrundstücke- und Räume sowie die Einrichtungsgegenstände, die Warenvorräte und die Außenstände; dazu gehören auch geschäftliche Verbindungen, Beziehungen, der Kundenstamm, kurz: alles das, was in seiner Gesamtheit den wirtschaftlichen Wert des konkreten Betriebs ausmacht."[474]

Die Literatur geht heute einheitlich davon aus, dass der eingerichtete und ausgeübte Gewerbebetrieb in den Schutzbereich des Art. 14 GG fällt. Umstritten ist jedoch der genaue Inhalt dieses geschützten Rechts. Die herrschende Meinung geht davon aus, dass neben den einzelnen an das Unternehmen gebundenen

470 BverfGE 51, 193 (221 f).

471 BverfGE 1, 208 (277).

472 Sodan, Helge in: Sodan, Helge (Hrsg.), Grundgesetz, Beck'scher Kompakt-Kommentar, 2. Auflage, München 2011, Art. 14, S. 174–175, Rn. 12.

473 Vgl. BGHZ 23, 157 (162 ff.; 45, 150) (155; 78, 41 (44).

474 Depenheuer, Otto in: Mangoldt, Hermann von / Klein, Friedrich / Starck, Christian (Hrsg.): Grundgesetz Kommentar, Band 1, 6. Auflage, München 2010, Art. 14, S. 1365, Rn. 132.

Gegenständen, auch die Ausstrahlungen, die den wirtschaftlichen Wert des Unternehmens mitbestimmen, erfasst sind.[475] Der Wert eines Unternehmens geht über die einzelnen Rechtspositionen hinaus. Die Verknüpfung der materiellen und immateriellen Faktoren bildet einen zusätzlichen Wert.[476] Insbesondere ergibt sich der Wert aus der erbrachten Leistung im Zusammenhang mit den einzelnen Gütern.[477] Das Bundesverfassungsgericht[478] entschied, dass der Schutz sich auf die „Sach- und Rechtsgesamtheit" bezieht und eine Verletzung erst dann vorliegt, wenn der Betrieb in seiner Substanz verletzt werden könnte. Liegt eine derartige Verletzung, wie zum Beispiel bei einer Minderung der Rentabilität, nicht vor, werden lediglich der Inhalt und die Grenzen bestimmt, was keine Verletzung des Art. 14 GG begründet. Dies gilt insbesondere, wenn die Verletzung Ausfluss der Sozialpflichtigkeit sind.[479] Ein Verstoß gegen Art. 14 GG ist auch dann nicht gegeben, wenn zum Beispiel aufgrund einer Änderung der Verkehrssituation Kunden ausbleiben und der Betrieb zum Erliegen kommt, da die geänderte Gegebenheit nicht dem Gewerbebetrieb angehört.[480] Folglich findet durch die Offenlegung der Unternehmensdaten lediglich eine Verletzung des Art. 14 GG statt, wenn das Unternehmen in seinem Bestand verletzt wird. Das VIG unterscheidet prinzipiell nicht bezüglich der Eingriffsintensität. Erst durch die neu eingeführte Abwägung wird auf die Folgen für das Unternehmen abgestellt. Eine Gefahr für die Fortführung des Unternehmens muss jedoch nicht zwingend vorliegen, (wenn den Interessen der Verbraucher ebenfalls eine nicht so hohe Bedeutung zukommt).

---

475 So Dolzer, Rudolf / Vogel, Klaus / Großhof, Karin (Hrsg.): Bonner Kommentar zum Grundgesetz, Heidelberg Loseblattsammlung seit 1950, Art. 14 GG, S. 72–75, Rn. 77–84.

476 Ausführlicher Waschull, Dirk: Das Unternehmen im engeren Sinne als verfassungsrechtliches Eigentum – Zum Begriff des Eigentums in Art. 14 GG, Baden-Baden 1999, S. 19.

477 So richtig Depenheuer, Otto: Entwicklungslinien des verfassungsrechtlichen Eigentumsschutzes in: Danwitz, Thomas von / Depenheuer, Otto / Engel, Christoph: Bericht zur Lage des Eigentums in Deutschland 1949–2001, Berlin 2002, S. 178.

478 BverfGE 13, 225 (229).

479 Fröhler, Ludwig: Das Recht am eingerichteten und ausgeübten Gewerbebetrieb (zugleich ein Beitrag zur rechtlichen Umweltschutzproblematik), München 1972, S. 10–11. Fluck formuliert hingegen, dass dann in jedem Fall eine Verletzung vorliege und formuliert es nicht als Voraussetzung (Fluck, Jürgen: Der Schutz von Unternehmensdaten im Umweltinformationsgesetz, NVwZ 1994, S. 1048–1056 (1055)).

480 Dazu näher Depenheuer, Otto in: Mangoldt, Hermann von / Klein, Friedrich / Starck, Christian (Hrsg.): Grundgesetz Kommentar, Band 1, 6. Auflage, München 2010, Art. 14, S. 1446, Rn. 358.

Auch wenn anerkannt ist, dass der eingerichtete und ausgeübte Gewerbebetrieb in den Schutzbereich des Art. 14 GG fällt, unter welchen, wie bereits erläutert generell auch die Betriebs- und Geschäftsgeheimnisse zu fassen sind, wird teilweise in der Literatur bestritten, dass diese Geheimnisse ebenfalls vom Schutz erfasst sind. Laut *Sitsen* (2009: 269–270) fehlt es Informationen an der Ausschließlichkeit. Sie seien generell keiner einzelnen Person zugeordnet und würden dann entsprechend kein Eigentum im Sinne des Art. 14 GG darstellen. Zudem sei durch Art. 14 GG der eingerichtete und ausgeübte Gewerbebetrieb an sich und nicht die einzelnen Positionen geschützt, somit ließe sich auch daraus prinzipiell kein Schutz für Unternehmensgeheimnisse ableiten. Erst wenn das Unternehmen im Bestand gefährdet sei, liege eine Verletzung des Art. 14 GG vor. Bei dem Verlust eines Teils des Kundenstamms sei dies beispielsweise eher nicht der Fall.[481] Dieser Auffassung ist nicht zu folgen. Zwar sind die Informationen keiner einzelnen Person, jedoch aber dem Betrieb zuzuordnen. Die Zuordnung ist sogar Voraussetzung zur Qualifizierung als Betriebs- und Geschäftsgeheimnis. Beim Firmenwissen handelt es sich zudem um einen konkreten Vermögenswert, da dieser durch Arbeitsleistung, Forschung, Erfahrungen und finanziellen Mitteln erschaffen wurde. Durch Vergabe von Lizenzen kann aus den Informationen ein Geldwert gezogen werden.[482] *Scherzberg* bestätigt das und fasst zusammen, dass Informationen dann durch Art. 14 GG geschützt seien, wenn sie betriebs- beziehungsweise geschäftsbezogen sind, die Produktion optimierten und damit „durch den Einsatz von Kapital und Arbeit erwirtschafteten Vermögenswert" darstellten. Darunter fallen neben Kundenlisten, Ausschreibungsunterlagen, Werbe- und Marketingstrategien und Vertragsabschlüssen, Daten bezüglich Produktionsmittel und –Vorgehensweisen und Daten in Bezug auf die Zusammensetzung und das Wesen eingesetzter Stoffe.[483]

---

481 Sitsen, Michael: Das Informationsfreiheitsgesetz des Bundes: Rechtsprobleme im Zusammenhang mit dem Anspruch auf Informationszugang nach dem IFG, Hamburg 2009, S. 269–270.

482 Siehe Willbrand, Jens: Gesetzlicher Regelungsbedarf von umweltrechtlichen Betriebs- und Geschäftsgeheimnissen, Daten- und Informationsrechtliche Überlegungen zur Neuregelung von § 99 VwGO, Hamburg 2006, S. 60.

483 Scherzberg, Arno: Die verfassungsrechtlichen Grundlagen des Informationszugangs in: Fluck, Jürgen / Theuer, Andreas (Hrsg.): Informationsfreiheitsrecht mit Umweltinformations-, Verbraucherinformations- und Informationsweiterverwendungsrecht IFG / UIG / VIG / IWG Kommentar, 27. Aktualisierung. Heidelberg 2011, Band 1, S. 44, Rn. 58–59.

Demzufolge ist das Interesse der Unternehmen, ihre Daten geheim zu halten durch Art. 14 GG unter bestimmten Voraussetzungen grundsätzlich geschützt.

Bei einer Offenlegung von Betriebs- und Geschäftsgeheimnissen könnte es gegebenenfalls auch zu einer Rufschädigung kommen. Fraglich ist, ob der Ruf des Unternehmens ebenfalls durch Art. 14 GG geschützt wird. Teilweise wird die Meinung vertreten, dass der Ruf nicht in den Schutzbereich fällt, da es sich lediglich um temporäre Einschätzungen handelt. Der Ruf eines Unternehmens wäre auch dann nicht vom Schutzbereich erfasst, wenn er das Ergebnis vorheriger Leistungen ist.[484] Dem ist zu entgegnen, dass es sich bei der Bewertung von Eigentum immer um temporäre Einschätzungen handelt. Häuser zum Beispiel haben auch nicht immer den gleichen Wert, je nach Zustand, Marktlage und weiteren Faktoren richtet sich der Preis. Gegen diese Auffassung spricht zudem, dass der Ruf eines Unternehmens einen ausschlaggebenden Faktor beim Verkauf des Unternehmens und damit einen wirtschaftlichen Wert darstellt, der aufgrund von Leistung entstanden ist. Das Grundrecht könnte verletzt werden, wenn das Unternehmen durch die Rufschädigung in seiner Substanz geschädigt wird.[485] Entsprechend könnte es zu einer Verletzung des Art. 14 GG kommen, wenn Behörden Erkenntnisse veröffentlichen, die negative Rückschlüsse auf die Unternehmen zulassen und damit deren Ruf schädigen. Dies ist nach Auffassung der Autorin jedoch lediglich der Fall, wenn die Behörde nicht zutreffende Auskünfte macht. Sind die veröffentlichten Daten korrekt, wäre (je nach Einzelfall) der Schutzbereich nicht eröffnet oder es käme gegebenenfalls zu einem Eingriff, der aber durch die Schranken des Grundrechts und die Abwägung mit den verfassungsrechtlich gesicherten Interessen der Verbraucher begründet werden könnte. Da es Ziel des VIG ist, Verbraucher (wahrheitsgemäß) zu informieren, sollen Behörden lediglich zutreffende Daten übermitteln.[486] Infolgedessen wäre der verfassungsrechtliche Schutz des Rufs des Unternehmens lediglich bei nicht beabsichtigten Falschaussagen von Interesse, die im Normalfall nicht unter dem VIG getätigt werden.

---

484 Ablehnend Depenheuer, Otto in: Mangoldt, Hermann von / Klein, Friedrich / Starck, Christian (Hrsg.): Grundgesetz Kommentar, Band 1, 6. Auflage, München 2010, Art. 14, S. 1367, Rn. 135.

485 So auch Schmidt, Rolf: Staatliches Informationshandeln und Grundrechtseingriff, Bremen 2004, S. 36, 61.

486 So grundlegend auch Werner, Matthias: Verbraucherinformation ohne Prüfung der inhaltlichen Richtigkeit? Verfassungs- und systemwidrige Vorschriften im neuen Verbraucherinformationsgesetz, ZLR 2008, S. 115–134 (115).

Insgesamt garantiert das Grundrecht keinen Schutz vor dem Markt, „so aber wohl Schutz im Markt gegen wettbewerbsverzerrende Maßnahmen des Staates."[487] Es wird ein Schutz gegen Einbußen aufgrund von hoheitlichem Handeln geschützt.[488] Von den Regelungen des VIG sind alle Unternehmen betroffen, von denen deutschen Behörden Informationen vorliegen. Fragt zum Beispiel ein Verbraucher Ergebnisse einer Studie an, die Produkte von einhundert verschiedenen Betrieben untersucht hat, bietet Art. 14 GG keinen Schutz des Unternehmens mit dem schlechtesten Produkt vor seinen Umsatzeinbußen. Die Produkteigenschaften wie die Qualität, der Preis etc. sind Faktoren, die Verbraucher in die Kaufentscheidung einfließen lassen. Dies ist das normale Verhalten am Markt und jeder Produkthersteller ist davon gleichermaßen betroffen.

(3) Die Inhalts- und Schrankenbestimmungen

Bei dem Grundrecht handelt es sich um ein Abwehrrecht gegenüber Eingriffen seitens des Staates, das den Bestand der vermögenswerten Rechte sichert. Neben der „Bestandsgarantie" enthält die Norm auch eine „Institutsgarantie". Diese Garantie verhindert, dass das Rechtsinstitut in seinem Wesen verändert wird. Grundlegende Veränderungen des Begriffs könnten den Schutz ins Leere laufen lassen, wenn das eigentliche garantierte Privateigentum nicht mehr von der Norm geschützt wäre. Dennoch ist es erforderlich, den Begriff des Eigentums an gesellschaftliche und wirtschaftliche Verhältnisse anzupassen.[489] Gesichert wird der Kern des Rechtsinstituts und dessen „Existenz und Funktionsfähigkeit". Die Institutsgarantie verbietet zudem dem Gesetzgeber nicht, Inhalts- und Schrankenbestimmungen zu erlassen.[490]

Satz 2 des Grundgesetzes enthält Inhalts- und Schrankenbestimmungen und regelt damit die Reichweite. Es gibt keine grundsätzliche Unterscheidung zwischen Inhalts- und Schrankenbestimmungen. Der Inhalt wird durch die Schranken bestimmt und die Schranken durch den Inhalt der Norm eingegrenzt. Sie werden vom Bundesverfassungsgericht als „die generelle und abstrakte Festlegung von Rechten und Pflichten durch den Gesetzgeber hinsichtlich solcher

---

487 Depenheuer, Otto in: Mangoldt, Hermann von / Klein, Friedrich / Starck, Christian (Hrsg.): Grundgesetz Kommentar, Band 1, 6. Auflage, München 2010, Art. 14, S. 1366, Rn. 135.

488 Vgl. ebd., Art. 14, S. 1366, Rn. 135.

489 Sodan, Helge in: Sodan, Helge (Hrsg.), Grundgesetz, Beck'scher Kompakt-Kommentar, 2. Auflage, München 2011, Art. 14, S. 171–172, Rn. 4–5.

490 Bryde, Brun-Otto in: Münch, Ingo von / Kunig, Philip: Grundgesetz-Kommentar, 6. Auflage, München 2012, Art. 14, S. 1153, Rn. 30.

Rechtsgüter, die als Eigentum im Sinne der Verfassung zu verstehen sind"[491] definiert. Auf dieser Grundlage kann der Gesetzgeber gesetzliche Regelungen erlassen, die zum Beispiel die Offenbarung der Betriebs- und Geschäftsgeheimnisse nach dem VIG ermöglicht.[492]

Neben dem legitimen Zweck muss ein geeignetes, erforderliches und angemessenes / verhältnismäßiges Mittel bei Beschränkungen vorliegen. Bei der Frage, ob eine Beschränkung verhältnismäßig ist, wird unter anderem auf den personalen und sozialen Bezug abgestellt.[493]

Gemäß Art. 14 GG werden die Grundrechtsträger dazu angehalten, das Eigentum in einer dem Gemeinwohl dienenden Form handzuhaben.[494] Je größer der soziale Bezug, desto weiter die Befugnis zur Einschränkung. Dabei müssen die Eingriffsschwere und der Nutzen im Verhältnis stehen.[495] Es dürfen weder übermäßige Belastungen noch unzumutbarer vermögensrechtlicher Schaden entstehen.[496] Als unzumutbar gelten, wie bereits dargestellt, generell Eingriffe, die eine Nutzung des Eigentums unmöglich machen.[497] Der soziale Bezug ist nicht nur Schranke, sondern auch Grenze für die Beschränkungen. Der Eingriff darf nicht weiter führen als der soziale Bezug es fordert. Weiterhin muss das Allgemeininteresse mit dem Eigentum in Bezug stehen. Zwar verpflichtet Eigentum, aber nicht für alle Interessen der Allgemeinheit.[498] Bei dem Verbraucherschutz handelt es

---

491 Bryde, Brun-Otto in: Münch, Ingo von / Kunig, Philip: Grundgesetz-Kommentar, 6. Auflage, München 2012, Art. 14, S. 1165, Rn. 51, zitiert aus u.a. BverfGE 52, 1 (27f.).

492 Vgl. Willbrand, Jens: Gesetzlicher Regelungsbedarf von umweltrechtlichen Betriebs- und Geschäftsgeheimnissen, Daten- und Informationsrechtliche Überlegungen zur Neuregelung von § 99 VwGO, Hamburg 2006, S. 61–62.

493 Ausführlicher Bryde, Brun-Otto in: Münch, Ingo von / Kunig, Philip: Grundgesetz-Kommentar, 6. Auflage, München 2012, Art. 14, S. 1170, Rn. 63.

494 Diese Auffassung vertritt Depenheuer, Otto in: Mangoldt, Hermann von / Klein, Friedrich / Starck, Christian (Hrsg.): Grundgesetz Kommentar, Band 1, 6. Auflage, München 2010, Art. 14, S. 1392, Rn. 199.

495 Siehe Willbrand, Jens: Gesetzlicher Regelungsbedarf von umweltrechtlichen Betriebs- und Geschäftsgeheimnissen, Daten- und Informationsrechtliche Überlegungen zur Neuregelung von § 99 VwGO, Hamburg 2006, S. 61–62.

496 Dazu ausführlicher Depenheuer, Otto in: Mangoldt, Hermann von / Klein, Friedrich / Starck, Christian (Hrsg.): Grundgesetz Kommentar, Band 1, 6. Auflage, München 2010, Art.14 S. 1401, Rn. 226.

497 Siehe Sodan, Helge in: Sodan, Helge (Hrsg.), Grundgesetz, Beck'scher Kompakt-Kommentar, 2. Auflage, München 2011, Art. 14, S, 183, Rn. 34.

498 Ausführlicher Grochtmann, Ansgar: Art. 14 GG – Rechtsfragen der Eigentumsdogmatik, Münster 2000, S. 11–17.

sich um einen sozialen Bezug. Produkte werden von den Verbrauchern gekauft und genutzt. Die Herstellungsweise und andere Details stehen mit dem Produkt in einem engen Bezug und sind nicht von diesem trennbar. Mithin weisen die Betriebs- und Geschäftsgeheimnisse einen sozialen Bezug auf. Dieser kann von unterschiedlicher Stärke sein. Das Leben und die Gesundheit der Verbraucher sind höherrangig als das bloße Interesse der Information an sich. Wobei nach Auffassung der Autorin auch zu beachten ist, dass hinter dem Informationsinteresse immer auch ein Interesse an der Gesundheit oder Ähnlichem stehen kann. Die Offenbarung von Betriebs- und Geschäftsgeheimnissen würden bei einem bloßen Informationsinteresse des Verbrauchers eine zu hohe Eingriffsschwere darstellen. Deswegen ist auch an dieser Stelle erneut die Wichtigkeit und Richtigkeit der Abwägungsklausel zu betonen.[499]

Artikel 14 GG steht andererseits auch im Zusammenhang mit der Garantie der persönlichen Freiheit und der Menschenwürde, da er neben der persönlichen Entfaltung vor der Behandlung als Objekt seitens des Staates schützt.[500] Es wird eine „eigenverantwortliche Gestaltung des Lebens“ bewerkstelligt.[501] Über den persönlichen Aspekt des Eigentums definiert sich die Reichweite. Je personenbezogener das Eigentum ist, desto geringer die Gestaltungsmöglichkeit des Gesetzgebers bei den Inhalts- und Schrankenbestimmungen.[502] Bei Unternehmen ist der Personenbezug als gering einzustufen und fällt proportional zur Größe des Unternehmens ab. Bei großen Unternehmen besteht folglich aufgrund des fehlenden Personenbezugs des Unternehmens und des großen sozialen Bezugs ein großer Gestaltungsspielraum.

Depenheuer (2010: 1402) führt aus, dass neben dem oben aufgeführten Verhältnismäßigkeitsprinzip der Vertrauensschutz gilt. Das Prinzip fordert zusammen mit dem Übermaßverbot, dass das öffentliche Interesse, auf dem die einschränkende Regelung basiert, schwerwiegender ist als das des Eigentümers. Zwar kann der Grundrechtsträger sich nicht auf die Beständigkeit der für ihn vorteilhaften Rechtslagen verlassen, er kann jedoch prinzipiell den Fortbestand

499 So auch Neumann, Sophia Charlotte: Verfassungsrechtlicher Eigentumsschutz in den USA, Frankfurt am Main 2011, S. 207.

500 Dazu näher Sodan, Helge in: Sodan, Helge (Hrsg.), Grundgesetz, Beck'scher Kompakt-Kommentar, 2. Auflage, München 2011, S. 171, Rn. 1–4.

501 Willbrand, Jens: Gesetzlicher Regelungsbedarf von umweltrechtlichen Betriebs- und Geschäftsgeheimnissen, Daten- und Informationsrechtliche Überlegungen zur Neuregelung von § 99 VwGO, Hamburg 2006, S. 59.

502 Vgl. Bryde, Brun-Otto in: Münch, Ingo von / Kunig, Philip: Grundgesetz-Kommentar, Band 1, 6. Auflage, München 2012, Art. 14, S. 1137, Rn. 4.

seiner gesetzmäßig erworbenen vermögenswerten Rechte erwarten.[503] Prinzipiell kann ein Unternehmen also auf das Geschaffene, wie die Betriebs- und Geschäftsgeheimnisse, vertrauen. Es unterliegt jedoch dem Gestaltungsspielraum des Gesetzgebers, gewisse Ausformungen oder Einschränkungen vorzunehmen. Genau von diesem Prinzip der Abwägung mit dem öffentlichen Interesse macht die Novelle des VIG Gebrauch. Durch die alte Regelung konnten sich die Unternehmen auf die Geheimhaltung ihrer Daten verlassen. Die Abwägung lässt nun Einschränkungen zu.

Im Gegensatz zu der Enteignung haben Inhalts- und Schrankenbestimmungen keinen Entschädigungsanspruch zur Folge. Dies gilt auch dann nicht, wenn die Bestimmungen den gleichen Effekt wie eine Enteignung haben. Dabei ist anzumerken, dass die Inhalts- und Schrankenbestimmungen sich nicht in eine Enteignung umwandeln, sobald das Rechtsinstitut durch Ausführung der Bestimmung nicht mehr besteht.[504] Da es im Zusammenhang mit dem VIG nicht zu Enteignungen kommt (auch wenn die Offenlegung der Unternehmensdaten den gleichen Effekt haben kann), wird auf diese in dieser Arbeit nicht weiter eingegangen.

Zusammenfassend betrachtet bietet Art. 14 GG einen Schutz für die Betriebs- und Geschäftsgeheimnisse. Ein Eingriff in den Schutz, wie zum Beispiel durch eine Veröffentlichung von Betriebs- und Geschäftsgeheimnissen, kann jedoch durch eine hinreichend bestimmte gesetzliche Regelung unter Beachtung des Verhältnismäßigkeitsprinzips erfolgen. Ein Verstoß gegen das Verhältnismäßigkeitsprinzip läge vor, wenn die Offenlegung der Daten die Existenz des Unternehmens gefährdet. Wie bereits einleitend genannt, kann die Offenlegung tatsächlich die Existenz gefährden. Andererseits ist zu beachten, dass diese Daten einen enormen „Sozialbezug" haben können, das dem Geheimhaltungsinteresse entgegensteht.[505] Dies ist im Einzelfall abzuwägen. Diese Abwägung der Interessen ist seit der Novelle in § 3 VIG verankert.

503 Depenheuer, Otto in: Mangoldt, Hermann von / Klein, Friedrich / Starck, Christian (Hrsg.): Grundgesetz Kommentar, Band 1, 6. Auflage, München 2010, Art. 14, S. 1402, Rn. 229.

504 So dargestellt ebd., Art. 14, S. 1377, Rn. 253.

505 Scherzberg, Arno: Die verfassungsrechtlichen Grundlagen des Informationszugangs in: Fluck, Jürgen / Theuer, Andreas (Hrsg.): Informationsfreiheitsrecht mit Umweltinformations-, Verbraucherinformations- und Informationsweiterverwendungsrecht IFG / UIG / VIG / IWG Kommentar, 27. Aktualisierung, Heidelberg 2011, Band 1, S. 45–46, Rn. 61–62.

c) *Die Berufsfreiheit*

(1) Die Grundrechtsträger

Der Schutz der in Art. 12 GG normierten Berufsfreiheit kommt allen Deutschen zu.[506] Ausländer können sich nicht auf dieses Grundrecht berufen. Deren berufliche Tätigkeit wird durch das Auffanggrundrecht des Art. 2 Abs. 1 GG geschützt.[507] Nach herrschender Meinung bezieht sich die Freiheit gemäß Art. 19 Abs. 3 GG auch auf inländische juristische Personen.[508] Sobald bei juristischen Personen die Tätigkeit auf Gewinnerzielung ausgelegt ist, sind stets die Voraussetzungen des Berufs erfüllt.[509] Da die Betriebs- und Geschäftsgeheimnisse im starken Zusammenhang mit der Gewinnerzielung stehen, wird dieses Merkmal der Unternehmen an dieser Stelle vorausgesetzt.

(2) Der Schutzumfang

Art. 12 GG schützt die Berufswahl und -ausübung. Satz 1 garantiert die Freiheit der Berufswahl, der Arbeitsplatzwahl und der Ausbildungsstättenwahl. Satz 2 verbürgt die Freiheit der Berufsausübung. Die einzelnen Freiheiten überschneiden sich in der Praxis und sind somit nicht immer eindeutig voneinander trennbar. Die Beendigung einer Tätigkeit beziehungsweise die Schließung eines Unternehmens zum Beispiel umschließt die Wahl des Berufes sowie dessen Ausübung. Durch diese Verstrickungen sind die einzelnen Gewährleistungen als ein Grundrecht zu vereinheitlichen.[510] Der Beruf gilt als „auf Dauer angelegte, der Schaffung und Erhaltung einer Lebensgrundlage dienende Betätigung". Darunter fallen selbstständige sowie unselbstständige Berufe und mithin auch die Gewerbefreiheit.[511]

---

506 Vgl. Hofmann, Hans in: Schmidt-Bleibtreu / Hofmann, Hans / Hopfauf, Axel (Hrsg.): GG Kommentar zum Grundgesetz, 12. Auflage, München 2011, Art. 12, S. 391, Rn. 3.

507 Siehe Sodan, Helge in: Sodan, Helge (Hrsg.), Grundgesetz, Beck'scher Kompakt-Kommentar, 2. Auflage, München 2011, Art. 12, S. 148, Rn. 19.

508 So unter anderem Willbrand, Jens: Gesetzlicher Regelungsbedarf von umweltrechtlichen Betriebs- und Geschäftsgeheimnissen, Daten- und Informationsrechtliche Überlegungen zur Neuregelung von § 99 VwGO, Hamburg 2006, S. 62–63.

509 Vgl. Schmidt, Rolf: Grundrechte, Bremen 2005, S. 364, Rn. 742.

510 Beispielhaft dargestellt von Manssen, Gerrit in: Von Mangoldt, Hermann / Klein, Friedrich / Starck, Christian: Grundgesetz Kommentar, Band 1, 6. Auflage, München 2010, Art. 12, S. 1090, Rn. 2.

511 Siehe Willbrand, Jens: Gesetzlicher Regelungsbedarf von umweltrechtlichen Betriebs- und Geschäftsgeheimnissen, Daten- und Informationsrechtliche Überlegungen zur Neuregelung von § 99 VwGO, Hamburg 2006, S. 62–63.

Der Schutz umfasst neben der Gewerbefreiheit auch die Gründung eines Unternehmens. Teilweise wird in der Literatur die Meinung vertreten, dass auch die Ausübung und das Verhalten im Wettbewerb, die so genannte Wettbewerbsfreiheit, geschützt werden.[512] Einzelne Ausformungen sind die Organisationsfreiheit, die Dispositionsfreiheit, die Investitionsfreiheit, die Produktionsfreiheit sowie die wirtschaftliche Verwertung einer erbrachten beruflichen Leistung.[513] Im Zusammenhang mit der Wettbewerbsfreiheit steht zudem die Vertragsfreiheit soweit sie die berufliche Sphäre betrifft. Des Weiteren werden der eingerichtete und ausgeübte Gewerbebetrieb und die Werbefreiheit geschützt.[514]

Es ist umstritten, ob die Tätigkeit erlaubt sein muss, um als Beruf qualifiziert werden zu können. In der früheren Rechtsprechung wurde entschieden, dass die Wettbewerbsfreiheit sich lediglich auf erlaubte Tätigkeiten erstreckt.[515] Würde dabei auf die einfachen Rechte abgestellt werden, wäre es dem Gesetzgeber einfach, den Schutzbereich des Art. 12 GG einzuschränken, indem durch Erlass eines Gesetzes eine bestimmte Tätigkeit als unerlaubt erklärt wird. Würde hingegen auf die Sozial- oder Gemeinschaftsschädlichkeit abgestellt werden, würde es zu einer uneinheitlichen Bewertung kommen, da diese Grundsätze nicht niedergeschrieben sind. Entsprechend ist darauf abzustellen, dass Tätigkeiten nur dann nicht in den Schutzbereich fallen, wenn sie „schlechthin gemeinschädlich“ sind, also zum Beispiel gegen die Menschenwürde verstoßen.[516] Relevant ist dies in Bezug auf die Frage, ob Informationen über Verstöße der Unternehmen als Betriebs- und Geschäftsgeheimnisse von dem Schutzbereich des Art. 12 GG erfasst sind. Das ist nach Auffassung der Autorin generell zu verneinen. Der Wert „negativer“ Betriebs- und Geschäftsgeheimnisse ergibt sich allein aus der Nichtkenntnis der

---

512 So unter anderem Breitfeld, Anja: Berufsfreiheit und Eigentumsgarantie als Schranke des Rechts auf informationelle Selbstbestimmung, Berlin 1992, S. 16–17.

513 Ausführlicher Manssen, Gerrit in: Von Mangoldt, Hermann / Klein, Friedrich / Starck, Christian: Grundgesetz Kommentar, Band 1, 6. Auflage, München 2010, Art. 12, S. 1113–1114, Rn. 69.

514 Siehe dazu näher Sodan, Helge in: Sodan, Helge (Hrsg.), Grundgesetz, Beck'scher Kompakt-Kommentar, 2. Auflage, München 2011, Art. 12, S. 145, Rn. 14.

515 Dazu ausführlicher ders.: Gesundheitsbehördliche Informationstätigkeit und Grundrechtsschutz, DÖV 1987, S. 858–866 (860).

516 Schmidt, Rolf: Grundrechte, Bremen 2005, S. 364–366, Rn. 744–750, ähnlich argumentiert auch Sodan, Helge: Gesundheitsbehördliche Informationstätigkeit und Grundrechtsschutz, DÖV 1987, S. 858–866 (860–861).

Verbraucher. Sie basieren auf keinerlei Leistung und haben auch sonst keinen weiteren Wert im Unternehmen.[517]

Die Norm garantiert nicht den Erfolg oder künftige Einnahmen.[518] Art. 12 Abs. 1 GG umfasst zwar die Wettbewerbsfreiheit, bietet jedoch keinen Schutz vor Konkurrenz[519] oder jeglichen Veränderungen am Markt. Der Staat kann die Rahmenbedingungen ändern, so lange deren Ziel nicht eine finale Belastung eines Unternehmens bedeutet.[520]

(3) Die Inhalts- und Schrankenbestimmungen

Die Norm hat aufgrund ihrer Bedeutung für die Lebensgestaltung des Berufstätigen, wie Art. 14 GG, einen starken Bezug zu der in Art. 1 Abs. 1 GG formulierten Menschenwürde und dem in Art. 2 Abs. 1 i.V.m. Art. 1 GG normierten Persönlichkeitsrecht. Es handelt sich um ein Abwehrrecht und bezweckt möglichst wenig staatliche Eingriffe in diesem Bereich.[521] Dennoch regelt Satz 2 die Reichweite der Norm durch einen Gesetzesvorbehalt, der sich entgegen dem Wortlaut auf die gesamte Berufsfreiheit bezieht.[522] Er ermächtigt den Gesetzgeber, in die Berufswahl und -ausübung einzugreifen, soweit das staatliche Handeln verfassungsgemäß ist und den formellen und materiellen Anforderungen entspricht.[523] Eine berufsregelnde Tendenz kann aufgrund von Gesetzen wie dem VIG, Rechtsverordnungen und Satzungen erfolgen.[524]

---

517 Koebke, Max: Das Recht auf Umweltinformation unter besonderer Berücksichtigung des Schutzes von Betriebs- und Geschäftsgeheimnissen und der Paragraphen 207–227 UGB-KomE, Pfaffenweiler 1999, S. 149, 156–157.

518 Vgl. Huber, Peter M.: Die Informationstätigkeit der öffentlichen Hand – ein grundrechtliches Sonderregime aus Karlsruhe?, JZ 2003, S. 290–397 (292).

519 Siehe Schmidt, Grundrechte, Bremen 2005, S. 369–370, Rn. 755–757.

520 Dazu Sprißler, Matthias: Öffentlich-rechtlicher Verbraucherschutz – Staatsaufgabe oder Verbraucheranspruch?, Tübingen 1992, S. 113.

521 Siehe Manssen, Gerrit in: Von Mangoldt, Hermann / Klein, Friedrich / Starck, Christian: Grundgesetz Kommentar, Band 1, 6. Auflage, München 2010, Art. 12, S. 1091, Rn. 4–5.

522 So Willbrand, Jens: Gesetzlicher Regelungsbedarf von umweltrechtlichen Betriebs- und Geschäftsgeheimnissen, Daten- und Informationsrechtliche Überlegungen zur Neuregelung von § 99 VwGO, Hamburg 2006, S. 64.

523 Dazu näher Manssen, Gerrit in: Von Mangoldt, Hermann / Klein, Friedrich / Starck, Christian: Grundgesetz Kommentar, Band 1, 6. Auflage, München 2010, Art. 12, S. 1127–1128, Rn. 103–107.

524 Vgl. Schmidt, Rolf: Grundrechte, Bremen 2005, S. 362.

Die Berufsfreiheit, also die Ausübung des Unternehmens, und die Berufswahl, der Schutz vor der Schließung des Unternehmens und die einzelnen Ausformungen der beiden Freiheiten können durch die Offenlegung der Unternehmensinformationen gefährdet sein. Wenn Verbraucher aufgrund der Daten von einem Kauf absehen, wird der Unternehmer in seiner Vertragsfreiheit gestört. Als Folge muss er sich anpassen und gegebenenfalls seine Organisation, Produktion und Investitionen anpassen. Wenn zu viele Verbraucher von dem Kauf absehen, ist das Unternehmen in seinem Bestand gefährdet. Daneben wäre dies ein Eingriff in Art. 12 GG, da durch die Vergabe von Betriebs- und Geschäftsgeheimnissen auf Basis eines Gesetzes eine Nutzung des Vorsprungs am Markt nicht mehr möglich ist.[525] Insbesondere ist hier von einer Beschränkung der Berufsausübung auszugehen.

Die Drei-Stufen-Theorie besagt, dass die Berufsausübungsfreiheit im Interesse des Gemeinwohls eingeschränkt werden kann. Betrifft ein Eingriff die Zulassung zum Beruf, so ist zwischen den objektiven und subjektiven Berufszulassungsvoraussetzungen zu unterscheiden. Subjektive Regelungen können nur zum Schutz wichtiger und objektiver Zulassungsregelungen aufgrund besonders wichtiger Gemeinschaftsgüter erfolgen.[526] Dabei muss es sich um ein „Interesse des Gemeinwohls" handeln, das nicht den Grundentscheidungen der Verfassung entgegensteht.[527] Die Eingriffe müssen geeignet, erforderlich und verhältnismäßig sein.[528] Da es sich beim Verbraucherschutz um ein Interesse des Gemeinwohls handelt, liegt ein legitimer Zweck für die Einschränkung der Berufsausübungsfreiheit vor. Zudem ist der Eingriff geeignet, da so die Verbraucher informiert und geschützt werden können. Erforderlich ist die Beschränkung, da nur durch die Offenlegung eine umfassende Informierung der Verbraucher möglich ist. Ob die Offenlegung verhältnismäßig ist, muss im Einzelfall geprüft werden. Diese Prüfung wird durch die Novelle des Gesetzes ermöglicht. Es wird im Einzelfall abgewogen, welche Interessen bei den Verbrauchern und Unternehmen vorliegen.

---

525 Im Ansatz Tyczewski, Tomas / Elgeti, Till: Der Schutz von Betriebs- und Geschäftsgeheimnissen im Informationsfreiheitsrecht, NWVBl. 2006, S. 281–286 (283).

526 Ausführlicher Hömig, Dieter (Hrsg.): Grundgesetz, 9. Auflage, Baden-Baden 2010, Art. 12 GG, S. 172–176, Rn. 14–19.

527 Manssen, Gerrit in: Von Mangoldt, Hermann / Klein, Friedrich / Starck, Christian: Grundgesetz Kommentar, Band 1, S. 1134, Rn. 125–126.

528 Ausführlicher Hömig, Dieter (Hrsg.): Grundgesetz, 9. Auflage, Baden-Baden 2010, Art 12 GG, S. 172–176, Rn. 14–19.

d) *Zwischenergebnis*

Obwohl das Grundgesetz keinen ausdrücklichen Schutz für Betriebs- und Geschäftsgeheimnisse normiert, kann ein Schutz aus den Artikeln 12 und 14 GG abgeleitet werden. Eingriffe, wie durch die Vergabe auf Antrag von Dritten durch die Behörde, können aufgrund entgegenstehender öffentlicher Interessen gemäß der Inhalts- und Schrankenbestimmungen unter den zuvor aufgeführten Voraussetzungen erfolgen.

2. Die wirtschaftliche Betätigungsfreiheit

Art. 2 Abs. 1 GG schützt neben dem Recht auf die informationelle Selbstbestimmung die allgemeine Handlungsfreiheit. Es handelt sich um ein Auffanggrundrecht und ist subsidiär gegenüber den speziellen Freiheitsrechten anwendbar. Grundrechtsträger sind natürliche und inländische juristische Personen.[529] Ausländische Vereinigungen sind keine Grundrechtsträger.[530] In der Literatur wird teilweise auch argumentiert, dieser Artikel und nicht Art. 12 GG als *lex specialis* schütze die wirtschaftliche Betätigungsfreiheit und die Vertragsfreiheit der Unternehmen.[531] *Willbrand* (2006: 65–66) stellt dar, dass teilweise die Meinung vertreten wird, dass eine Ableitung der Wettbewerbsfreiheit aus Art. 12 GG nur unter Heranziehung des Art. 14 GG möglich wäre und dass das Bundesverwaltungsgericht hingegen den Schutz aus Art. 2 Abs. 1 GG abgeleitet habe und kommt zu dem Ergebnis, dass der Schutzumfang gleich bleibt (und damit die Frage aus welcher Norm der Schutz abgeleitet wird ungeklärt bleiben kann).[532] Wie bereits dargestellt, ist *Sodan* (2011, 42) hingegen der Auffassung, der Artikel schütze die Selbstdarstellung in der Öffentlichkeit. Unternehmen könnten mithin selbst entscheiden, ob und wie sie sich in der Öffentlichkeit darstellen.[533] Dies beinhaltet zwei relevante Aspekte in Bezug auf die Informationsfreiheit der

529 Sodan, Helge in: Sodan, Helge (Hrsg.), Grundgesetz, Beck'scher Kompakt-Kommentar, 2. Auflage, München 2011, Art. 2, S. 42, Rn. 6–8.

530 Vgl. Jarass, Hans D. in: Jarass, Hans D. / Pieroth, Bodo (Hrsg.): Grundgesetz für die Bundesrepublik Deutschland, 12. Auflage, München 2012, Art. 2 GG, S. 67, Rn. 11.

531 Dazu auch Sprißler, Matthias: Öffentlich-rechtlicher Verbraucherschutz – Staatsaufgabe oder Verbraucheranspruch?, Tübingen 1992, S. 114.

532 Willbrand, Jens: Gesetzlicher Regelungsbedarf von umweltrechtlichen Betriebs- und Geschäftsgeheimnissen, Daten- und Informationsrechtliche Überlegungen zur Neuregelung von § 99 VwGO, Hamburg 2006, S. 65–66.

533 Sodan, Helge in: Sodan, Helge (Hrsg.), Grundgesetz, Beck'scher Kompakt-Kommentar, 2. Auflage, München 2011, Art. 2, S. 42, Rn. 6.

Verbraucher. Zum einen können die Unternehmen bei einer Informationsvergabe nicht mehr frei darüber entscheiden, ob die Informationen an die Öffentlichkeit weitergegeben werden. Wenn *Greenpeace* oder ähnliche Organisationen Daten erfragen und später veröffentlichen, werden sie die Unternehmen nicht vorher um Freigabe bitten. Zum anderen haben diese veröffentlichten Daten auch einen Einfluss auf die Darstellung der Unternehmen, so dass das Unternehmen nicht mehr selbst das eigene öffentliche Bild beeinflussen kann.

Der Schutz sichert vor unmittelbaren als auch mittelbaren bzw. faktischen Beschränkungen, wenn diese von erheblichem Gewicht sind. Die Vertragsfreiheit ist beispielsweise eingeschränkt, wenn der Abschluss des Vertrags verhindert wird. Bezüglich der wirtschaftlichen Handlungsfreiheit führte das Bundesverfassungsgericht[534] aus, diese ist „durch Maßnahmen betroffen, die auf Beschränkung wirtschaftlicher Entfaltung sowie Gestaltung, Ordnung oder auch Lenkung des Wirtschaftslebens angelegt sind oder sich in diesem Sinne auswirken".[535] Die Herausgabe von Informationen kann sich auf die Vertragsfreiheit auswirken, da den Verbrauchern Informationen zur Verfügung gestellt werden, die gegebenenfalls ihre Entscheidung beeinflussen werden. Dies gilt insbesondere für negative Erkenntnisse, die, wie bereits diskutiert, nicht unter den Begriff der Betriebs- und Geschäftsgeheimnisse fallen. Mithin wird in diesen Fällen kein Schutz durch § 3 VIG gewährleistet. Jedoch auch bezüglich weiterer Informationen, die nicht in den Bereich des Ausnahmetatbestands des VIG fallen, wird kein gesonderter Schutz vor der Beeinflussung der Vertragsfreiheit durch die Offenlegung gewährleistet.

Die allgemeine Handlungsfreiheit endet dort, wo formelle oder materielle verfassungsmäßige Gesetze der Nutzung entgegenstehen. Dieser Gesetzesvorbehalt umschließt zwar das Sittengesetz und die Rechte anderer, jedoch nicht lediglich deren Interessen. Einschränkungen können aufgrund gesetzlicher Grundlagen erfolgen, sofern dieser Eingriff geeignet und erforderlich ist und nicht außer Verhältnis zu dem verfolgten Zweck steht. Preisfestlegungen, zum Beispiel, werden lediglich dann als zulässig angesehen, wenn sie aufgrund des Gemeinwohls erfolgen und die drei oben genannten Voraussetzungen erfüllen.[536] Für das Verbraucherinformationsgesetz bedeutet dies, dass Veröffentlichungen aufgrund

534 Vgl. BVerfGE 98, 218 (259).

535 Jarass, Hans D. in: Jarass, Hans D. / Pieroth, Bodo (Hrsg.): Grundgesetz für die Bundesrepublik Deutschland, 12. Auflage, München 2012, Art. 2 GG, S. 68, Rn. 12–13.

536 Ausführlicher zu den Beschränkungen ebd., Art. 2 GG, S. 69–71, Rn. 17–24.

des Gemeinwohls erfolgen können, sofern sie die bereits genannten Voraussetzungen bedienen, also geeignet, erforderlich und verhältnismäßig sind.

3. Die Meinungsfreiheit

Artikel 5 GG schützt die Meinungsfreiheit. Es steht jedem Unternehmen frei, für sich zu werben.[537] Wirtschaftswerbung wird von dem Grundrecht geschützt, wenn sie einen „wertenden, meinungsbildenden Inhalt" inne hat. Da Werbung dazu dient, das Produkt anzupreisen und entsprechend ein Werturteil abgegeben wird, sind diese Voraussetzungen regelmäßig erfüllt.[538] Entsprechend steht es Unternehmen frei, Produkte auf den Markt zu bringen und über deren Darstellung zu entscheiden.[539] Garantiert wird nicht, dass Unternehmen ein alleiniges Recht an deren Außendarstellung haben.[540] Unter Beachtung der wettbewerbsrechtlichen Vorschriften können andere Unternehmen Kritik und damit ihre Meinung äußern. Behörden hingegen können sich nicht auf Art. 5 Abs. 1 S. 1 1. Alt. GG berufen.[541] Das VIG enthält keine Regelung hinsichtlich der Werbefreiheit. Die Offenlegung von Unternehmensinformationen durch die Behörden beeinflusst die Außendarstellung der Unternehmen. Zumeist handelt es sich bei den vorliegenden Daten nicht nur um Erkenntnisse über Unternehmen, sondern um Daten, die von den Unternehmen selbst übermittelt wurden, somit sind diese regelmäßig wahrheitsgetreu. Die Behörde würde entsprechend die Verbraucher lediglich umfassender informieren, was jedoch nicht immer im Sinn der Unternehmen liegt. Da jedoch wie bereits genannt, Unternehmen kein alleiniges Recht an der Außendarstellung haben, ist ein Eingreifen unter Einhaltung des Verhältnismäßigkeitsprinzips kein Grundrechtseingriff. Eine gesonderte Regelung innerhalb des VIGs würde das gesamte Ziel des Gesetzes untergraben, da eine Herausgabe von Informationen, die nicht öffentlich zugänglich sind, prinzipiell nicht mehr möglich wäre.

---

537 Siehe Sprißler, Matthias: Öffentlich-rechtlicher Verbraucherschutz – Staatsaufgabe oder Verbraucheranspruch?, Tübingen 1992, S. 132.

538 Sodan, Helge in: Sodan, Helge (Hrsg.), Grundgesetz, Beck'scher Kompakt-Kommentar, 2. Auflage, München 2011, Art. 5, S. 78, Rn. 3.

539 Ausführlich Schmidt, Rolf: Staatliches Informationshandeln und Grundrechtseingriff, Bremen 2004, S. 29–32.

540 Siehe Huber, Peter M.: Die Informationstätigkeit der öffentlichen Hand – ein grundrechtliches Sonderregime aus Karlsruhe?, JZ 2003, S. 290–397 (292).

541 So Schmidt, Rolf: Staatliches Informationshandeln und Grundrechtseingriff, Bremen 2004, S. 30.

4. Ergebnis

Es gibt kein Grundrecht, das die Betriebs- und Geschäftsgeheimnisse ausdrücklich schützt. Teilweise wird der Schutz auf Basis des Rechts auf informationelle Selbstbestimmung begründet. Vermehrt wird jedoch die Ansicht vertreten, dass der Schutz aus den Artikeln 12 und 14 GG abgeleitet werden kann.[542] Umstritten ist, ob in den Schutz auch Informationen fallen, deren Wert sich lediglich aus der Nichtkenntnis der Verbraucher ergibt.[543] Der durch das Grundgesetz gewährleistete Schutz der Betriebs- und Geschäftsgeheimnisse ist zudem nicht umfassend. Eingriffe können aufgrund der Inhalts- und Schrankenbestimmungen erfolgen. Hat das Eigentum einen großen sozialen Bezug, können schwerwiegendere Einschränkungen stattfinden. Je persönlicher der Bezug zum Eigentum, desto geringer die Gestaltungsmöglichkeiten bzw. Eingriffsmöglichkeiten des Gesetzgebers.[544] Da es sich bei den Interessen des Verbrauchers um einen sozialen Bezug handelt und ein Unternehmen einen geringen persönlichen Bezug aufweist, können relativ schwere Eingriffe stattfinden. Die Eingriffe müssen geeignet, erforderlich und verhältnismäßig sein.

Zudem werden die Wettbewerbs- und die daraus resultierende Vertragsfreiheit[545] geschützt. Unternehmen können in ihrer Marktposition und der Vertragsfreiheit geschwächt werden, wenn Betriebs- und Geschäftsgeheimnisse offenbart werden und gegebenenfalls Verbraucher vom Kauf aufgrund der Informationen absehen. Durch die Werbefreiheit können die Unternehmen über die Darstellung ihrer Produkte entscheiden. Dabei handelt es sich jedoch um

542 So unter anderem Scherzberg, Arno: Die verfassungsrechtlichen Grundlagen des Informationszugangs in: Fluck, Jürgen / Theuer, Andreas (Hrsg.): Informationsfreiheitsrecht mit Umweltinformations-, Verbraucherinformations- und Informationsweiterverwendungsrecht IFG / UIG / VIG / IWG Kommentar, 27. Aktualisierung, Heidelberg 2011, Band 1, S. 44, Rn. 58–59.

543 Zu dieser Fragestellung Koebke, Max: Das Recht auf Umweltinformation unter besonderer Berücksichtigung des Schutzes von Betriebs- und Geschäftsgeheimnissen und der Paragraphen 207–227 UGB-KomE, Pfaffenweiler 1999, S. 149, 156–157.

544 Siehe Willbrand, Jens: Gesetzlicher Regelungsbedarf von umweltrechtlichen Betriebs- und Geschäftsgeheimnissen, Daten- und Informationsrechtliche Überlegungen zur Neuregelung von § 99 VwGO, Hamburg 2006, S. 61–62.

545 Zu den in Art. 2 GG geschützten Bereich Jarass, Hans D. in: Jarass, Hans D. / Pieroth, Bodo (Hrsg.): Grundgesetz für die Bundesrepublik Deutschland, 12. Auflage, München 2012, Art. 2 GG, S. 65, Rn. 4–4a.

kein alleiniges Recht, so dass auch Behörden Informationen über Produkte herausgeben können.[546]

Fraglich ist, ob auch der Ruf des Unternehmens durch Art. 14 GG geschützt wird. In der Literatur wird diese Fragestellung unterschiedlich bewertet. Ein guter Ruf wird in der Regel durch vorherige gute Leistungen geschaffen. Zudem bestimmt sich auch der wirtschaftliche Wert eines Unternehmens über die Reputation. Dagegen spricht jedoch, dass es sich lediglich um temporäre Einschätzungen handelt.[547] Da gemäß Ziel des VIG jedoch generell lediglich Informationen weitergegeben werden, die wahrheitsgemäß sind und negative Rückschlüsse beispielsweise aufgrund der Qualität der Produkte auf das Unternehmen (und dessen Leistung) selbst zurückzuführen sind, kommt es nach Ansicht der Autorin ohnehin zu keiner Grundrechtsverletzung.

II. Die entgegenstehenden Grundrechte der Verbraucher

1. Einführung

Vorstehend wurden die einzelnen einschlägigen Grundrechte der Unternehmen beleuchtet, die teilweise durch das Verbraucherinformationsgesetz eingeschränkt werden. Im Folgenden sollen die gegenüberstehenden Grundrechte der Verbraucher dargestellt werden, deren Schutz und Durchsetzung durch das VIG erzielt werden soll.

2. Grundrechtlicher Anspruch auf Informationen

Der Staat hat eine Art Monopol bezüglich mancher Informationen. Zur politischen Willensbildung und zur Umsetzung einiger schutzwürdiger Interessen ist ein Zugang zu diesen Informationen von erheblicher Bedeutung. Andererseits ist die Vertrauensbasis gegenüber dem Staat seitens der Unternehmen in Gefahr, wenn Informationen zu leichtfertig an Dritte weitergegeben werden.[548]

---

546 Siehe Huber, Peter M.: Die Informationstätigkeit der öffentlichen Hand – ein grundrechtliches Sonderregime aus Karlsruhe?, JZ 2003, S. 290–397 (292).

547 So argumentiert Depenheuer, Otto in: Mangoldt, Hermann von / Klein, Friedrich / Starck, Christian (Hrsg.): Grundgesetz Kommentar, Band 1, 6. Auflage, München 2010, Art. 14, S. 1367, Rn. 135.

548 Zur großen Bedeutung von Informationen Scherzberg, Arno: Die verfassungsrechtlichen Grundlagen des Informationszugangs in: Fluck, Jürgen / Theuer, Andreas (Hrsg.): Informationsfreiheitsrecht mit Umweltinformations-, Verbraucherinformations- und Informationsweiterverwendungsrecht IFG / UIG / VIG / IWG Kommentar, 27. Aktualisierung, Heidelberg 2011, Band 1, S. 15, Rn. 1.

Fraglich ist, ob die Verfassung des Bundes[549] ein allgemeines Akteneinsichtsrecht garantiert.

Gemäß Art. 42 Abs. 1 S. 1, Art. 44 Abs. 1 S. 1 und Art. 52 Abs. 3 S. 3 GG müssen die Beratungen der Gesetzgebungsorgane des Bundes publik gemacht werden. Eine derartige Regelung enthält das Grundgesetz für die Verwaltung (und Regierung) nicht. Teilweise wird argumentiert, dass diese Pflicht zur Offenlegung ausreichend ist, da der Gesetzgebungsprozess die wichtigste politische Entscheidungsfindung sei. Verwaltungen führen diese Entscheidungen nur aus. Dabei wird die zunehmende Gestaltungsmacht der Verwaltung außer Acht gelassen. Es ist von enormer Bedeutung, dass auch der Vollzug der Gesetze kontrolliert werden kann.[550]

Das Bundesverfassungsgericht äußerte sich zur Informationsfreiheit wie folgt: „Für die in Art. 5 Abs. 1 S. 1 GG gewährleistete Informationsfreiheit sind (...) zwei Komponenten wesensbestimmend. Einmal ist es der Bezug zum demokratischen Prinzip des Art. 20 Abs. 1 GG: Ein demokratischer Staat kann nicht ohne freie und möglichst gut informierte öffentliche Meinung bestehen. Daneben weist die Informationsfreiheit eine individualrechtliche, aus Art. 1 und 2 Abs. 1 GG hergeleitete Komponente auf. Es gehört zu den elementaren Bedürfnissen des Menschen, sich aus möglichst vielen Quellen zu unterrichten, das eigene Wissen zu erweitern und sich so als Persönlichkeit zu entfalten. Zudem ist in der modernen Industriegesellschaft der Besitz von Informationen von wesentlicher Bedeutung für die soziale Stellung des Einzelnen. Das Grundrecht der Informationsfreiheit ist wie das Grundrecht der freien Meinungsäußerung eine der wichtigsten Voraussetzungen der freiheitlichen Demokratie. Erst mit seiner Hilfe wird der Bürger in den Stand gesetzt, sich selbst die notwenigen Voraussetzungen zur Ausübung seiner persönlichen und politischen Aufgaben zu verschaffen, um im demokratischen Sinne verantwortlich handeln zu können."[551]

---

549 Die Verfassungen der Länder (insbesondere Brandenburg (Art. 21), Sachsen (Art. 34) und Sachsen-Anhalt (Art. 6 Abs. 2) werden in dieser Arbeit nicht weiter betrachtet.

550 Zu dieser Auseinandersetzung Scherzberg, Arno: Die verfassungsrechtlichen Grundlagen des Informationszugangs in: Fluck, Jürgen / Theuer, Andreas (Hrsg.): Informationsfreiheitsrecht mit Umweltinformations-, Verbraucherinformations- und Informationsweiterverwendungsrecht IFG / UIG / VIG / IWG Kommentar, Band 1, 27. Aktualisierung, Heidelberg 2011, S. 22–24, Rn. 15–18.

551 BVerfGE 27, 71 (81f.); abgedruckt in Schoch, Friedrich: Das Recht auf Zugang zu staatlichen Informationen – Informationszugangsfreiheit in Deutschland und in der Schweiz, DÖV 2006, S. 1–10 (2).

Erdelt (2003: 465) ist der Auffassung, dass das Recht auf Informationszugang aus Artikel 20 Abs. 1 GG abgeleitet werden kann, da das Demokratieprinzip das allgemeine Öffentlichkeitsprinzip erfasst.[552] Das Demokratieprinzip gemäß Art. 20 Abs. 2 S. 1 GG verbürgt, „alle Staatsgewalt geht vom Volke aus". Dabei handelt es sich nicht um ein einmaliges Ereignis, sondern um einen kontinuierlichen Vorgang. Der Wille des Volkes wird fortdauernd kommuniziert. Der Staat dient lediglich als Bindeglied, welches die kollektiven Ziele verwirklicht.[553] Das Bundesverfassungsgericht[554] hat bestätigt, dass Informationen essenziell für die Meinungsbildung sind. Wenn dem einzelnen Abgeordneten kein Informationsrecht zusteht, kann dieser nicht als Vertreter des Volkes fungieren. Der einzelne Bürger kann zudem ohne Informationen seine demokratischen Rechte nicht wahrnehmen, da seine Wahlentscheidung aus Annahmen entstehen würde.[555] Die Terminologie verdeutlicht, dass nicht von jedem einzelnen Bürger, sondern vom Volk, also dem Kollektiv, die Staatsgewalt ausgeht. Die vorgenannten kollektiven Ziele können nur durch Kommunikation, das heißt Öffentlichkeit gebildet werden. Mithin besteht und „entsteht das Volk durch Öffentlichkeit". Da die Norm, wie bereits erläutert, nicht von einem einmaligen Ereignis ausgeht, muss zur Erhaltung des Volks, fortdauernde „öffentliche Kommunikation" stattfinden. Nur so können sich Meinungen bilden und Einfluss ausgeübt werden. Der Einfluss wiederum konstituiert die Zurechnung der Vorgänge zum Volk und damit die demokratische Legitimation. *Scherzberg* beschreibt diesen Vorgang als „kontinuierliche Wechselwirkung zwischen der Meinungsbildung des Volkes und der Willensbildung der Staatsorgane". Ein wichtiger Faktor für die Meinungsbildung

---

552 Entgegen der Auffassung von Scherzberg (Scherzberg, Arno: Die verfassungsrechtlichen Grundlagen des Informationszugangs in: Fluck, Jürgen / Theuer, Andreas (Hrsg.): Informationsfreiheitsrecht mit Umweltinformations-, Verbraucherinformations- und Informationsweiterverwendungsrecht IFG / UIG / VIG / IWG Kommentar, 27. Aktualisierung, Heidelberg 2011, Band 1, S. 58, Rn. 88); Erdelt, Alexander: Informationszugang und das Recht auf Information, DuD 2003, S. 465–470 (465).

553 Scherzberg, Arno: Die verfassungsrechtlichen Grundlagen des Informationszugangs in: Fluck, Jürgen / Theuer, Andreas (Hrsg.): Informationsfreiheitsrecht mit Umweltinformations-, Verbraucherinformations- und Informationsweiterverwendungsrecht IFG / UIG / VIG / IWG Kommentar, 27. Aktualisierung, Heidelberg 2011, Band 1, S. 16–17, Rn. 4.

554 Vgl. unter anderem BverfGE 5, 85 (134).

555 Auf den Punkt in Bezug auf die Kontrolle der Behörden, auch wenn das VIG in erster Linie eine Art Kontrolle der Lebensmittelindustrie bewerkstelligen soll Partsch, Christoph: Die Freiheit des Zugangs auf Verwaltungsinformationen – Akteneinsichtsrecht in Deutschland, Europa und den USA, Lohmar 2002, S. 113–114.

gegenüber dem Staat ist, Informationen über seine Arbeit zu erfahren. Nur so kann eine Beobachtung und gegebenenfalls Kritik beziehungsweise Kontrolle gewährleistet werden. Gemäß Art 28 Abs. 1 S. 1 GG sind ebenfalls die Landesbehörden zur Offenlegung verpflichtet.[556] Bei dem VIG geht es zumeist zwar eher um Informationen, die den Behörden vorliegen, als über die Entscheidungsprozesse an sich, diese Prozesse begründen sich jedoch in den Informationen, die der Behörde vorliegen. So können Bürger die Arbeit der Behörde nur bewerten, wenn sie wissen, worauf sich die Entscheidungsfindung stützt. Gegebenenfalls könnte entsprechend ein Informationsrecht abgeleitet werden. Im Zusammenhang mit dem Konflikt mit Betriebs- und Geschäftsgeheimnissen findet die Norm jedoch keine Anwendung, da sie das Verhältnis Staat Bürger regelt und nicht die Kontrolle des Handelns der Unternehmen.

Art. 20 Abs. 2 S. 2 GG verbürgt die Gewaltenteilung. Die verschiedenen Gewalten sollen einander kontrollieren. Laut *Scherzberg* wurde diese Kontrollfunktion durch Umgestaltungen geschwächt und ist nicht mehr vorrangig, vielmehr handele es sich heute um eine Aufgabenverteilung und Selbstkontrolle. Die Öffentlichkeit optimiert die Kontrolle. Sie ist Voraussetzung zur Sicherstellung der Selbstkontrolle, weswegen laut *Scherzberg*, nicht nur der Öffentlichkeit der Justiz, sondern auch der der Verwaltung Verfassungsrang zuzusprechen ist.[557] Doch auch an dieser Stelle könnte argumentiert werden, dass Verbraucherinformationen ein sehr spezielles Feld sind und ein diesbezügliches Informationsrecht nicht aus dem Artikel abgeleitet werden kann.

Das Sozialstaatsprinzip ist in Art. 20 Abs. 1 und Art. 28 Abs. 1 S. 1 GG verbürgt. Der Staat greift ein, sobald grundrechtlich geschützte Güter aufgrund fehlender „gesellschaftlicher Selbststeuerung“ drohen unterzugehen. Wie zuvor dargestellt, haben die Verbraucher in der Marktwirtschaft eine sehr schwache Position den Unternehmen gegenüber. Der Wandel von einer Industrie- zu einer Informations- und Risikogesellschaft hat den Wert von Informationen im wirtschaftlichen und sozialen Umfeld erheblich gesteigert. Die Informationen sammeln sich insbesondere bei Großorganisationen an, die diese dann wirtschaftlich nutzen. Technologien basieren immer mehr auf Spezialwissen, das den Verbrauchern unerschlossen bleibt, was zu Risiken und Folgekosten führen

556 Scherzberg, Arno: Die verfassungsrechtlichen Grundlagen des Informationszugangs in: Fluck, Jürgen / Theuer, Andreas (Hrsg.): Informationsfreiheitsrecht mit Umweltinformations-, Verbraucherinformations- und Informationsweiterverwendungsrecht IFG / UIG / VIG / IWG Kommentar, 27. Aktualisierung, Heidelberg 2011, Band 1, S. 17–25, Rn. 4–19.

557 Ebd., S. 27–28, Rn. 23–25.

kann. Das Sozialstaatsprinzip legt dem Staat demnach eine „Kommunikationsverantwortung“ und dem Gesetzgeber einen Handlungsauftrag auf.[558] *Willbrand* (2006: 84) hingegen ist der Auffassung, dass das Sozialstaatprinzip kein Recht des Einzelnen auf Informationszugang begründet; es binde lediglich den Staat, entsprechende Regelungen zu erlassen.[559]

All diese Prinzipien begründen keine subjektiven Rechte der Bürger und damit kein individuelles Recht auf den Erhalt von Verbraucherinformationen.[560] *Sitsen* (2009: 37) argumentiert weiter, aus dem Demokratieprinzip leite sich keine Pflicht zur Offenlegung ab, da seines Erachtens eine den Prinzipien genügende Versorgung mit Informationen unter anderem durch die Öffentlichkeit der Verwaltung gegenüber dem Parlament und dessen Öffentlichkeit gegenüber dem Volk stattfindet.[561]

Art. 5 Abs. 1 S. 1 GG lautet „Jeder hat das Recht, seine Meinung in Wort, Schrift und Bild frei zu äußern und zu verbreiten und sich aus allgemein zugänglichen Quellen ungehindert zu unterrichten.“ und enthält einen „Beschaffungs- und Empfangsanspruch“ für Informationen. Die Norm enthält ein Abwehrrecht, das das Recht auf „Selbstinformation“ und „ungehinderte Unterrichtung“ schützt.[562] *Scherzberg* stellt bei der Frage, ob Artikel 5 Abs. 1 S. 1 Hs. 2 GG neben dem Abwehrrecht auch eine positive Verpflichtung zum Informationszugang gewähre, auf die staatliche „Grundrechtsvorsorge“ ab und kommt zu dem Ergebnis, dass das Leistungsrecht für die Informationen, die der Verfassung wegen öffentlich

558 Scherzberg, Arno: Die verfassungsrechtlichen Grundlagen des Informationszugangs in: Fluck, Jürgen / Theuer, Andreas (Hrsg.): Informationsfreiheitsrecht mit Umweltinformations-, Verbraucherinformations- und Informationsweiterverwendungsrecht IFG / UIG / VIG / IWG Kommentar, 27. Aktualisierung, Heidelberg 2011, Band 1, S. 29–31, Rn. 26–30.

559 Willbrand, Jens: Gesetzlicher Regelungsbedarf von umweltrechtlichen Betriebs- und Geschäftsgeheimnissen, Daten- und Informationsrechtliche Überlegungen zur Neuregelung von § 99 VwGO, Hamburg 2006, S. 84.

560 So Scherzberg, Arno: Die verfassungsrechtlichen Grundlagen des Informationszugangs in: Fluck, Jürgen / Theuer, Andreas (Hrsg.): Informationsfreiheitsrecht mit Umweltinformations-, Verbraucherinformations- und Informationsweiterverwendungsrecht IFG / UIG / VIG / IWG Kommentar, 27. Aktualisierung. Heidelberg 2011, Band 1, S. 58, Rn. 88.

561 Sitsen, Michael: Das Informationsfreiheitsgesetz des Bundes: Rechtsprobleme im Zusammenhang mit dem Anspruch auf Informationszugang nach dem IFG, Hamburg 2009, S. 37.

562 Partsch, Christoph: Die Freiheit des Zugangs auf Verwaltungsinformationen – Akteneinsichtsrecht in Deutschland, Europa und den USA, Lohmar 2002, S. 103.

sind, besteht. Das gilt auch, wenn diese prinzipiell nicht als öffentlich deklariert waren. Er führt dazu aus: „Der Informationsfreiheit ist deshalb eine positive Leistungspflicht der betreffenden staatlichen Stellen zu entnehmen, die dem verfassungsrechtlichen Öffentlichkeitsgebot unterliegenden Informationen so zu führen und aufzubereiten, dass sie individueller Einsichtnahme tatsächlich zugänglich sind, und auch im übrigen die organisations- und verfahrensrechtlichen Voraussetzungen für die praktische Unterrichtung der Grundrechtsträger bereitzustellen."[563]

Bei der Frage, ob die Quelle allgemein zugänglich ist, wird auf die Geeignetheit und Bestimmtheit abgestellt, einem unbegrenzten Personenkreis Informationen zu beschaffen. Die Akten der Verwaltung sowie Unternehmensdaten sind für den Zugang geeignet, jedoch nicht dafür bestimmt. Die Eröffnung von Akten oder den jeweiligen Daten ist Voraussetzung und nicht Gegenstand des Grundrechts. Es liegt in der Entscheidung des Amtsträgers, die Akte als öffentlich zu erklären. Die Norm schützt lediglich vor der Vorenthaltung der Informationen und sichert nicht allgemeine Zugänglichkeit.[564] Die Norm soll keine individuellen Informationsrechte schaffen, sondern die bestehenden sichern. So dürfen keine Informationssperren verhängt werden.[565] Einen Leistungsanspruch auf Informationen spricht auch das Bundesverfassungsgericht[566] dem Art. 5 S. 1 GG nicht zu und begründet dies ebenfalls damit, dass die Verwaltungsakten nicht öffentlich sind.[567] Vereinzelt wird kritisiert, dass der Staat bestimme, welche Akten öffentlich sind und dass die Berechtigung hinterfragt werden müsse.[568]

Bezüglich der in den Behördenakten enthaltenen Betriebs- und Geschäftsgeheimnisse ist der Zugang insbesondere zu verneinen. Voraussetzung zur

563 Scherzberg, Arno: Die verfassungsrechtlichen Grundlagen des Informationszugangs in: Fluck, Jürgen / Theuer, Andreas (Hrsg.): Informationsfreiheitsrecht mit Umweltinformations-, Verbraucherinformations- und Informationsweiterverwendungsrecht IFG / UIG / VIG / IWG Kommentar, 27. Aktualisierung, Heidelberg 2011, Band 1, S. 64–65, Rn. 99.

564 Zu dieser Problematik ebd., S. 59–63, Rn. 90–95.

565 So auch Willbrand, Jens: Gesetzlicher Regelungsbedarf von umweltrechtlichen Betriebs- und Geschäftsgeheimnissen, Daten- und Informationsrechtliche Überlegungen zur Neuregelung von § 99 VwGO, Hamburg 2006, S. 69–72.

566 Vgl. BVerfG Beschluss vom 30.01.1986, 1 BvR 1352/85, NJW 1986, 1243.

567 Vgl. Reinhart, Oliver: Das gläserne Amt – Das Informationsfreiheitsgesetz als Jedermannrecht auf Akteneinsicht, DÖV 2007, S. 18–24 (19).

568 In Bezug auf das Akteneinsichtsrecht zur Kontrolle der Behörden Partsch, Christoph: Die Freiheit des Zugangs auf Verwaltungsinformationen – Akteneinsichtsrecht in Deutschland, Europa und den USA, Lohmar 2002, S. 104.

Deklarierung als Betriebs- und Geschäftsgeheimnisse ist ein bestimmter Mitwisserkreis und die Nichtoffenkundigkeit der Daten. Entsprechend fallen Betriebs- und Geschäftsgeheimnisse per Definition nicht in den Schutzbereich des Art. 5 Abs. 1 GG; auch dann nicht, wenn sie Behörden zur Verfügung gestellt wurden, da auch deren Akten wie bereits erläutert nicht als allgemein zugänglich angesehen werden.[569]

Ein Anspruch könnte sich aus einem Grundrecht ableiten lassen, sofern die Information die Erhaltung eines Guts oder die Ausübung einer Freiheit begründet. In Frage kommen neben der Wissenschaftsfreiheit (Art. 5 Abs. 3 GG) und der Pressefreiheit (Art. 5 Abs. 1 S. 2 GG), die körperliche Unversehrtheit (Art. 2 Abs. 2 GG), die wirtschaftliche Betätigungsfreiheit (Art. 2 Abs. 1 GG) und die Gewissensfreiheit (Art. 4 GG). Die letztgenannten sollen im Folgenden näher untersucht werden.[570]

3. Der Schutz von Leben und körperlicher Unversehrtheit

In dem aus dem Jahr 1975 stammenden ersten verbraucherpolitischen Programm der EG-Kommission wurde der Schutz der Gesundheit und Sicherheit zu den fünf fundamentalen Rechten der Verbraucher benannt.[571] Im Grundgesetz wird das Recht auf Leben und körperliche Unversehrtheit in Art. 2 Abs. 2 S. 1 GG normiert und ist ein Menschenrecht.[572] Grundrechtsträger ist jede natürliche Person ungeachtet der Nationalität.[573] Eine Anwendung auf juristische Personen lässt sich aus dem Grundrecht nicht ableiten.[574] Diese Norm ist einschlägig,

---

569 So auch Willbrand, Jens: Gesetzlicher Regelungsbedarf von umweltrechtlichen Betriebs- und Geschäftsgeheimnissen, Daten- und Informationsrechtliche Überlegungen zur Neuregelung von § 99 VwGO, Hamburg 2006, S. 69–72.

570 Dazu Scherzberg, Arno: Die verfassungsrechtlichen Grundlagen des Informationszugangs in: Fluck, Jürgen / Theuer, Andreas (Hrsg.): Informationsfreiheitsrecht mit Umweltinformations-, Verbraucherinformations- und Informationsweiterverwendungsrecht IFG / UIG / VIG / IWG Kommentar, 27. Aktualisierung, Heidelberg 2011, Band 1, S. 58, Rn. 89.

571 Im Zusammenhang der allgemeinen Position der Verbraucher am Markt Reich, Norbert: Markt und Recht – Theorie und Praxis des Wirtschaftsrechts in der Bundesrepublik Deutschland, Neuwied, Darmstadt 1977, S. 198–199.

572 Vgl. Kunig, Phillip in: Münch, Ingo von / Kunig, Philip: Grundgesetz-Kommentar, Band 1, 6. Auflage, München 2012, Art.2, S. 158, Rn. 44.

573 Siehe. Schulze-Fielitz, Helmuth in: Dreier, Horst (Hrsg.): Grundgesetz Kommentar, Band 1, 2. Auflage, Tübingen 2004, Art. 2, S. 365, Rn. 39.

574 Vgl. Kunig, Phillip in: Münch, Ingo von / Kunig, Philip: Grundgesetz-Kommentar, Band 1, 6. Auflage, München 2012, Art. 2, S. 159, Rn. 45.

wenn die Lebensmittel / die Produkte die Gesundheit der Verbraucher beeinträchtigen oder die Gefahr einer Beeinträchtigung von ihnen ausgeht.[575] Die beiden beinhalteten Gewährleistungen des Grundrechts, das Recht auf Leben und auf die körperliche Unversehrtheit, sind eng miteinander verbunden, so wird der Körper vor teilweisen und vollständigen, beziehungsweise vollendenden Beeinträchtigungen geschützt. Das Grundrecht schützt „vor jeder unmittelbaren oder mittelbaren Beeinträchtigung beziehungsweise Veränderung seiner konkreten biologisch-physischen Substanz und Gestalt, mithin die Integrität des Körpers als die dem einzelnen und seiner Umwelt vorgegebene Daseinsform des Menschen".[576] Der Schutz stellt kein Recht auf Gesundheit dar. Er führt über die den physiologischen Begriff der Gesundheit („Gesundheit als Freisein von Krankheit und Gebrechen") hinaus, umfasst jedoch nicht alle Aspekte der Definition der Weltgesundheitsorganisation („Zustand des vollständigen körperlichen, geistigen und sozialen Wohlbefindens").[577] Geschützt wird nicht allein vor intendierten, sondern auch vor unbeabsichtigten Beeinträchtigungen. Die von Produkten ausgehende Gefahr für die Gesundheit der Verbraucher kann unwissentlich also unbeabsichtigt vorliegen oder von den Produzenten wissentlich hingenommen worden sein. Die Beeinträchtigungen der Gesundheit sind erfahrbar und gelten als sachgeprägtes Schutzgut. Dadurch können sie vom Staat nicht ausgestaltet werden, wie zum Beispiel die rechtserzeugten Schutzgüter wie das Eigentum.[578] Bei der Bewertung wird eine objektive Betrachtungsweise angewendet, der Maßstab jedoch ist individuell. Somit kann auch eine Beeinträchtigung vorliegen, wenn diese nicht von einer Durchschnittsperson, sehr wohl aber von einer einzelnen Person verspürt wird.[579] Das Recht steht auch Kranken zu.[580]

575 Zu den verschiedenen Beeinträchtigungen Schulze-Fielitz, Helmuth in: Dreier, Horst (Hrsg.): Grundgesetz Kommentar, Band 1, 2. Auflage, Tübingen 2004, Art. 2, S. 366–370, Rn. 42–54.

576 Müller-Terpitz, Ralf: Recht auf Leben und körperliche Unversehrtheit in: Isensee, Josef / Kirchhof, Paul (Hrsg.): Handbuch des Staatsrechts der Bundesrepublik Deutschland, Heidelberg 2009, S. 9, 29.

577 Murswiek, Dietrich in: Sachs, Michael (Hrsg.): Grundgesetz-Kommentar, 6. Auflage, München 2011, Art. 2, S. 150, Rn. 150.

578 Dazu grundlegend Müller-Terpitz, Ralf: Recht auf Leben und körperliche Unversehrtheit in: Isensee, Josef / Kirchhof, Paul (Hrsg.): Handbuch des Staatsrechts der Bundesrepublik Deutschland, Heidelberg 2009, S. 9.

579 So konkludiert von Kunig, Phillip in: Münch, Ingo von / Kunig, Philip: Grundgesetz-Kommentar, Band 1, 6. Auflage, München 2012, Art. 2, S. 173, Rn. 63.

580 Siehe dazu Seewald, Ottfried: Zum Verfassungsrecht auf Gesundheit, Berlin 1981, S. 49.

Mithin muss bei der Betrachtung des VIG auch auf Allergien oder ähnliches abgestellt werden, die zusätzliche Informationen erforderlich machen können. Die Behörden müssen die Tatsache, dass unterschiedliche subjektive Maßstäbe vorliegen können, in ihre Entscheidungen mit einbeziehen.

Bei der Bemessung, wann es zu einem Grundrechtseingriff kommt, wird laut herrschender Meinung auf die Zumutbarkeit abgestellt.[581] *Schulze-Fielitz* argumentiert hingegen, dass auch geringfügige Beeinträchtigen in den Schutzbereich fallen. Im zweiten Schritt kann festgestellt werden, ob dieser Eingriff berechtigt war.[582] In erster Linie besteht der Schutz gegenüber staatlichen Eingriffen. Die Norm verpflichtet jedoch auch zu einem Schutz gegenüber Eingriffen von Dritten. Diese Pflicht setzt keinen Eingriff gegenüber einem bestimmten Rechtsinhaber voraus, sondern greift bereits, wenn die Gefahr besteht, dass irgendeiner geschädigt werden könnte.[583] In Bezug auf das Verbraucherinformationsgesetz ist das von großer Bedeutung, da es sich um eine Art Vorsichtsmaßnahme zum Schutz von Jedermann handelt. Ob ein Eingriff erforderlich ist, hängt von der Art, Nähe und dem Ausmaß der Gefahr ab. Zudem spielt auch die Art der Verletzung eine Rolle. Ist der Schaden irreversibel, wird ein Eingriff an Erforderlichkeit gewinnen. Die Regelungen des VIG ermöglichen es den Behörden an die Öffentlichkeit zu treten und vor möglichen Gefahren eines Produkts zu warnen. Die Maßnahmen der Behörden zum Schutz des Grundrechts müssen angemessen und erforderlich sein, wenn sie andere Grundrechte (wie die zuvor dargestellten Grundrechte der Unternehmen) einschränken.[584]

Die Aufgabe des Gesundheitsschutzes kann der Staat unmittelbar durch eigene Maßnahmen wie das Herantreten an die Öffentlichkeit oder mittelbar durch die Ausformung von Normen wahrnehmen. Die staatlichen Warnungen fallen in den Bereich der unmittelbaren Maßnahmen. Das VIG hingegen hat

581 So unter anderem Kunig, Phillip in: Münch, Ingo von / Kunig, Philip: Grundgesetz-Kommentar, Band 1, 6. Auflage, München 2012, Art. 2, S. 173, Rn. 64.

582 Schulze-Fielitz, Helmuth in Dreier, Horst (Hrsg.): Grundgesetz Kommentar, Band 1, 2. Auflage, Tübingen 2004, S. 368–369, Rn. 49.

583 Dazu grundlegend Müller-Terpitz, Ralf: Recht auf Leben und körperliche Unversehrtheit in: Isensee, Josef / Kirchhof, Paul (Hrsg.): Handbuch des Staatsrechts der Bundesrepublik Deutschland, Heidelberg 2009, S. 52–54 .

584 Zu dieser Abwägung Jarass, Hans D. in: Jarass, Hans D. / Pieroth, Bodo (Hrsg.): Grundgesetz für die Bundesrepublik Deutschland, 12. Auflage, München 2012, Art. 2 GG, S. 92–93, Rn. 90–91.

eine mittelbare Wirkung.[585] Die Möglichkeit der Anfrage von Daten hat eine präventive Wirkung. Verbraucher können sich vor dem Kauf über ein Produkt informieren und gegebenenfalls vom Kauf absehen, wenn dieses negative Auswirkungen auf die Gesundheit hätte. Da es in Deutschland jedoch eine Kennzeichnungspflicht gibt, ist davon auszugehen, dass das VIG bezüglich des Gesundheitsschutzes letztendlich eine eher zweitrangige Bedeutung hat und in erster Linie die behördlichen Warnungen den Schutz forcieren. Da das Grundrecht auch auf Kranke, beziehungsweise das individuelle Empfinden eines Jeden abstellt, ist das VIG ein gutes zusätzliches Instrument. Behördliche Warnungen gehen von dem Durchschnittsverbraucher aus und sensibleren Personen eröffnet das VIG die Möglichkeit, sich bedarfsgerecht zu informieren.

Auch wenn das Recht auf Leben Voraussetzung der anderen Freiheits- und Gleichheitsrechte ist, wird es weder schrankenlos gewährleistet noch hat es eine absolute Vorrangstellung gegenüber anderen Rechten inne. Einschränkungen können nur aufgrund einer gesetzlichen Grundlage erfolgen.[586] Eingriffe müssen verhältnismäßig sein.[587] Da Eingriffe in die körperliche Unversehrtheit im Gegensatz zum Leben oftmals wieder wett gemacht werden können, werden weniger hohe Voraussetzungen an die Eingriffe gestellt.[588] Gezielte Eingriffe können nur durch übergeordnete Zwecke begründet werden. Bei unbeabsichtigten Eingriffen hingegen sind auch die Freiheiten des Verletzers zu beachten, da es im Zusammenleben leicht zu Beeinträchtigungen kommen kann. Dennoch darf der Schutz dabei nicht untergehen. Wenn also hinreichende Gefahr besteht, greift die Schutzpflicht des Staates. Eine Gefahr von genmanipulierten oder mit chemischen Stoffen versetzten Speisen etc. geht laut *Murswiek* (2011: 152–159) bereits durch Nichtkennzeichnung aus, da die Ingestion nicht freiwillig passiert. Der Mensch kann selbst darüber entscheiden, was er essen möchte.[589] Auf diese

---

585 Grundlegend Müller-Terpitz, Ralf: Recht auf Leben und körperliche Unversehrtheit in: Isensee, Josef / Kirchhof, Paul (Hrsg.): Handbuch des Staatsrechts der Bundesrepublik Deutschland, Heidelberg 2009, S. 68.

586 Vgl. ebd., S. 36–38.

587 So unter anderem Murswiek, Dietrich in: Sachs, Michael (Hrsg.): Grundgesetz-Kommentar, 6. Auflage, München 2011, Art. 2, S. 152, Rn. 164.

588 Siehe Müller-Terpitz, Ralf: Recht auf Leben und körperliche Unversehrtheit in: Isensee, Josef / Kirchhof, Paul (Hrsg.): Handbuch des Staatsrechts der Bundesrepublik Deutschland, Heidelberg 2009, S. 48.

589 Zu dieser Problematik Murswiek, Dietrich in: Sachs, Michael (Hrsg.): Grundgesetz-Kommentar, 6. Auflage, München 2011, Art. 2, S. 152–159, Rn. 174–204.

Problematik stellen die behördlichen Warnungen gemäß § 5 Abs. 1 S. 2 VIG ab. Wenn das öffentliche Wohl überwiegt sind als *ultima ratio* Warnungen vor den Produkten herauszugeben.[590]

4. Die wirtschaftliche Betätigungsfreiheit und die Eigentumsgarantie

Auch die wirtschaftliche Betätigungsfreiheit wurde in dem bereits zuvor genannten ersten verbraucherpolitischen Programm der EG-Kommission als eines der fünf fundamentalen Rechte der Verbraucher genannt.[591] Die freie Entfaltung der Persönlichkeit wird, wie bereits beschrieben, durch Art 2 Abs. 1 GG geschützt. Das Recht wird allen natürlichen Personen gewährt und ist subsidiär gegenüber den anderen Freiheitsrechten anzuwenden. Geschützt wird jedes menschliche Handeln und Nichthandeln, also zum Beispiel der Kauf oder die Entscheidung davon abzusehen.[592] Der Einzelne kann über sich selbst bestimmen. Dazu gehört auch das Verhalten im Wirtschaftsverkehr.[593] Art. 2 Abs. 1 GG garantiert die wirtschaftliche Entfaltungsfreiheit. Zu dieser gehören die Konsum- und die Vertragsfreiheit. Unter Konsum wird der Erwerb, Gebrauch und Verbrauch wirtschaftlicher Güter und Dienstleistungen in beliebigem Maße verstanden. Basierend auf der Vertragsfreiheit steht es jedem frei, Verträge zu schließen oder Angebote abzulehnen.[594]

Informationen stellen die Voraussetzung für die Handlungen des Individuums dar. *Schoch* (2006: 1–2) misst Informationen die Bedeutung als "Rohstoff" der Macht bei. Ein starker Informationsvorsprungs seitens der Unternehmen begründet damit eine Machtposition.[595] Zusätzlich gewonnene Informationen

590 Grundlegend dazu Hahn, Peter / Wellmann, Eva: Verbraucherinformationsgesetz, Hamburg 2008, S. 56–60.

591 Ausführlicher zu der Situation der Verbraucher am Markt Reich, Norbert: Markt und Recht – Theorie und Praxis des Wirtschaftsrechts in der Bundesrepublik Deutschland, Neuwied, Darmstadt 1977, S. 198–199.

592 Vgl. Sodan, Helge in: Sodan, Helge (Hrsg.), Grundgesetz, Beck'scher Kompakt-Kommentar, 2. Auflage, München 2011, Art. 2, S. 40–43, Rn. 1–8.

593 Zu diesem Schutz gemäß Art. 2 GG neben dem Schutz aus Art. 12 GG als lex speciales Jarass, Hans D. in: Jarass, Hans D./ Pieroth, Bodo (Hrsg.): Grundgesetz für die Bundesrepublik Deutschland, 12. Auflage, München 2012, Art. 2 GG, S. 65, Rn. 4–4a.

594 Dazu insbesondere Bauschke, Gabriele: Verbraucherschutz im öffentlichen Recht aus der Sicht des Lebensmittelrechts, Köln 2005, S. 93.

595 Schoch, Friedrich: Das Recht auf Zugang zu staatlichen Informationen – Informationszugangsfreiheit in Deutschland und in der Schweiz, DÖV 2006, S. 1–10 (1–2).

unterstützen den Verbraucher in seiner Stellung als Marktteilnehmer.[596] Insgesamt kann der Verbraucher aufgrund seiner Position am Markt die Handlungsfreiheit nicht in dem Maße wahrnehmen wie der Unternehmer. Es liegt ein gesetzlicher Handlungsspielraum seitens der Regierung vor, diesem Ungleichgewicht Abhilfe zu schaffen, damit der Verbraucher sein Grundrecht ausüben kann, wie zum Beispiel durch den Erlass des VIG. Diese rechtliche Ausgestaltung stellt die Funktion der allgemeinen Handlungsfreiheit sicher und eine Kompensation der Verhandlungsstärke dar.[597] Nur wenn ein Verbraucher hinreichend informiert ist, kann er sich wirklich für ein Produkt entscheiden. Dies hat auch eine positive Wirkung für die Unternehmen. Die Informationsvergabe fördert den Wettbewerb, da sich dadurch die besten Produkte durchsetzen werden und die Unternehmer gezwungen sind, ihre Produkte zu verbessern. Es kommt zu einer Stärkung des Marktes[598] und damit auch der Lage der Verbraucher.[599]

Beeinträchtigungen des Grundrechts können durch die Rechte anderer und Verstöße gegen die verfassungsmäßige Ordnung und das Sittengesetz begründet werden.[600] Generell müssen die Eingriffe verhältnismäßig sein. Es könnte argumentiert werden, dass es sich bei der Vorenthaltung von Informationen wie bei den Ausschluss- und Beschränkungsgründen des VIG bereits um eine Beeinträchtigung handelt, da der Vertragsschluss behindert wird.[601] Die Ausschlüsse und Beschränkungen basieren auf öffentlichen oder privaten Interessen anderer. Fraglich ist jedoch, ob dies dem Verhältnismäßigkeitsprinzip entspricht und ist im Einzelfall zu prüfen, wie es die Novelle des VIG auch vorsieht.

---

596 Zur Verbraucherpolitik und dessen Nutzen Hahn, Peter / Wellmann, Eva: Verbraucherinformationsgesetz, Hamburg 2008, S. 16–17.

597 Auf den Punkt Tamm Marina in Tamm, Marina / Tonner, Klaus (Hrsg.): Verbraucherrecht: Rechtliches Umfeld, Vertragstypen, Rechtsdurchsetzung, Baden-Baden 2012, S. 24–25, Rn. 34–38.

598 Dazu unter anderem Bundesministerium für Ernährung, Landwirtschaft und Verbraucherschutz: Mehr Information – mehr Transparenz, das neue Verbraucherinformationsgesetz, Berlin 2008, S. 6–8.

599 So Hass, Claus Sieghart: Verbraucherschutz in den USA: Die unconscionability doctrine – § 2–302 UCC und seine Bedeutung im Hinblick auf § 29 EGBGB-E, München 1986, S. 1.

600 Siehe Sodan, Helge in: Sodan, Helge (Hrsg.), Grundgesetz, Beck'scher Kompakt-Kommentar, 2. Auflage, München 2011, Art. 2, S. 44, Rn. 11.

601 Zu den Anforderungen von Beschränkungen Jarass, Hans D. in: Jarass, Hans D. / Pieroth, Bodo (Hrsg.): Grundgesetz für die Bundesrepublik Deutschland, 12. Auflage, München 2012, Art. 2 GG, S. 65–70, Rn. 4–21.

In diesem Zusammenhang ist auch die Eigentumsgarantie der Verbraucher zu nennen. Die VIG Novelle hat den Anwendungsbereich des Gesetzes um Verbraucherprodukte erweitert. Wenn ein Verbraucher sich basierend auf seiner Vertragsfreiheit, für ein Produkt entschieden hat, kommt dieses mit dem Eigentum des Verbrauchers in Berührung und könnte dieses, beispielsweise infolge eines Defekts des gekauften Produkts, gegebenenfalls schädigen. Da, wie bereits erläutert, alle natürlichen Personen Grundrechtsträger des Art. 14 GG sind, wäre ein solcher Schaden ein Eingriff in das Grundrecht.[602] Das Eigentum des Verbrauchers hat regelmäßig einen hohen personellen und kaum sozialen Bezug. Eingriffe in das Eigentum der Verbraucher sind mithin schwerer zu rechtfertigen als solche in das Eigentum der Unternehmen. Dennoch werden die Schäden zumeist geringer ausfallen, als die Konsequenzen bei einer Offenlegung der Betriebs- und Geschäftsgeheimnisse. Die Faktoren sind im Einzelfall zu betrachten und abzuwägen.

5. Die Gewissensfreiheit

Art. 4 GG schützt die Freiheit des Gewissens. Das Grundrecht steht allen natürlichen Personen zu, ungeachtet der Staatsbürgerschaft.[603] Es handelt sich um eine Ausformung der Menschenwürdegarantie. Der Mensch kann gemäß seiner moralischen Vorstellungen handeln. Dabei kann diese Gewisseneinstellung nicht als richtig oder falsch von Dritten beurteilt werden; allein der Grundrechtsträger entscheidet darüber. Aufgrund dieser selbstständigen Entscheidungsmöglichkeit wird dem Einzelnen eine hohe „Verantwortungsfähigkeit" zugesprochen.[604] Geschützt wird nicht allein das Gewissen, sondern auch die damit verbundenen Handlungen.[605] Daraus lässt sich nach Ansicht der Autorin auch schließen, dass das Unterlassen von einer Handlung ebenfalls geschützt ist. Auch die wirtschaftliche Betätigung kann als Ausformung der Religionsfreiheit gelten.[606] In diesem Sinne ist von dem Schutzbereich erfasst, ob ein Grundrechtsträger einen Kauf vornimmt oder von diesem aufgrund seiner Gewisseneinstellung

602 Vgl. Sprißler, Matthias: Öffentlich-rechtlicher Verbraucherschutz – Staatsaufgabe oder Verbraucheranspruch?, Tübingen 1992, S. 140.

603 Vgl. Sodan, Helge in: Sodan, Helge (Hrsg.), Grundgesetz, Beck'scher Kompakt-Kommentar, 2. Auflage, München 2011, Art. 4, S. 70, 74, Rn. 12, 23.

604 Morlok, Martin in: Dreier, Horst (Hrsg.): Grundgesetz Kommentar, Band 1, 2. Auflage, Tübingen 2004, Art. 4, S. 500–501, Rn. 41–46.

605 Vgl. Sodan, Helge in: Sodan, Helge (Hrsg.), Grundgesetz, Beck'scher Kompakt-Kommentar, 2. Auflage, München 2011, Art. 4, S. 74, Rn. 22.

606 So Morlok, Martin in: Dreier, Horst (Hrsg.): Grundgesetz Kommentar, Band 1, 2. Auflage, Tübingen 2004, Art. 4, S. 510, Rn. 70.

absieht. Damit ein Verbraucher gemäß seines Gewissens handeln kann, bedarf er produktbezogene Informationen. Wenn es dem Verbraucher an Informationen fehlt, kann er die Entscheidung für oder gegen ein Produkt nicht fällen. Entspricht zum Beispiel die Herstellung eines Produkts nicht den moralischen Vorstellungen eines Verbrauchers, steht es ihm frei, von dem Kauf des Produkts abzusehen. Das gelingt jedoch nur, wenn er über diese Informationen verfügt. Werden genau diese Kenntnisse vorenthalten, wird es dem Grundrechtsträger nicht ermöglicht, gemäß seiner Gewisseneinstellung zu leben. Das Verbraucherinformationsgesetz bewerkstelligt diesen Zugang zu den Daten. Der Verbraucher kann mit seinen genauen Fragen an die Behörden herantreten. Es könnte auch an dieser Stelle wieder argumentiert werden, dass es ergiebiger wäre, wenn Informationen aufbereitet und an die Allgemeinheit weitergeleitet würden.

Eine Schranke des Schutzes kann sich durch andere kollidierende Grundrechte ergeben.[607] In dem Verbraucherinformationsgesetz wird unter anderem das kollidierende Grundrecht der Unternehmer an Betriebs- und Geschäftsgeheimnissen berücksichtigt und als Schranke für den Informationszugang genutzt.

6. Das Recht auf Bildung

Neben dem Schutz der Gesundheit und Sicherheit, dem Schutz wirtschaftlicher Interessen, dem Recht auf Wiedergutmachung eines erlittenen Schadens, dem Recht auf Vertretung und dem Recht gehört zu werden, wurde ebenfalls das Recht auf Unterrichtung und Bildung in dem bereits zuvor genannten ersten verbraucherpolitischen Programm der EG-Kommission als eines der fünf fundamentalen Rechte der Verbraucher genannt.[608]

Das Grundgesetz verankert kein explizites Recht auf Bildung. Es ist umstritten, ob sich ein solches Recht aus Art. 7 GG ableiten lässt.[609] Teilweise wird die Gewährleistung aus Art. 12 GG mit Bezug auf die berufliche Bildung und aus Art. 2 Abs. 1 GG[610] als Ausfluss der Allgemeinen Handlungsfreiheit abgeleitet.

607 Vgl. Morlok, Martin in: Dreier, Horst (Hrsg.): Grundgesetz Kommentar, Band 1, 2. Auflage, Tübingen 2004, Art. 4, S. 523, Rn. 100.

608 Siehe Reich, Norbert: Markt und Recht – Theorie und Praxis des Wirtschaftsrechts in der Bundesrepublik Deutschland, Neuwied, Darmstadt 1977, S. 198–199.

609 So dargestellt von Robbers, Gerhard in: Von Mangoldt, Hermann / Klein, Friedrich / Starck, Christian: Grundgesetz Kommentar, Band 1, 6. Auflage, München 2010, Art. 7 GG, S. 768, Rn. 31.

610 In Bezug auf Art. 2 GG Jarass, Hans D. in: Jarass, Hans D./ Pieroth, Bodo (Hrsg.): Grundgesetz für die Bundesrepublik Deutschland, 12. Auflage, München 2012, Art. 2 GG, S. 66, Rn. 6.

Das Bundesverfassungsgericht sagte dazu: „… liegt es nahe, im Recht von Kindern, Jugendlichen und jungen Erwachsenen auf Entwicklung ihrer körperlichen, geistigen und seelischen Kräfte entsprechend ihrer Wesensart auch ein Recht auf Bildung beschlossen zu sehen… Ein Recht auf Bildung könnte sich in einem Anspruch auf Zugang zu öffentlichen Bildungseinrichtungen und auf eine gewisse Freiheit der Bildung durch Rücksichtnahme auf die individuelle Entfaltung, sei es bei der Wahl zwischen Bildungsmöglichkeiten, sei es in der Einflussnahme bei der Darbietung des Lehrstoffes äußern".[611] Auch wenn es in der Natur des Menschen liegt, sich zu bilden, ergibt sich lediglich aus dem Artikel eine Aufsicht des Schulwesens durch den Staat.[612] Bildungsmaßnahmen, die sich z.B. auf Informationen über Unternehmen beziehen, fallen eher nicht in den Bereich, so dass sich hieraus kein Zwang zur Offenlegung aller den Behörden vorliegenden Daten ergibt. Ergäbe sich eine solche Verpflichtung des Staates, müsste es jedem Grundrechtsträger über jedwede in seinem Interesse liegende Informationen zur Verfügung gestellt werden.

7. Ergebnis

Es gibt verschiedene Ansätze, welche Grundrechte und Prinzipien ein Recht auf Informationszugang konstituieren, dazu zählen Art. 5 und Art. 20 GG. Zwar begründen die Normen verschiedene Informationsrechte, jedoch begründet keines die Offenlegung der Daten, die den Behörden vorliegen, die nicht öffentlich sind (wozu insbesondere Betriebs- und Geschäftsgeheimnisse zählen).[613]

Sofern von Produkten Gefahren ausgehen, ist das Recht auf Leben und körperliche Unversehrtheit betroffen. Gesundheitliche Beeinträchtigungen sind individuell zu bewerten. Auch Kranken steht der Schutz zu.[614] Das Recht wird nicht schrankenlos gewährleistet; Eingriffe müssen jedoch verhältnismäßig sein.[615]

---

611 Vgl. BVerfGE 53, 185 (203).

612 So Robbers, Gerhard in: Von Mangoldt, Hermann / Klein, Friedrich / Starck, Christian: Grundgesetz Kommentar, Band 1, 6. Auflage, München 2010, Art. 7 GG, S. 768, Rn. 31.

613 Scherzberg, Arno: Die verfassungsrechtlichen Grundlagen des Informationszugangs in: Fluck, Jürgen / Theuer, Andreas (Hrsg.): Informationsfreiheitsrecht mit Umweltinformations-, Verbraucherinformations- und Informationsweiterverwendungsrecht IFG / UIG / VIG / IWG Kommentar, 27. Aktualisierung, Heidelberg 2011, Band 1, S. 59–63, Rn. 90–95.

614 Siehe dazu Seewald, Ottfried: Zum Verfassungsrecht auf Gesundheit, Berlin 1981, S. 49.

615 So unter anderem Murswiek, Dietrich in: Sachs, Michael (Hrsg.): Grundgesetz-Kommentar, 6. Auflage, München 2011, Art. 2, S. 152, Rn. 164.

Ebenso wie die Unternehmen, haben die Verbraucher ein Recht auf wirtschaftliche Betätigungsfreiheit.[616] Diese kann lediglich ausgeübt werden, wenn der Verbraucher sich aufgrund von Informationen für oder gegen ein Produkt entscheidet. Wie bereits zuvor ausführlich dargestellt, haben Unternehmen einen großen Informationsvorsprung und daraus folgend eine gewisse Machtstellung. Dem gilt es entgegenzuwirken, damit die Wirtschaft auch auf der Seite der Konsumenten funktioniert[617], auch wenn dies Grundrecht ebenfalls Inhalts- und Schrankenbestimmungen unterliegt.[618]

Art. 4 GG garantiert, dass der Einzelne aufgrund seiner religiösen und moralischen Vorstellungen handeln kann.[619] Die Verbraucher können das Recht lediglich umfassend ausüben, wenn ihnen die entsprechenden Produktinformationen vorliegen.

Analog zu den Unternehmen können Verbraucher sich auf die Eigentumsgarantie berufen.[620] Die Freiheit ist einschlägig, wenn zum Beispiel Produkte das Eigentum beschädigen und dies durch vorherige Kenntnis einiger Fakten hätte verhindert werden können. Bei dem Eigentum von Verbrauchern ist regelmäßig ein geringer Sozialbezug, aber ein hoher persönlicher Bezug gegeben.

Das durch das Grundgesetz implizit gewährte Recht auf Bildung findet nach Meinung der Autorin in diesem Konflikt keine Anwendung und wird aus diesem Grunde keine weitere Beachtung finden.

III. Abwägung der Grundrechte

Wie bereits vorhergehend dargestellt, stehen den Informationsinteressen zur Wahrnehmung des Rechts auf körperliche Unversehrtheit, der Gewissensfreiheit, der Eigentumsfreiheit und der wirtschaftliche Betätigungsfreiheit der Verbraucher, dem Vermögenswert des jeweiligen Geheimnisses, dem Ruf, der Werbefreiheit und der wirtschaftlichen Betätigungsfreiheit des Unternehmens

616 Vgl. Sodan, Helge in: Sodan, Helge (Hrsg.), Grundgesetz, Beck'scher Kompakt-Kommentar, 2. Auflage, München 2011, Art. 2, S. 40–43, Rn. 1–8.

617 Siehe Schoch, Friedrich: Das Recht auf Zugang zu staatlichen Informationen – Informationszugangsfreiheit in Deutschland und in der Schweiz, DÖV 2006, S. 1–10 (1–2).

618 Ausführlich dazu Sodan, Helge in: Sodan, Helge (Hrsg.), Grundgesetz, Beck'scher Kompakt-Kommentar, 2. Auflage, München 2011, Art. 2, S. 44, Rn. 11.

619 Dazu näher Morlok, Martin in: Dreier, Horst (Hrsg.): Grundgesetz Kommentar, Band 1, 2. Auflage, Tübingen 2004, Art. 4, S. 500–501, Rn. 41–46.

620 Allgemein Sprißler, Matthias: Öffentlich-rechtlicher Verbraucherschutz – Staatsaufgabe oder Verbraucheranspruch?, Tübingen 1992, S. 140.

gegenüber.[621] Bei der Abwägung der grundrechtlich geschützten Interessen muss ein Ausgleich und keine Verdrängung stattfinden. Das eine Rechtsgut darf nicht aufgrund des anderen völlig weichen und darf nicht in unnötiger Weise beeinträchtigt werden.[622] Ein Eingriff in eines der Grundrechte würde vorliegen, wenn die von dem Gesetz geschützte Freiheit nicht mehr ausgeübt werden kann.[623] Das Ziel ist, dass jedes Recht seine bestmögliche Entfaltung erreicht. Dabei ist bei Betriebs- und Geschäftsgeheimnissen auf die Relevanz im Wettbewerb abzustellen. Wenn ein Unternehmen durch die Offenbarung der Informationen nicht mehr am Markt bestehen kann, ist die Herausgabe stets als unverhältnismäßig anzusehen.[624] Dies gilt gleichermaßen für die Rechte der Verbraucher.

Die Brisanz der Abwägung der Interessen lässt sich auch an dem langen Gesetzgebungsprozess verdeutlichen. Unternehmen sahen eine große Gefahr für ihre geschützten Interessen und Verbraucherschützer eine Möglichkeit, den Schutz der Verbraucher zu verbessern. Aufgrund des Konflikts und der starken Interessenvertretung sehen viele deutsche Gesetze[625] eine Ausnahme für die Offenlegung für Betriebs- und Geschäftsgeheimnisse vor.[626] Im UIG zum Beispiel wurde ein absoluter Schutz der Betriebs- und Geschäftsgeheimnisse in § 8 Abs. 2 S. 1 verankert, obwohl die entsprechende EG-Richtlinie[627] in Art. 3 Abs. 2 lediglich vorsah, dass der Zugang verweigert werden kann und nicht muss.[628] Die Vorgehensweise verdeutlicht den vorsichtigen Umgang mit Unternehmensdaten in Deutschland. Eine derartige Ausnahme gab es auch im ursprünglichen VIG, das

621 Dazu auch Kim, Hyung-Chul: Der Schutz von Betriebs- und Geschäftsgeheimnissen nach dem Umweltinformationsgesetz, Frankfurt am Main 1999, S. 125.

622 Dazu auch Willbrand, Jens: Gesetzlicher Regelungsbedarf von umweltrechtlichen Betriebs- und Geschäftsgeheimnissen, Daten- und Informationsrechtliche Überlegungen zur Neuregelung von § 99 VwGO, Hamburg 2006, S. 88–89.

623 Vgl. Murswiek, Dietrich: Staatliche Warnungen, Wertungen, Kritik als Grundrechtseingriffe – Zur Wirtschafts- und Meinungslenkung durch staatliches Informationshandeln-, DVBl. 1997, S. 1021–1030 (1025).

624 Auf den Punkt Tyczewski, Tomas / Elgeti, Till: Der Schutz von Betriebs- und Geschäftsgeheimnissen im Informationsfreiheitsrecht, NWVBl. 2006, S. 281–286 (284).

625 Vgl. z.B. BImSchG und UIG.

626 So grundlegend Koebke, Max: Das Recht auf Umweltinformation unter besonderer Berücksichtigung des Schutzes von Betriebs- und Geschäftsgeheimnissen und der Paragraphen 207–227 UGB-KomE, Pfaffenweiler 1999, S. 147.

627 Vgl. Richtlinie des Rates vom 07.06.1990 über den freien Zugang zu Informationen über die Umwelt, ABIEG v. 23.06.1990, Nr. L 158, S. 56.

628 Siehe Borchert, Günter: Sind Daten über die Arzneimittelsicherheit Betriebsgeheimnisse?, ZRP 1996, S. 124–127 (125).

überarbeitete Gesetz sieht eine Abwägung der Interessen vor. *Görgen* (2011: 1) zum Beispiel bezeichnet das ursprüngliche Verbraucherinformationsgesetz trotz der Ausnahme als Irrweg und beklagt trotz der Ausnahme Einschnitte in den Rechtsschutz der Unternehmen. Obwohl die Branche einen aktiven Verbraucherschutz betreibe, würde sie aufgrund weniger schwarzer Schafe zu Unrecht angeprangert.[629]

Weiterhin wird kritisiert, dass das VIG prinzipiell für die Offenlegung von Informationen keine Verletzung eines Schutzgutes voraussetzt. Jeder kann Informationen ohne Darlegung eines berechtigten Interesses erfragen.[630] *Helmig* und *Allkemper* (1993: 524–525) sehen das als problematisch an. Eine Offenlegung der Daten könne erst dann stattfinden, wenn ein rechtlich schützenwertes Interesse vorliege, da es erst dann zu einer Kollision mit dem Schutz betrieblicher Informationen komme und diese die Beeinträchtigung rechtfertige. Als Voraussetzung für die Offenlegung müsse entsprechend entweder eine Verletzung oder die Wahrscheinlichkeit einer Verletzung vorliegen und Schadensbegrenzung oder zumindest der Zuspruch von Wiedergutmachungs- und Reparationsansprüchen erzielt werden. Es könne lediglich argumentiert werden, dass durch Erlangen der Informationen ein Präventivschutz gewährleistet würde. Ob dies gelinge, sei ihrer Auffassung nach jedoch fraglich, da es eine Reihe von Sicherheitsbestimmungen für Produkte gäbe. Es sei Aufgabe verschiedener Ämter zu kontrollieren, ob die Bestimmungen eingehalten würden. Nach *Helmigs* und *Allkempers* (1993: 524–525) Auffassung ist fraglich, ob Verbraucher zusätzliche allgemeine Prüfungsmaßstäbe haben.[631] Vorliegend wird die Meinung vertreten, dass Verbraucher durchaus spezielle Anforderungen haben können. Das ist zum Beispiel der Fall, wenn ein Verbraucher bestimmte ethische Vorstellungen hat. Um beurteilen zu können, ob der Kauf dieses Produkts mit der persönlichen Einstellung zu vereinbaren ist, bedarf er z.B. Informationen über die Herstellungsweise. Gerade weil vor dem Erlangen der Informationen nicht festgestellt werden kann, ob gegebenenfalls die Rechte des Verbrauchers berührt werden, ist eine Schutzgutverletzung als Voraussetzung für die Offenlegung als schwierig

---

629 So entgegen der Literatur in Anlehnung an den Verbraucherschutz Görgen, Sabine: Es lebe die „Verbraucherinformationsschutzgemeinschaft"!, Food & Recht Ausgabe 12, 2011, S. 1.

630 Siehe unter anderem Fluck., Jürgen: Verwaltungstransparenz durch Informationsfreiheit – Informationsansprüche nach den Umweltinformation-, Verbraucherinformations- und Informationsfreiheitsgesetzen, DVBl. 2006, S. 1406–1415 (1406).

631 Helmig, Ekkehard / Allkemper, Ludwig: Produktverantwortung und Schutz betrieblicher Daten, CR 1993, S. 520–527 (524–525).

anzusehen. Das VIG dient der Verbesserung der gesundheitsbezogenen Informationen. Dies impliziert, dass es nicht lediglich um die Stillung der Wissbegierde der Verbraucher geht, sondern um die Verbesserung der Gesundheitslage. Das Gesetz wurde auf Bundesebene erlassen, um einen gleichwertigen Schutz auf dem Gebiet der gesamten Bundesrepublik zu erreichen. Das Schutzgut der Gesundheit ist, wie bereits erläutert, als hoch anzusehen. Dadurch könnte, unter Rückgriff auf den Begriff „Risiko" im Polizeirecht, ein Eingriff stattfinden, ohne dass eine hohe Anforderung an die Wahrscheinlichkeit des Eintritts gestellt würde. Ferner sind die Betriebs- und Geschäftsgeheimnisse generell nicht zu offenbaren, außer es besteht ein öffentliches Interesse an der Offenlegung. Somit kann dann im Einzelfall geprüft werden, ob Informationen an den Antragsteller weitergegeben werden. Das VIG enthält zudem neben dem Ausnahmetatbestand bezüglich der Betriebs- und Geschäftsgeheimnisse weitere Vorschriften, die eine vorbehaltlose Vergabe der Unternehmensinformationen verhindern. Da Behörden falsche Daten nicht übermitteln dürfen und Zweifel an der Richtigkeit mitteilen müssen, wird das Risiko, dass falsche (negative) Informationen an die Öffentlichkeit gelangen, abgestuft. Zudem kann kein generelles Ausspionieren stattfinden, da ein Anspruch auf Zugang nur für Informationen im Zusammenhang mit dem LFGB und nicht für umfassende Unternehmensinformationen gegeben ist.[632]

Tremml (1997: 2269) weist (in Bezug auf die Produktsicherheit) kritisch darauf hin, dass eine Gefahr in der fehlenden Expertise seitens der Behörden oder der Verbraucher liegen kann, die zu fehlerhaften Einschätzungen führen kann, was bei der Veröffentlichung von Daten ein großes Risiko für die Unternehmen darstellt.[633] Mitarbeiter der Behörde könnten den Inhalt von Daten unterschätzen und so trotz Ausnahmetatbestand, geheime Informationen preisgeben. Da laut VIG jedoch nur Behörden Anspruchsgegner sind, die Aufgaben oder Tätigkeiten wahrnehmen, die der Erfüllung der in § 1 LFGB genannten Zwecke oder bei Verbraucherprodukten der Gewährleistung von Sicherheit und Gesundheit nach den Vorschriften des Produktsicherheitsgesetzes sowie der auf Grund des Produktsicherheitsgesetzes erlassenen Rechtsverordnungen dienen, liegt eine gewisse Expertise vor, was das Risiko erheblich senkt. Die fehlende Expertise auf Seiten der Verbraucher als Empfänger der Informationen kann durchaus zu Missverständnissen und somit Fehleinschätzungen führen. Dieser Gefahr kann

632 Grundlegend Hahn, Peter / Wellmann, Eva: Verbraucherinformationsgesetz, Hamburg 2008, S. 36.

633 Tremml, Bernd / Nolte, Steffen: Amtshaftung wegen behördlicher Warnungen nach dem Produktsicherheitsgesetz, NJW 1997, S. 2265–2273 (2269).

jedoch teilweise durch eine verständliche Aufbereitung der Informationen und eine umfassende Aufklärung durch die Unternehmen, zum Beispiel in deren Werbung, entgegengewirkt werden.

Wenn Betriebs- und Geschäftsgeheimnisse offengelegt werden, entstehen viele Schäden und Risiken für Unternehmen. Betriebs- und Geschäftsgeheimnisse entstehen durch Leistung, zum Beispiel Forschungsarbeit; sie stellen einen Vermögenswert dar. Die Informationen sichern einen Vorsprung vor den konkurrierenden Unternehmen.[634] Voraussetzung für das Vorliegen eines Betriebs- und Geschäftsgeheimnisses ist die fehlende Offenkundigkeit. Wenn diese durch eine Offenlegung verloren geht, genügen die Informationen nicht mehr den Qualifikationsmerkmalen. Als Folge könnte argumentiert werden, dass das Eigentum nicht mehr nutzbar ist und somit ein unverhältnismäßiger Eingriff vorliegt.[635] Beim VIG werden die Informationen nur punktuell vergeben.[636] Die Betriebs- und Geschäftsgeheimnisse werden dadurch auch nur gegenüber einzelnen Antragstellern offenbart, wodurch eine geringere Gefahr von der Offenlegung ausgeht. Wenn lediglich ein Verbraucher die Daten erhält, ist die Nutzbarkeit der Information eher nicht als eingeschränkt und die Beeinträchtigung nicht als unverhältnismäßig anzusehen.

Erlangen hingegen Wettbewerber anstatt eines Verbrauchers Daten, kann daraus gegebenenfalls eine Verletzung an dem Eigentum an den Informationen an sich und eine Beeinflussung des zukünftigen unternehmerischen Handelns bezüglich der Verwendung dieser Informationen resultieren.[637] Die Wettbewerber können die Informationen nutzen, um ihre Marktposition zu verbessern, ohne vorher etwas geleistet bzw. investiert zu haben. Der Wissens- und damit auch der wirtschaftliche Vorsprung würden bei dem informationshabenden Unternehmen verloren gehen. Laut *Danwitz* (2005: 598) kann deswegen nur durch

---

634 Danwitz, Thomas von: D.I.A.P.: Der Schutz von Betriebs- und Geschäftsgeheimnissen im Recht der Regulierungsverwaltung, DVBl. 2005, S. 597–656 (598).

635 In diesem Sinne Sodan, Helge in: Sodan, Helge (Hrsg.), Grundgesetz, Beck'scher Kompakt-Kommentar, 2. Auflage, München 2011, Art. 14, S. 183, Rn. 34.

636 Dieser Kritikpunkt unter anderem auch angemerkt von Albers, Marion / Ortler, Bettina: Verbraucherschutz und Markttransparenz im Recht der Verbraucherinformation, GewArch 2009, S. 225–230 (226).

637 Auf den Punkt Scherzberg, Arno: Die verfassungsrechtlichen Grundlagen des Informationszugangs in: Fluck, Jürgen / Theuer, Andreas (Hrsg.): Informationsfreiheitsrecht mit Umweltinformations-, Verbraucherinformations- und Informationsweiterverwendungsrecht IFG / UIG / VIG / IWG Kommentar, 27. Aktualisierung, Heidelberg 2011, Band 1, S. 46, Rn. 64.

einen ausreichenden Schutz der Betriebs- und Geschäftsgeheimnisse ein funktionierender Wettbewerb begründet werden.[638] Es kann zwar entgegen der Meinung von *Danwitz* (2005: 598), argumentiert werden, dass gerade die Weitergabe von Informationen marktfördernd wirkt, da der Inhaber dieser Rezeptur unter Innovationsdruck steht, um die derzeitige Marktstellung zu sichern, sobald Konkurrenten Rezepturen oder ähnliches erfragt haben,[639] aber für das betroffene Unternehmen bedeutet die Offenlegung in erster Linie eine Beeinträchtigung in seiner wirtschaftlichen Betätigungsfreiheit und seiner Eigentumsgarantie.

Ein großer Kritikpunkt an dem VIG ist demnach, dass nicht nur Verbraucher, sondern auch Konkurrenten an die Behörden herantreten und Anträge stellen können. Die hohe Publizität ermöglicht ein einfacheres Ausspionieren der Wettbewerber. Viele Unternehmen haben dies erkannt. Es werden Informationen über die jeweils anderen Marktteilnehmer gesammelt und ausgewertet. Einige Unternehmen haben mittlerweile ihre Tätigkeit danach ausgerichtet, Profile von Unternehmen anhand der zugänglichen Daten zu erstellen und dann zu verkaufen.[640]

Zu beachten ist, dass die Unternehmen auch mit Unternehmen aus anderen Ländern konkurrieren und gegebenenfalls die wirtschaftliche Betätigungsfreiheit der inländischen Unternehmen eingeschränkt werden kann.[641] Wenn also Unternehmen A in Deutschland und Belgien Produkte vertreibt, Konkurrent B lediglich in Belgien und durch das Verbraucherinformationsgesetz für das Unternehmen A schädliche Daten publik werden, so ist Unternehmen A im Nachteil, da davon auszugehen ist, dass die „bad publicity" bis über die Grenzen hinaus getragen wird und Verbraucher von dem Kauf der Produkte absehen werden. Zudem können ausländische Konkurrenten an die Behörden herantreten und Informationen über inländische Unternehmen abfragen. Wenn es in deren Sitzland kein ähnliches Gesetz gibt, können die inländischen Unternehmen nicht gleichermaßen verfahren. Eine weitere Problematik besteht darin, dass Behörden gegebenenfalls mehr Informationen über deutsche Unternehmen vorliegen als

---

638 Danwitz, Thomas von, D.I.A.P.: Der Schutz von Betriebs- und Geschäftsgeheimnissen im Recht der Regulierungsverwaltung, DVBl. 2005, S. 597–656 (598).

639 Dazu unter anderem Bundesministerium für Ernährung, Landwirtschaft und Verbraucherschutz: Mehr Information – mehr Transparenz, das neue Verbraucherinformationsgesetz, Berlin 2008, S. 6–8.

640 Ausgeführt am Beispiel „competitor accounting" Frank, Torben: Der Schutz von Unternehmensgeheimnissen im öffentlichen Recht, Frankfurt am Main 2009, S. 161–162.

641 Grundlegend dazu Akkermann, Günther: Die Harmonisierung von öffentlichen Warnungen – Eine Darstellung am Beispiel des Lebensmittelrechts, Regensburg 1998, S. 6.

über ausländische Konkurrenten, die ebenfalls am deutschen Markt auftreten. Auch diese Konstellation würde sich negativ auf die Vertragsfreiheit der deutschen Unternehmen auswirken.

Wenn (ausländische als auch inländische) Unternehmen an die Behörden herantreten hat die Herausgabe von Informationen, die Betriebs- und Geschäftsgeheinisse enthalten, aufgrund der vorgenannten Argumente in der Regel nicht zu erfolgen. Dies ist jedoch im Einzelfall abzuwägen und gegebenenfalls doch vorzunehmen, wenn die öffentlichen Interessen überwiegen.

Neben Konkurrenten stellen häufig Verbraucherschutzverbände Anträge, die die erfragten Daten oftmals online stellen.[642] Der Vorgang birgt ebenfalls eine große Gefahr für die Unternehmen. Eingestellte Informationen im Internet lassen sich nur schwer löschen und sorgen deshalb für eine „nachhaltige Wirkung", selbst wenn Verbesserungen eingetreten sind, und können den Ruf des Unternehmens entsprechend schaden.[643]

Behörden liegen neben den freiwillig übermittelten Daten auch aus Kontrollen ermittelte Daten vor. Unternehmen, die zuerst kontrolliert werden, haben einen Nachteil. Über sie können gegebenenfalls Informationen erfragt werden, die über andere Unternehmen noch nicht vorliegen. Es sollten zügig Nachkontrollen stattfinden, damit die Unternehmen alsbald von etwaigen „Negativlisten" genommen werden können, sofern Verbesserungen erfolgt sind.[644] Andernfalls würde der Wettbewerb verzerrt und auch hier die Unternehmen in ihrer Vertragsfreiheit beeinträchtigt werden.

Eine weitere Problematik für Unternehmen weisen behördliche Warnungen aufgrund des VIG auf, die gegebenenfalls nach den oben genannten Kontrollen vorgenommen werden. Die Warnungen haben ein hohes Maß an Eigendynamik inne, die durch verschiedene Faktoren wie die autoritäre Position der Behörden, die gegebenenfalls einseitige Darstellung der Nachricht und den Empfängerhorizont des Verbrauchers erhöht werden kann.[645] Sie sind schnell und effizient, können ihr Ziel ohne jegliche Verpflichtungen erreichen und sind in der Lage, das genannte Unternehmen, oder sogar die gesamte Branche zu zerstören. Die

---

642 So unter anderem Beck, Rita: Verbraucherinformationsgesetz, Kommentar und Vorschriftensammlung, Stuttgart 2009, S. 8–9.

643 Wiemers, Matthias: Quo vadis, Verbraucherinformationsgesetz?, ZLR 2009, S. 413–437 (424).

644 Ebd., S. 413–437 (424).

645 So in Bezug auf die Produktsicherheit Tremml, Bernd: Amtshaftung wegen behördlicher Warnungen nach dem Produktsicherheitsgesetz, NJW 1997, S. 2265–2273 (2265).

Unternehmen verlieren gegebenenfalls das Ansehen und das Vertrauen der Verbraucher, so dass der Bestand an sich gefährdet ist.[646] Warnungen sind, im Gegensatz zu Empfehlungen oder Hinweisen, ein starkes Instrumentarium und steuern das Verhalten der Verbraucher am ehesten. So wird teilweise argumentiert, dass dem Verbraucher keine andere Wahl bliebe, als dieser inhaltlich zu folgen.[647] Dieser Auffassung ist nicht zuzustimmen, da die Praxis zeigt, dass den Warnungen der Behörden nicht immer gefolgt wird und Verbraucher demnach doch eine Wahl haben. Äußerungen in Bezug auf die gesundheitsschädliche Wirkung von Zigaretten zum Beispiel zeigen eine eher geringe Wirkung auf.[648] Dennoch gibt es auch Beispiele, in denen Informationen über Unternehmen eine weitgehende Wirkung entfaltet haben. 1999 gaben Behörden eine Warnung für Coca-Cola-Getränke heraus, die in Belgien abgefüllt wurden, da sich einige Schüler nach dem Verzehr übergeben mussten. Bis zur Aufklärung der Situation mieden die Verbraucher vermehrt Coca-Cola-Getränke jedes Abfüllorts. Somit hatte die Warnung der Behörde eine Wirkung über dieses konkrete Produkt hinaus auf die gesamte Produktpalette.[649] Eine ähnlich starke Wirkung hatten auch die Warnungen im sog. Birkel-Fall[650], in dem Behörden unter Namensnennung Warnungen über den Verzehr von Produkten aussprachen.

Wie bereits zuvor erwähnt, stellt sich die Frage, ob solche Informationen, wie zum Beispiel über enthaltene Schadstoffe, überhaupt ein Betriebs- und Geschäftsgeheimnis und somit ein grundrechtlich geschütztes Gut darstellen. *Koebke* (1999: 149) nimmt eine Unterteilung vor und bezeichnet Informationen, die zum Beispiel den Gebrauch schädlicher Substanzen zum Inhalt haben, als „negative" Betriebs- und Geschäftsgeheimnisse.[651] Patente zum Beispiel werden

646 So unter anderem Akkermann, Günther: Die Harmonisierung von öffentlichen Warnungen – Eine Darstellung am Beispiel des Lebensmittelrechts, Regensburg 1998, S. 1–2.

647 So in Bezug auf die Produktsicherheit Tremml, Bernd: Amtshaftung wegen behördlicher Warnungen nach dem Produktsicherheitsgesetz, NJW 1997, S. 2265–2273 (2266).

648 Beispielhaft veranschaulicht Murswiek, Dietrich: Staatliche Warnungen, Wertungen, Kritik als Grundrechtseingriffe – Zur Wirtschafts- und Meinungslenkung durch staatliches Informationshandeln-, DVBl. 1997, S. 1021–1030 (1026).

649 Vgl. Schmidt, Rolf: Staatliches Informationshandeln und Grundrechtseingriff, Bremen 2004, S. 34.

650 Vgl. OLG Stuttgart in NJW 1990, S. 2690.

651 Koebke, Max: Das Recht auf Umweltinformation unter besonderer Berücksichtigung des Schutzes von Betriebs- und Geschäftsgeheimnissen und der Paragraphen 207–227 UGB-KomE, Pfaffenweiler 1999, S. 149.

nicht erteilt, wenn die Erfindung gegen „die guten Sitten“ oder „die öffentliche Ordnung“ verstößt (§ 2 Abs. 1 PatG).[652] Und „Berufsverbrecher“ können sich nicht auf den Schutz des Art. 12 GG verlassen, da ihre Tätigkeit als „gemeinschaftsschädlich“ anzusehen ist. Die Ausübung der Tätigkeit der Unternehmen mit den als negativ zu wertenden Informationen ist nicht als „gemeinschaftsschädlich“ *per se* anzusehen; ihr Unternehmen besteht rechtmäßig. Es handelt sich also vielmehr um einzelne Tätigkeiten, wie eine falsche Angabe auf Etiketten, so dass der Betrieb an sich schon geschützt ist. Fraglich ist, ob gerade das Betriebs- oder Geschäftsgeheimnis geschützt ist.[653] Laut *Sprißler* (1992: 109–110) fallen auch gesundheitsschädliche und verbrauchertäuschende Tätigkeiten in den Schutzbereich des Art. 12 GG; es handle sich lediglich um einfachgesetzliche Wertungen. In der Rechtsprechung[654] wurde argumentiert, dass die Gesetze das Grundrecht nicht einschränken können, da diese vorerst den Maßstäben des Grundrechts standhalten müssten.[655] *Kim* (1999: 125) stimmt diesem Ansatz zu und folgert, die Offenlegung von Betriebs- und Geschäftsgeheimnissen könne nicht lediglich durch Verstoß gegen umweltrechtliche Vorschriften oder ähnlichem gerechtfertigt werden.[656] *Sprißler* (1992: 109) argumentiert jedoch auch, dass bei Abwendung einer Beeinträchtigung kein Eingriff in ein Grundrecht stattfindet. In diesen Fällen sind die grundrechtsimmanenten Schranken einschlägig.[657] *Koebke* (1999: 156–157) geht einen Schritt weiter und legt dar, dass diese negativen Geheimnisse außerhalb des Unternehmens liegen, da deren Wert lediglich in der Nichtkenntnis der Verbraucher liegt und schlussfolgert, dass diese nicht als Betriebs- und Geschäftsgeheimnisse zu qualifizieren sind. Sie würden zudem nicht in den Schutzbereich des Art. 14 Abs. 2 GG fallen.[658] Wenn die

652 Näher zu der Diskussion um die „negativen Betriebsgeheimnisse“ Paul, Susanne Natalie: Der Schutz von Wirtschaftsgeheimnissen in Deutschland und Indien, Hamburg 2009, S. 53–54.

653 Scholz, Rupert in:Maunz, Theodor / Dürig, Günter (Begr.): Grundgesetz: Kommentar, Band 2, München 2009- (elektronische Ressource), Art.12, Rn. 36.

654 Vgl. BVerWG, NJW 1991, 1766 (1767).

655 Vgl. Sprißler, Matthias: Öffentlich-rechtlicher Verbraucherschutz – Staatsaufgabe oder Verbraucheranspruch?, Tübingen 1992, S. 109–110.

656 Kim, Hyung-Chul: Der Schutz von Betriebs- und Geschäftsgeheimnissen nach dem Umweltinformationsgesetz, Frankfurt am Main 1999, S. 125.

657 Sprißler, Matthias: Öffentlich-rechtlicher Verbraucherschutz – Staatsaufgabe oder Verbraucheranspruch?, Tübingen 1992, S. 109.

658 Koebke, Max: Das Recht auf Umweltinformation unter besonderer Berücksichtigung des Schutzes von Betriebs- und Geschäftsgeheimnissen und der Paragraphen 207–227 UGB-KomE, Pfaffenweiler 1999, S. 149, 156–157.

Verkaufszahlen nach behördlichen Warnungen aufgrund von Schadstoffen in Lebensmitteln zurückgehen, liegt auch laut *Murswiek* (1997: 1027) kein Eingriff in die Berufsfreiheit vor, da der Rückgang auf die zugeführten Schadstoffe zurückzuführen ist, was nicht in den Verantwortungsbereich der Behörde fällt.[659] Diese Argumentation ist nach Ansicht der Autorin schlüssig und folgt der Doktrin des Bundesverfassungsgerichts. Der Beschluss des Bundesverfassungsgerichts[660] zur „Glykol-Affäre" vom 26. Juni 2002 war eine grundlegende Entscheidung für die staatliche Verbraucherinformation. Das Bundesgesundheitsministerium hatte eine Liste von Weinen mit Angaben der Hersteller herausgegeben, die entgegen der Vorschriften des Weingesetzes Glykol enthielten. Die Hersteller legten gegen diese Veröffentlichung Verfassungsbeschwerde wegen Rufschädigung und dadurch entstandener Umsatzbußen ein. Das Bundesverfassungsgericht stimmte dem nicht zu und führte dazu aus, der Schutz des Art. 12 Abs. 1 GG könne durch rechtliche Regeln eingeschränkt werden. Der Umsatz der Unternehmen unterliege dem Risiko des Erlasses solcher Regelungen. Markttransparenz, auf die die Rechtsordnung abziele, könne nur bewerkstelligt werden, wenn Bürger (auch durch Behörden) informiert werden.[661]

Ein Eingriff lag laut Bundesverfassungsgericht nicht vor, da Unternehmen, die am Markt in Erscheinung treten, sich auch den Regeln dieses Umfelds anpassen müssen. Am Markt finden Qualitätswertungen der Produkte statt und es besteht eine gewisse Transparenz bezüglich der relevanten Faktoren. Die Liste der Behörde hat lediglich zu mehr Transparenz verholfen und stellt damit keinen Eingriff dar. Grund für den verringerten Absatz ist im Endeffekt die schlechte Qualität des Produkts und nicht die Aussage der Behörde.[662]

Ein Eingriff liege erst dann vor, wenn die Informationen sich als falsch erweisen und nicht korrigiert würden.[663] Bei falschen Aussagen kann die Transparenz

---

659 Murswiek, Dietrich: Staatliche Warnungen, Wertungen, Kritik als Grundrechtseingriffe – Zur Wirtschafts- und Meinungslenkung durch staatliches Informationshandeln-, DVBl. 1997, S. 1021–1030 (1027).

660 Vgl. die bereits zuvor zitierte BVerfGE 105, 252.

661 Siehe Hahn, Peter / Wellmann, Eva: Verbraucherinformationsgesetz, Hamburg 2008, S. 15–16.

662 Ausführliche Analyse der Entscheidung des Bundesverfassungsgerichts Murswiek, Dieter: Das Bundesverfassungsgericht und die Dogmatik mittelbarer Grundrechtseingriffe, Zu der Glykol- und der Osho- Entscheidung vom 26.6.2002, NJW 2003, S. 1–8 (2–3).

663 Siehe Manssen, Gerrit in: Von Mangoldt, Hermann / Klein, Friedrich / Starck, Christian: Grundgesetz Kommentar, Band 1, 6. Auflage, München 2010, Art. 12, S. 1122–1123, Rn. 88.

am Markt und dessen Funktionieren nicht positiv beeinflusst werden.[664] Selbst wenn die Richtigkeit der Informationen noch nicht abschließend geklärt ist, kann unter bestimmten Voraussetzungen laut Bundesverfassungsgericht dennoch eine Veröffentlichung stattfinden, um die Verbraucher zu schützen.[665]

Gegen die Einstufung als zu schützendes Betriebs- und Geschäftsgeheimnis spricht auch, dass § 3 S. 3 VIG besagt, dass Verstöße gegen das LFGB keine Betriebs- und Geschäftsgeheimnisse darstellen. Zumindest gelte das für die Daten, die im Zusammenhang mit dem LFGB stehen.[666] Folglich handelt es sich nach Auffassung der Autorin um keinen Eingriff in die Art. 12 und 14 GG, wenn es sich bei den Daten um Informationen bezüglich eventueller Gesundheitsschäden oder ähnlichem handelt.[667] Nicht alle Informationen eines Unternehmens genießen den gleichen Schutz.[668] Diese Daten dürften demgemäß auf Anfrage des Verbrauchers von der Behörde offengelegt werden. Die Einbußen der Verkaufszahlen sind auf das Verhalten der Unternehmen und nicht der Behörden zurückzuführen, so dass keine Verletzung der Rechte der Unternehmen stattfindet.

Die aus der Offenlegung von Betriebs- und Geschäftsgeheimnissen entstehenden Nachteile wurden vorhergehend erläutert. Als Beeinträchtigung in das grundrechtlich geschützte Recht werden nur finale Störungen und im Falle der Betriebs- und Geschäftsgeheimnisse Maßnahmen mit „berufsregelnder Tendenz“ angesehen. Die Verletzung muss mithin eine gewisse Gewichtigkeit aufweisen. Jedoch gilt auch hier, dass gegen das Übermaßverbot verstoßen wird wenn die das Unternehmen in seinem Bestand gefährdet würde.[669] Generell sind

---

664 Vgl. Leibholz, Hans-Justus / Rinck, Gerhard: Grundgesetz Kommentar, Köln 2006, S. 24–25, Rn. 102.

665 Ausführlicher zu der Rechtsprechung des Bundesverfassungsgerichts Murswiek, Dieter: Das Bundesverfassungsgericht und die Dogmatik mittelbarer Grundrechtseingriffe, Zu der Glykol- und der Osho- Entscheidung vom 26.6.2002, NJW 2003, S. 1–8 (8).

666 Zu den Zusammenhängen ausführlicher Albers, Marion / Ortler, Bettina: Verbraucherschutz und Markttransparenz im Recht der Verbraucherinformation, GewArch 2009, S. 225–230 (228–229).

667 So auch Koebke, Max: Das Recht auf Umweltinformation unter besonderer Berücksichtigung des Schutzes von Betriebs- und Geschäftsgeheimnissen und der Paragraphen 207–227 UGB-KomE, Pfaffenweiler 1999, S. 149, 156–157.

668 Vgl. Knemeyer, Franz-Ludwig: Wahrung von Betriebs- und Geschäftsgeheimnissen bei behördlichen Umweltinformationen, DB 1993 S. 721–726 (724).

669 Scherzberg, Arno: Die verfassungsrechtlichen Grundlagen des Informationszugangs in: Fluck, Jürgen / Theuer, Andreas (Hrsg.): Informationsfreiheitsrecht mit Umweltinformations-, Verbraucherinformations- und Informationsweiterverwen-

Einschränkungen des Eigentums gemäß Art. 14 Abs. 2 GG durch das Wohl der Allgemeinheit rechtfertigbar und verhältnismäßige Eingriffe in Art. 12 GG sind ebenfalls durchführbar.[670] *Giesen* (1997: 589–590) schreibt dazu: „Das öffentliche Wohl ist nicht das veröffentlichte Wohl". Fraglich ist somit, ob der Informationszugang von jedermann zum öffentlichen Wohl beitragen kann. Er argumentiert, in einer Demokratie bedeute Öffentlichkeit die Abhebung von den Einzelinteressen zur Öffentlichkeit. Das Prinzip der repräsentativen Demokratie wäre durch einen Informationszugang des Einzelnen untermauert, wenn dem Einzelnen Kontrollfunktionen der Gewalten zukämen. Auch die politische Willensbildung erfolge durch Lobbying und somit im Kollektiv. Ferner begründet er, dass der Informationszugang durch das einfachgesetzliche Presserecht sehr weit ginge und es öffentliche Ausschreibungspflichten, öffentliche Register, Betroffenenrechte und die Gerichtsöffentlichkeit gäbe.[671] Teilweise wird in der Literatur zudem argumentiert, auf Seiten der Verbraucher sei bei der Abwägung der Interessen darauf abzustellen, ob die Information im Interesse vieler liege.[672] Dieser Argumentation ist nach Meinung der Autorin nicht zu folgen. Auf Seiten der Unternehmen wird auch nicht darauf abgestellt, ob im konkreten Fall die Betriebs- und Geschäftsgeheinisse vieler Unternehmen tangiert werden, sondern ob es genau dem einen Betroffenen zuzumuten ist. Und insbesondere weil die verschiedenen Systeme wie das Lobbying nicht so gut auf Seiten der Verbraucher funktionieren, ist auf die Interessen des Einzelnen abzustellen. So stellt auch das Bundesverfassungsgericht[673] fest, dass der Verbraucherschutz in seiner Eigenschaft als Bestandteil des Allgemeinwohls einen Eingriff in die Berufsfreiheit rechtfertigen kann, sofern die Maßnahme verhältnismäßig, geeignet und erforderlich ist. Erforderlich ist ein Eingriff dann, wenn der Verbraucher selbst den Eingriff nicht abwehren kann.[674] Das ist bei dem VIG der Fall, da Verbraucher nicht auf anderem Wege

---

dungsrecht IFG / UIG / VIG / IWG Kommentar, 27. Aktualisierung, Heidelberg 2011, Band 1, S. 47–48, Rn. 65–66.

670 Vgl. Kim, Hyung-Chul: Der Schutz von Betriebs- und Geschäftsgeheimnissen nach dem Umweltinformationsgesetz, Frankfurt am Main 1999, S. 185.

671 Giesen, Thomas: Grundrecht auf Informationszugang? Anmerkungen zu einem basisdemokratischen Teilhaberecht in einer grenzenlosen Informationsgesellschaft, DuD 1997, S. 588–591 (589–590).

672 So Tyczewski, Tomas / Elgeti, Till: Der Schutz von Betriebs- und Geschäftsgeheimnissen im Informationsfreiheitsrecht, NWVBl. 2006, S. 281–286 (284).

673 Vgl. BverfGE 53, 135 (145).

674 Siehe Sprißler, Matthias: Öffentlich-rechtlicher Verbraucherschutz – Staatsaufgabe oder Verbraucheranspruch?, Tübingen 1992, S. 112–113.

an die Informationen gelangen. Die Offenlegung ist die einzige Möglichkeit, die Verbraucherinteressen zu schützen und insofern geeignet. Ob der Eingriff verhältnismäßig ist, ist im Einzelfall zu prüfen.[675]

Es muss sich um einen objektiven Eingriff handeln, das Tätigwerden der Behörde darf auf keinem subjektiven, also in einer Person liegenden, Grund basieren.[676] Beim VIG wählt der Verbraucher, wessen Daten er haben will, prinzipiell können von jedem Unternehmen die Daten erfragt werden. Daher handelt es sich auch eher um eine Veränderung am Markt als um einen Eingriff in die Rechte einer bestimmten juristischen Person. Und wie bereits erläutert, besteht bezüglich solcher Änderungen kein Schutz.

Es wurde bei der Feststellung des Schutzumfangs des Art. 14 GG abgeleitet, dass die Stärke des Eingriffs auch anhand der Personenbezogenheit bemessen wird. Da insbesondere große Unternehmen kaum einen Bezug zu den einzelnen Personen aufweisen, können stärkere Eingriffe vorgenommen werden.[677] Diese Position wird auch dadurch bestärkt, dass bei Eingriffen der soziale Bezug mit in die Beurteilung einfließt. Das Leben, die Gesundheit oder auch allein das Wohlbefinden des Menschen stellen einen großen sozialen Bezug dar. Somit spricht auch dies für die Möglichkeit eines weiten Eingriffs in die Eigentumsgarantie. Wird diesem sozialen Bezug das Interesse des Unternehmens gegenübergestellt, so überwiegt das Interesse des Verbrauchers, da die Unternehmen lediglich ein Profitinteresse aufweisen können.

Das vorgenannte Recht auf körperliche Unversehrtheit hat keinen absoluten Vorrang vor den anderen Rechtsgütern; Ansprüche an Einschränkungen bezüglich des Lebens sind jedoch sehr hoch. Lebensmittel / Produkte, die das Leben beenden würden, sind ohnehin verboten. Aber auch wenn ein Lebensmittel / Produkte eine Veränderung des Körpers hervorruft, wie zum Beispiel einen Ausschlag, wird dies als Eingriff in das Grundrecht gewertet.[678] Durch fehlende

---

675 So grundsätzlich mit Bezug auf das Umweltinformationsgesetz Kim, Hyung-Chul: Der Schutz von Betriebs- und Geschäftsgeheimnissen nach dem Umweltinformationsgesetz, Frankfurt am Main 1999, S. 124–131.

676 Dazu Sprißler, Matthias: Öffentlich-rechtlicher Verbraucherschutz – Staatsaufgabe oder Verbraucheranspruch?, Tübingen 1992, S. 113.

677 So unter anderem Manssen, Gerrit in: Von Mangoldt, Hermann / Klein, Friedrich / Starck, Christian: Grundgesetz Kommentar, Band 1, 6. Auflage, München 2010, Art. 12, S. 1113, Rn. 69.

678 Ausführlicher zum Schutzbereich Jarass, Hans D. in: Jarass, Hans D. / Pieroth, Bodo (Hrsg.): Grundgesetz für die Bundesrepublik Deutschland, 12. Auflage, München 2012, Art. 2 GG, S. 90–92, Rn. 80–87.

Informationen können gegebenenfalls Gesundheitsschäden eintreten. 30% aller Frischfleischproben, die in Niedersachsen und Bayern untersucht wurden, wurden bemängelt. In Bayern wurde die Hälfte dieser sogar als gesundheitsschädlich bewertet.[679] Die Zahlen verdeutlichen, dass der Verbraucher Informationen über Produkte sammeln möchte, damit er seine Gesundheit schützen kann. Zwar tritt diese Problematik auf, da den Behörden diese Informationen zuvor gerade nicht vorlagen,[680] dennoch verdeutlicht diese Zahl die Dringlichkeit des Informationsbedürfnisses und die Bedeutung des VIG. Viele Produkte enthalten zudem Nanobestandteile, welche gegebenenfalls schädlich sein können.[681] Wie bereits erläutert, kann die Eigentumsgarantie durch den sozialen Bezug eingeschränkt werden. Die Gesundheit der Verbraucher stellt einen hohen sozialen Bezug dar und kann somit Beeinträchtigungen der Betriebs- und Geschäftsgeheimnisse begründen. Je höher das Risiko für die Gesundheit, desto eher kann ein Eingriff, also eine Offenlegung der Daten, stattfinden.[682]

Das VIG unterstützt den Verbraucher zudem in der Ausübung der wirtschaftlichen Betätigungsfreiheit, indem es den Verbraucher mit den nötigen Informationen unter anderem zur Qualität versorgen kann. Zwar kann sich das Unternehmen sich auch auf diese Freiheit berufen,[683] jedoch ist der Verbraucher, wie bereits erläutert, in einer weitaus schlechteren Position. Entsprechend dient die Informationsvergabe dem Machtausgleich und ist aus diesem Grund zu befürworten. Dadurch kann das VIG auch, entgegen mancher Auffassung, als wettbewerbsfördernd angesehen werden, da die Verbraucher ihre Position am Markt durch die Informationen verbessern können. Das beste Produkt kann sich erst dann durchsetzen, wenn detaillierte Informationen vorliegen. Andernfalls beruht die Auswahl lediglich auf Reputation, Vertrauen, Gewohnheit und

---

679 Vgl. Bode, Thilo: Gammelfleisch: Wo bleiben die Verbraucherrechte?, ZRP 2006, S. 73–76 (73).

680 Dazu Beck, Rita: Verbraucherinformationsgesetz, Kommentar und Vorschriftensammlung, Stuttgart 2009, S. 7–9.

681 Vgl. Hagen, Kornelia / Way, Christian: Verbraucherpolitik zwischen Markt und Staat in Vierteljahrshefte zur Wirtschaftsforschung, Verbraucherpolitik zwischen Markt und Staat, Berlin 2009, S. 5–29 (6).

682 Grundlegend so auch Willbrand, Jens: Gesetzlicher Regelungsbedarf von umweltrechtlichen Betriebs- und Geschäftsgeheimnissen, Daten- und Informationsrechtliche Überlegungen zur Neuregelung von § 99 VwGO, Hamburg 2006, S. 61–62.

683 Dazu grundlegend Sodan, Helge in: Sodan, Helge (Hrsg.), Grundgesetz, Beck'scher Kompakt-Kommentar, 2. Auflage, München 2011, Art. 2, S. 43, Rn. 8.

ähnlichen Faktoren.[684] Da das allgemeine Informationsdefizit bekannt ist, bleiben Verbraucher oft bei einem Produkt. Es bestehen Zweifel, ob neue Produkte wirklich den Erwartungen entsprechen. Es werden täglich Versprechungen über Produkte in der Werbung gemacht. Verbraucher haben oft erfahren, dass diese nicht eingehalten, beziehungsweise bei Produkten die negativen Eigenschaften verschwiegen wurden. Andererseits wurde festgestellt, dass eine große Menge an Informationen den Verbraucher überfordern und dadurch gegebenenfalls Desinteresse erzeugen kann. Und zum Teil entscheiden sich Verbraucher auch trotz Informationen für ein Produkt, das schlechter ist.[685] Wenn dem Verbraucher jedoch bewusst ist, dass das Produkt schlecht für ihn ist, hat er die Gelegenheit, bei dem nächsten Kauf einen Ausgleich zu erzielen und trotzdem seine wirtschaftliche Betätigungsfreiheit zu nutzen. Ist ihm die Qualität nicht klar, kann auch kein Ausgleich stattfinden.

Neben den oben erläuterten Schutzfunktionen für den Verbraucher, ergeben sich auch für den Staat Vorteile. Durch die gewonnene Transparenz kann das staatliche Handeln von den Bürgern leichter nachvollzogen werden und erhält seine Legitimation. Die Handlungen können durch die Erkenntnisse des Bürgers leichter kontrolliert werden.[686] Durch die Einsichtnahme wird Korruption erschwert und der Qualitätsstandard verbessert, was zugleich die Anzahl der verwaltungsgerichtlichen Streitigkeiten herabsetzten könnte. Ferner ermöglicht es dem Bürger, aktiver in regionale Geschehnisse einzugreifen.[687] Die Informationen erhöhen zugleich die Eigeninitiative, so dass die Behörden entlastet werden.[688] Und die Möglichkeit, dass Behörden gegebenenfalls Verstöße

684 Grundlegend Hagen, Kornelia / Way, Christian: Verbraucherpolitik zwischen Markt und Staat in: Vierteljahrshefte zur Wirtschaftsforschung, Verbraucherpolitik zwischen Markt und Staat, Berlin 2009, S. 5–29 (6).

685 Allgemein zum Verhalten der Verbraucher Reisch, Lucia A. / Öhler, Andreas: Behavorial Economics: Eine neue Grundlage für die Verbraucher? in: Vierteljahrshefte zur Wirtschaftsforschung, Verbraucherpolitik zwischen Markt und Staat, Berlin 2009, S. 30–43 (33–34).

686 Dazu ausführlicher Kim, Hyung-Chul: Der Schutz von Betriebs- und Geschäftsgeheimnissen nach dem Umweltinformationsgesetz, Frankfurt am Main 1999, S. 36.

687 Zu diesem Ergebnis kommt Erdelt, Alexander: Informationszugang und das Recht auf Information, DuD 2003, S. 465–470 (470).

688 Dazu ausführlicher Kim, Hyung-Chul: Der Schutz von Betriebs- und Geschäftsgeheimnissen nach dem Umweltinformationsgesetz, Frankfurt am Main 1999, S. 36.

unter Namensnennung an Dritte weitergeben, oder gar allgemein veröffentlichen, wird Unternehmen dazu anhalten, eher die Vorschriften einzuhalten.[689]

Zusammenfassend kann festgehalten werden, dass Eingriffe in die Grundrechte auf beiden Seiten, sowohl der Verbraucher als auch der Unternehmen, stattfinden können, wenn die Behörde einen Antrag ablehnt oder diesem nachkommt. Es ist im Einzelfall abzuwägen, welche Rechte in wie weit betroffen sind. Es bleibt abzuwarten, wie die Behörden mit der neuen Regelung bezüglich der Abwägung der Interessen vorgehen werden.

IV. Ergebnis

Laut *Fluck* (1994: 1055) kann bei einem Antrag nach dem Umweltinformationsgesetz gemäß § 24 VwVfG[690] eine Begründung des Antrags eingefordert werden, damit die Behörde eine sachgerechte Abwägung treffen kann. Übertragen auf das VIG könnte dies zu einem Lösungsansatz bei dem Interessenkonflikt zwischen den Unternehmen und den Verbrauchern führen. Der Antrag kann weiterhin ohne die Darlegung von Interessen geschehen. Handelt es sich jedoch bei den Daten um Betriebs- und Geschäftsgeheimnisse, könnte durch die Anhörung der Unternehmen und der Verbraucher eine Interessenabwägung erfolgen. Dadurch wäre eine Offenlegung denkbar, wenn das Interesse des Antragstellers überwiegt. Kann der Antragsteller hingegen keine ausreichenden Argumente darlegen, werden die Betriebs- und Geschäftsgeheimnisse nicht offengelegt. *Fluck* (1994, 1055) stellt richtigerweise fest, dass die Grenze dort erreicht wird, wo das Fortbestehen des Unternehmens gefährdet wird.[691] Dies würde auch dem Übermaßverbot nicht gerecht werden. Auf der anderen Seite muss dann jedoch auch argumentiert werden, dass eine Offenlegung auf jeden Fall erfolgen muss, wenn die grundrechtlich geschützten Rechte des Verbrauchers, wie seine körperliche Unversehrtheit, andernfalls ernsthaft und final geschädigt würden. Generell ist die Informationsgewährung nach der Abwägung als geeignet, erforderlich und zumutbar anzusehen. Geeignet ist die Maßnahme, da nur so ein adäquater Informationsfluss gewährleistet werden kann. Die Erforderlichkeit der Maßnahme

---

689 So richtig Bode, Thilo: Gammelfleisch: Wo bleiben die Verbraucherrechte?, ZRP 2006, S. 73–76 (74).

690 Verwaltungsverfahrensgesetz in der Fassung der Bekanntmachung vom 23.01.2003 (BGBl. I S. 102), das zuletzt durch Artikel 3 des Gesetzes vom 25.07.2013 (BGBl. I S. 2749) geändert worden ist.

691 Fluck, Jürgen: Der Schutz von Unternehmensdaten im Umweltinformationsgesetz, NVwZ 1994, S. 1048–1056 (1055).

ist gegeben, da es sich um die einzige Möglichkeit handelt, den Informationsfluss zu einer breiten Masse zu gewährleisten. Zumutbar ist die Maßnahme weil beziehungsweise solange sie keine gravierenden Einschnitte in das Eigentumsrecht verursacht.[692]

Sprißler (1992: 110) argumentiert richtig, dass derjenige, der sich auf die Gewerbefreiheit bei Angelegenheiten des Verbraucherschutzes beruft, nicht gewillt ist, die Wünsche der Verbraucher in Bezug auf die Gesundheit, Informationen, einen fairen Preis etc. zu gewähren. Somit stehen der Verbraucherschutz und die Gewerbefreiheit nur dann im Konflikt, wenn dieser nicht „wohlverstanden" ist.[693] Dieser Ansicht ist generell zu folgen. Dennoch ist zu beachten, dass durch das Verbraucherinformationsgesetz ohne Rücksicht auf die Betriebs- und Geschäftsgeheimnisse auch Dinge preisgegeben würden, die eventuell keinen verbraucherschützenden Aspekt aufweisen. Ist eine Rezeptur zum Beispiel in Ordnung, zieht der Verbraucher aus der Publikation der Information keinen wirklichen Vorteil (außer der Erkenntnis, dass dieses Produkt wirklich seinen Vorstellungen entspricht), das Unternehmen hingegen hat einen wichtigen Unternehmenswert aufgegeben und gewinnt nichts (außer gegebenenfalls einen zufriedenen Kunden) hinzu. Dem könnten die Unternehmen jedoch entgegenwirken, indem sie viele Informationen preisgeben und somit Anfragen seitens der Verbraucher vorbeugen. Zudem ist zu fragen: Ist es nicht ein immanenter Aspekt, dass Inhalte, Herkunft etc. der Produkte von Unternehmen, die in der Lebensmittelindustrie auftreten, öffentlich sind? So haben Personen der Öffentlichkeit heutzutage auch zu akzeptieren, dass sie nicht nur bei der Ausübung des Berufs als öffentlich angesehen werden, auch wenn diese Informationen ihrem Ruf schaden. Die Anfragen der einzelnen Verbraucher sind zudem als relativ unproblematisch einzuordnen. Problematischer ist hingegen, dass auch andere Unternehmen die Informationen abfragen können. Dies könnte jedoch auch nicht durch Beschränkung des Zugangs auf natürliche Personen umgangen werden, da in diesem Fall Mitarbeiter als natürliche Personen auftreten und die entsprechenden Informationen in deren Unternehmen verwenden könnten. Vielmehr sollte in der Abwägung mit einbezogen werden, welche Interessen des Konkurrenten an der Offenlegung und welche des informationsinnehabenden Unternehmens bestehen.

---

692 Grundlegend dazu Brammsen, Joerg: Wirtschaftsgeheimnisse als Verfassungseigentum – Der Schutz der Betriebs- und Geschäftsgeheimnisse gem. Art. 14 GG, DÖV 2007, S. 10–17 (16).

693 Sprißler, Matthias: Öffentlich-rechtlicher Verbraucherschutz – Staatsaufgabe oder Verbraucheranspruch?, Tübingen 1992, S. 110.

Insgesamt betrachtet müssen die Rechte der Unternehmen Beachtung finden. Dennoch sollte das VIG weiter ausgebaut und damit dem Ziel, die Verbraucherinteressen zu stärken, näher rücken. Eine Vorenthaltung der Informationen sind die Ausnahme und nur dann von der Behörde nach der Abwägung vorzunehmen, wenn es im Einzelfall zur Erhaltung des Schutzgutes erforderlich ist.[694]

694 So auch Scherzberg, Arno: Die verfassungsrechtlichen Grundlagen des Informationszugangs in: Fluck, Jürgen / Theuer, Andreas (Hrsg.): Informationsfreiheitsrecht mit Umweltinformations-, Verbraucherinformations- und Informationsweiterverwendungsrecht IFG / UIG / VIG / IWG Kommentar, 27. Aktualisierung, Heidelberg 2011, Band 1, S. 48–49, Rn. 68.

G. Die Grundrechtslage in den Vereinigten Staaten von Amerika

I. Entwicklung und Allgemeines

Bevor die einzelnen einschlägigen Rechte untersucht werden, soll auf einige Besonderheiten der amerikanischen Verfassung eingegangen werden.

Das Bundesverfassungsgericht Deutschlands ist mit vielen Kompetenzen ausgestattet; nur so kann der Kontrollmechanismus gegenüber der Politik gewährleistet werden. Die Erkenntnis der Notwendigkeit eines solchen Mechanismus stammt insbesondere aus den Erfahrungen mit der nationalsozialistischen Diktatur. Die Grenze der Zuständigkeit des Bundesverfassungsgerichts ergibt sich aus der Verfassung selbst.[695] In den Vereinigten Staaten von Amerika hingegen wird die Rolle des Supreme Courts nicht aufgrund geschichtlicher Ereignisse legitimiert und die Verfassung weist ihm ebenfalls keine explizite Ermächtigung zu. So wird die Frage aufgeworfen, warum die Richter demokratisch legitimierte Politiker kontrollieren sollten. In *Marbury v. Madison*[696] wurde festgestellt, dass ein richterliches Prüfungsrecht existiert.[697]

Der Supreme Court ist kein Spezialgericht und entscheidet auch über Verwaltungssachen.[698] Aufgrund des Prinzips der sog. „stare decisis" sind die obergerichtlichen Entscheidungen bindend für die anderen Gerichte. Daraus resultiert auch, dass eine Qualifikation als Grundrecht relativ beständig ist, wenn diese vom Supreme Court vorgenommen wurde.[699] Die Richter werden von dem

---

695 Ausführlicher zu der Rolle des Bundesverfassungsgerichts Simons, Cornelius: Grundrechte und Gestaltungsspielraum – Eine rechtsvergleichende Untersuchung zum Prüfungsinstrumentarium von Bundesverfassungsgericht und US-amerikanischem Supreme Court bei der Normenkontrolle, Berlin 1999, S. 17–22.

696 *Marbury v. Madison*, 5 U.S. (1 Cranch) 137 (1803).

697 Siehe Simons, Cornelius: Grundrechte und Gestaltungsspielraum – Eine rechtsvergleichende Untersuchung zum Prüfungsinstrumentarium von Bundesverfassungsgericht und US-amerikanischem Supreme Court bei der Normenkontrolle, Berlin 1999, S. 22–46.

698 Dazu Kende, Mark S.: Constitutional Rights in Two Worlds – South Africa and the United States, Camebridge 2009, S. 45–46.

699 Ausführlicher Johnson, Nancy C. in: Grabitz, Eberhard (Hrsg.): Grundrechte in Europa und den USA, Band I, Strukturen nationaler Systeme, Kehl am Rhein 1986, S. 889.

Präsidenten nominiert und vom Senat bestätigt.[700] Infolgedessen könnte kritisiert werden, dass die Gerichte nicht komplett unabhängig handeln können, da die Richter um ihre Wiederwahl fürchten müssen.

Die Verfassung der Vereinigten Staaten von Amerika enthielt anfänglich lediglich zwei Artikel, die als Grundrechte angesehen werden konnten. Erst die Erweiterung durch die „Bill of Rights" und die „Civil War Amendments" haben eine Anzahl an Grundrechten in der Verfassung verankert. Die Bill of Rights bestehen aus den Zusatzartikeln 1 bis 10, die sich vorerst lediglich an die Bundesebene richteten. Die Civil War Amendments sind die Zusatzartikel 13 bis 15, wobei die einzelnen Staaten Adressat des Zusatzartikels 14 waren und die Zusatzartikel 13 und 15 an Bund und Staaten adressiert waren. Heutzutage wird jedoch die Auffassung verfolgt, die meisten der Bill of Rights richten sich ebenfalls an die Staaten und der Bund wird sowohl durch den 5. Verfassungszusatz als auch durch den 14. Zusatzartikel gebunden.[701] Insgesamt sind die in der Verfassung der Vereinigten Staaten von Amerika geschützten Rechte nicht mit den Grundrechten in Deutschland vergleichbar, was im Folgenden ausführlicher thematisiert wird. Somit ist die Prüfung, ob der FOIA den Anforderungen der Verfassung gerecht wird, nicht mit der des VIG anhand der Grundrechte gleichzustellen.

II. Die einschlägigen Grundrechte der Unternehmen

1. Der Schutz der Betriebs- und Geschäftsgeheimnisse

Bereits aus dem Jahr 1837 stammt die erste aufgezeichnete Gerichtsentscheidung betreffend der Betriebs- und Geschäftsgeheimnisse der USA, *Vickery v. Welch*[702]. 1868 wurden Betriebs- und Geschäftsgeheimnisse erstmals in *Peabody v. Norfolk*[703] unter den Eigentumsbegriff gefasst.[704] Daraus lässt sich ableiten, dass diese Thematik früh Beachtung fand.

700 Dazu Kende, Mark S.: Constitutional Rights in Two Worlds – South Africa and the United States, Camebridge 2009, S. 45–46.

701 Ausführlicher Lange, Friederike Valerie: Grundrechtsbindung des Gesetzgebers, Eine rechtsvergleichende Studie zu Deutschland, Frankreich und den USA, Tübingen 2010, S. 43–46.

702 Vgl. *Vickery v. Welch*, 36 Mass. (19 Pick.) 523 (1837).

703 Vgl. *Peabody v. Norfolk*, 98 Mass. 452 (1868).

704 Siehe Kohler, Rainer M.: Trade Secrets, 7 B.C. Indus. & Com. L. Rev. 1965–1966, S. 324–332 (324).

Es gibt keine Bestimmung in der Verfassung, die die Betriebs- und Geschäftsgeheimnisse explizit schützt.[705] Sie werden jedoch als Eigentum angesehen und damit durch den 5. und 14. Verfassungszusatz geschützt.[706] Prinzipiell sind in den Vereinigten Staaten von Amerika Staatsbürger, Staatsangehörige, ständig Aufenthaltsberechtigte und rechtmäßig Eingereiste Grundrechtsträger. Dies ist der Fall, wenn gemäß der Verfassungsnorm, so wie bei den für das Eigentum relevanten Normen, „person“ oder „people“ geschützt werden, oder dieser Schutz implizit festgelegt wird.[707] Nicht-rechtmäßig Eingereisten stehen lediglich teilweise die Grundrechte zu, die des 14. Zusatzes zum Beispiel nicht. Juristische Personen hingegen können sich auf die verfahrensrechtlichen und materiellen Bestimmungen dieses Verfassungszusatzes berufen. Das gilt ebenso für ausländische juristische Personen, denen fast ausnahmslos der gleiche Schutz zusteht wie den inländischen juristischen Personen. Der Oberste Gerichtshof hat in seinen Entscheidungen bisher jedoch offen gelassen, ob der Schutz der Grundrechte bei natürlichen Personen weiter geht als bei den juristischen Personen.[708]

In den Vereinigten Staaten von Amerika besteht ein starker Schutz des Eigentums gegenüber staatlichen Eingriffen. Eigentum darf nicht für einen lediglich privaten Nutzen, ohne ein faires Verfahren und ohne gerechte Entschädigung bei einer Entziehung aufgrund eines öffentlichen Zwecks enteignet werden. Konkret schützen der 5. und 14. Zusatzartikel vor der Enteignung ohne Entschädigung und vor der Entziehung des Eigentums ohne ein faires Verfahren.[709] Auf den ersten Blick scheint es sich bei den Generalklauseln des 5. und 14. Verfassungszusatzes um ein prozessuales Recht zu handeln. Im 5. Zusatzartikel heißt es: „(niemand) soll gezwungen werden, in einem Strafverfahren als Zeuge gegen sich selbst auszusagen, noch soll ihm Leben, Freiheit oder Eigentum ohne gehöriges Rechtsverfahren entzogen werden“. Zunächst war diese Klausel laut Auffassung

705 Vgl. Sandeen, Sharon K: The Cinderella of Intellectual Property Law. Trade Secrets in: Yu, Peter K. Intellectual Property and Information Wealth – Issues and Practices in the Digital Age, Westport 2007, S. 399.

706 So unter anderem Note: Trade Secrets in Discovery: From First Amendment Disclosure to Fifth Amendment Protection, Harv. L. Rev. 1991, S. 1330–1349 (1332).

707 Brugger, Winfried: Einführung in das öffentliche Recht der USA, 2. Auflage, München 2001, S. 94–95.

708 Johnson, Nancy C. in Grabitz, Eberhard (Hrsg.): Grundrechte in Europa und den USA, Band I, Strukturen nationaler Systeme, Kehl am Rhein 1986, S. 922–926.

709 Ausführlicher zu dem Eigentumsschutz Hiller, Kinga: Eigentumsgarantie und Eigentumsverständnis in der Rechtsprechung des Ungarischen Verfassungsgerichts. Unter vergleichender Berücksichtigung der Rechtsprechung des Supreme Court der USA und des deutschen Bundesverfassungsgerichts, Berlin 2001, S. 155–156, 168.

der Gerichte nur auf Strafverfahren anzuwenden. Im Laufe des 19. Jahrhunderts wurde dann auch der substanzielle Gedanke der Klausel anerkannt, so dass sie als Schranke staatlichen Handelns diente. Die Gerichte haben dann nach und nach Grundsätze entwickelt, inwieweit Gesetze anhand der Klausel geprüft werden müssen. Eingriffe in die in dem 5. Verfassungszusatz niedergelegten Rechte müssen vernünftig sein; mithin darf keine Willkür bestehen und die Handlung muss im zulässigen Rahmen erfolgen. Zudem muss eine Abwägung der Interessen stattfinden und der kleinstmögliche Eingriff gewählt werden. Bei der Überprüfung von Gesetzen wurden diese Grundsätze jedoch später nicht mehr im gleichen Maße angewandt.[710] Es wurden zwei Prüfungsmaßstäbe entwickelt, die zweistufig sind, der „rational basis test" und der „strict scrutiny test". Der „intermediate level of scrutiny test" stellt einen vermittelnden Ansatz dar und teilweise wird der flexiblere „sliding scale test" von den Gerichten angewandt. Beim „rational basis test" wird lediglich darauf abgestellt, ob die staatliche Handlung willkürlich war, oder ob ein legitimes öffentliches Interesse vorlag und wird in erster Linie dann angewandt, wenn eine Einschränkung unbenannter Freiheitsinteressen vorliegt. Die Beweislast liegt beim Kläger. Beim „strict scrutiny test" hingegen muss der Staat beweisen, dass ein wichtiges, drängendes öffentliches Interesse vorlag und ein erforderliches und geeignetes Mittel benutzt wurde. Die Anwendung erfolgt bei Eingriffen in spezifisch erwähnte oder vom Gericht entwickelte Grundrechte. Beim „intermediate level of scrutiny test" muss das öffentliche Interesse lediglich „erheblich" sein und „das gewählte Mittel" muss mehr als nur die Möglichkeit der Unterstützung des Gemeininteresses haben. Beim „sliding scale test" bestimmen die Eingriffsintensität und die Fundamentalität des jeweiligen Grundrechts das erforderliche Gewicht des öffentlichen Interesses und die Stärke der Zweck-Mittel-Prüfung. Dieser Prüfungsmaßstab hat bisher jedoch noch nicht die Mehrheit der Richter überzeugt.[711] Unter den Begriff des öffentlichen Interesses fallen die Gesundheit, Sicherheit oder Moral der Bevölkerung sowie sonstige soziale, politische oder ästhetische Zwecke.[712]

Insbesondere wird ein Schutz des Eigentums durch die so genannte im 5. Verfassungszusatzes niedergelegte „takings clause" laut herrschender Meinung gewährleistet. Die Klausel bestimmt, dass „kein privates Eigentum zum

---

710 Carstens, Karl: Grundgedanken der amerikanischen Verfassung und ihre Verwirklichung, Berlin 1954, S. 161–163.

711 Brugger, Winfried: Einführung in das öffentliche Recht der USA, 2. Auflage, München 2001, S. 101–103.

712 Siehe ders.: Grundrechte und Verfassungsgerichtsbarkeit in den Vereinigten Staaten von Amerika, Tübingen 1987, S. 66–67.

öffentlichen Nutzen ohne Entschädigung genommen werden darf".[713] Das Konzept bezüglich des Eigentums scheint der deutschen Enteignung zu ähneln. Der Begriff des Eigentums wird nicht definiert, so dass ein Rückgriff auf andere Bundesgesetze nötig ist.[714] Es handelt sich laut Supreme Court um „ein Bündel von Rechten". Mithin wurde der Begriff, wie in Deutschland, den wirtschaftlichen Entwicklungen angepasst und umfasst nicht mehr nur die klassischen Eigentümer wie Grundstücke.[715] Als „taken" gilt Eigentum erst dann, wenn zu viele wichtige Bestandteile des Eigentums durch das staatliche Handeln entnommen wurden. Die Rechtsprechung hat dafür noch keinen einheitlichen Maßstab entwickelt. Gegenstimmen argumentieren, das Prinzip könne nicht auf Betriebs- und Geschäftsgeheimnisse angewandt werden; sie bestünden im Grunde nur aus einem Bestandteil.[716] Weitergehend wird beanstandet, dass Betriebs- und Geschäftsgeheimnisse auch den Voraussetzungen zur Qualifikation als Eigentum nicht gerecht würden. Es finde keine Zuordnung zu einem einzigen Eigentümer statt, da mehrere Unternehmen unabhängig und ohne Kenntnis voneinander die gleichen Informationen nutzen können.[717] Dieser Auffassung ist nicht zu folgen. Gemäß der Definition der Betriebs- und Geschäftsgeheimnisse in Deutschland zum Beispiel ist die Betriebszugehörigkeit eine Bestandsvoraussetzung.

Die Auslegung des öffentlichen Zwecks als Voraussetzung des „takings" geht sehr weit. Gemäß der Entscheidung im Fall *Berman v. Parker*[718], dem bedeutendsten Urteil in dieser Sache, ist „das Verständnis öffentlicher Wohlfahrt breit und umfassend. Die verkörperten Werte sind geistig und materiell, ästhetisch und finanziell. Die Gesetzgebung hat die Ermächtigung, zu beschließen, dass die Gemeinschaft schön und gesund, geräumig und sauber, ausgewogen und

---

713 Epstein, Richard A: The Constitutional Protection of Trade Secrets under the Takings Clause, U. Chi. L. Rev. 2004, S. 57–73 (58).

714 Siehe Janka, John C.: Federal Disclosure Statutes and the Fifth Amendment: The new Status of Trade Secrets, U. Chi. L. Rev. 1987, S. 334–368 (339).

715 Hiller, Kinga: Eigentumsgarantie und Eigentumsverständnis in der Rechtsprechung des Ungarischen Verfassungsgerichts. Unter vergleichender Berücksichtigung der Rechtsprechung des Supreme Court der USA und des deutschen Bundesverfassungsgerichts, Berlin 2001, S. 172.

716 Janka, John C.: Federal Disclosure Statutes and the Fifth Amendment: The new Status of Trade Secrets, U. Chi. L. Rev. 1987, S. 334–368 (342–348).

717 Zu dieser Diskussion Epstein, Richard A: The Constitutional Protection of Trade Secrets under the Takings Clause, U. Chi. L. Rev. 2004, S. 57–73 (59).

718 Vgl. *Berman v. Parker*, 348 U.S. 26, 75 S.Ct. 98, 99 L. Ed. 27 (1954).

sorgsam behütet sein soll."[719] Im Gegensatz zu den deutschen Bestimmungen sieht der Bill of Rights keine generelle Sozialbindung des Eigentums vor. Ein zusätzlicher Unterschied ist, dass eine Regulierung zu einer Enteignung wird, wenn diese sehr weit geht. Mithin sind Einschränkungen bezüglich Grundstücken entschädigungspflichtig, wenn die wirtschaftliche Nutzung ausgeschlossen wird und keine entsprechenden vorrangigen staatlichen Interessen vorliegen.[720] Auf die Betriebs- und Geschäftsgeheimnisse übertragen, müssten ebenfalls Entschädigungen gezahlt werden und öffentliche Zwecke vorliegen, wenn Betriebs- und Geschäftsgeheimnisse offenbart würden und damit nicht mehr nutzbar wären, damit keine Verletzung des 5. Verfassungszusatzes vorläge. Eine rein private Nutzung würde mithin eine Verletzung des konstitutionell abgesicherten Rechts darstellen.[721] Wie bereits zuvor dargestellt, gelten die Gesundheit, Sicherheit und Moral der Gesellschaft als öffentliches Interesse.[722] Da die Anfragen von Verbrauchern zumeist einen moralischen oder gesundheitsbezogenen Hintergrund haben (und die Daten danach in den reading rooms veröffentlicht werden und somit der Allgemeinheit zur Verfügung stehen), stellen sie ein öffentliches Interesse dar. Gleiches gilt nicht für Anfragen von anderen Unternehmen.

Erwähnenswert ist zudem die Entscheidung des Supreme Courts in *Ruckelshaus v. Monsanto Co.*[723]. Das Gericht stellte bei der Frage, ob durch die Offenlegung von Betriebs- und Geschäftsgeheimnissen ein Verstoß gegen den 5. Verfassungszusatz vorliegt, darauf ab, ob ein Versprechen zur Geheimhaltung seitens der Behörde vorliegt. Weiterhin könne ein Unternehmen, das an einem Markt besteht, der „von großem öffentlichen Interesse ist und staatlich reguliert wird", nicht von einer Geheimhaltung seiner Daten ausgehen, wenn keine

719 Hiller, Kinga: Eigentumsgarantie und Eigentumsverständnis in der Rechtsprechung des Ungarischen Verfassungsgerichts. Unter vergleichender Berücksichtigung der Rechtsprechung des Supreme Court der USA und des deutschen Bundesverfassungsgerichts, Berlin 2001, S. 185.

720 Vgl. ebd., S. 157, 188–189.

721 Insbesondere veranschaulicht anhand der Rechtsprechung Rowe, Elizabeth A.: Striking a Balance: When should Trade-Secret Law shield Disclosures to the Government?, 96 Iowa L. Rev. 2010–2011, S. 791–835 (808).

722 Siehe Brugger, Winfried: Grundrechte und Verfassungsgerichtsbarkeit in den Vereinigten Staaten von Amerika, Tübingen 1987, S. 66–67.

723 Vgl. *Ruckelshaus v. Monsanto Co.*, 467 U.S. 986 (1984).

explizite Garantie dafür gegeben wurde.[724] Der Bereich der Verbraucherprodukte ist von großem öffentlichen Interesse und trägt eine Menge behördlicher Aktivitäten. Dennoch ist nach Ansicht der Autorin nicht davon auszugehen, dass alle betriebsbezogenen Informationen ohne weiteres an Antragsteller übermittelt werden dürfen. Eine derartig generelle Erlaubnis würde zu weit gehen. Gerade in den regulierten Märkten liegen den Behörden besonders viele Informationen vor. Würde eine Herausgabe ohne jegliche Prüfung oder Abwägung möglich sein, wäre der Schutz der Betriebs- und Geschäftsgeheimnisse untergraben. Weiterhin wurde von dem Gericht keine klare Abgrenzung vorgenommen. Die jeweiligen Faktoren großes öffentliches Interesse und staatliche Regulierung sind nicht definierbar und können weit ausgelegt werden.

2. Die Vertragsfreiheit

Die Vertragsfreiheit wird unter anderem aus der oben genannten Eigentumsgarantie abgeleitet, die aus dem 5. und 14. Verfassungszusatz abgeleitet wird.[725] Der Supreme Court führte dazu aus: „Die in der due process -Klausel angesprochene Freiheit bezieht sich nicht nur auf das Recht des Bürgers, Freiheit von bloß körperlicher Beschränkung seiner Person – etwa durch Einkerkerung – zu genießen; der Begriff soll das Recht des Bürgers umfassen, alle seine Fähigkeiten zu genießen; sie in jeder gesetzmäßigen Richtung auszuüben; zu leben und zu arbeiten, wo er will; seinen Lebensunterhalt durch jeden gesetzmäßigen Beruf zu verdienen; jeder Beschäftigung oder jedem Beruf nachgehen zu können. Zu diesem Zweck hat er das Recht, alle Verträge zu schließen, die im Hinblick auf die Verwirklichung der oben genannten Ziele angemessen, notwendig und wesentlich sind. In dem Privileg, einem gewöhnlichen Beruf oder Handel nachgehen und Eigentum erwerben, behalten und verkaufen zu können, muss auch das Recht enthalten sein, alle hierfür geeigneten Verträge abschließen zu können (…)“[726]. Durch diese Freiheit wird es den Unternehmen ermöglicht, über das Eigentum zu verfügen.[727] Auf diese Freiheit berief sich ein Bäcker in dem

724 Rowe, Elizabeth A.: Striking a Balance: When should Trade-Secret Law shield Disclosures to the Government?, 96 Iowa L. Rev. 2010–2011, S. 791–835 (802).

725 Vgl. Carstens, Karl: Grundgedanken der amerikanischen Verfassung und ihre Verwirklichung, Berlin 1954, S. 162.

726 Vgl. *Allgeyer v. Louisiana*, 165 U.S. 578 (589, 591) (1879); Brugger, Winfried: Grundrechte und Verfassungsgerichtsbarkeit in den Vereinigten Staaten von Amerika, Tübingen 1987, S. 55.

727 Siehe Carstens, Karl: Grundgedanken der amerikanischen Verfassung und ihre Verwirklichung, Berlin 1954, S. 162.

Fall *Lochner v. New York*[728] und befand ein Gesetz, das die Arbeitszeiten von Angestellten einer Bäckerei auf 60 Stunden pro Woche beschränkte, als verfassungswidrig. Die Richter gaben ihm Recht und von da an wurde von den Gerichten folgender Prüfungsmaßstab angewandt: (1) Freiheit und Eigentum im Sinne der Verfassungszusätze 5 und 14, unter welche auch die Vertragsfreiheit zu fassen ist, sind fundamentale Rechte der Verfassung. (2) Ein Eingriff kann aufgrund des wirtschaftsliberalen Verständnisses nicht allein auf arbeitsrechtliche Regelungen, (3) sondern muss auf polizeiliche Zuständigkeiten im Hinblick auf die Sicherheit, Gesundheit, Wohlfahrt und Moral der Bevölkerung basieren. (4) Die Intensität des öffentlichen Interesses muss zumindest substanziell sein und im direkten Zusammenhang stehen. Dieser Maßstab wurde in den dreißiger Jahren überholt. Es wurde der rationale basis test entwickelt, demgemäß Regelungen dann verfassungswidrig sind, wenn ihr Ziel und die Mittel-Zweck-Beziehung nachweislich willkürlich oder irrational sind. Dieser Test lässt einen weitgehenden Erlass von Regelungen zu, so dass auf dessen Basis kaum ein Gesetz für verfassungswidrig erklärt und die Wirtschaft so relativ leicht reguliert werden kann.[729]

Eine dritte Quelle, die einen Schutz gewährt, ist Artikel I, Ziffer 10. Gemäß dieser so genannten „Contracts Clause" dürfen die Einzelstaaten keine Gesetze erlassen, die Vertragspflichten beeinflussen.[730] Die einzelnen Bundesstaaten dürfen keinerlei Gesetze erlassen, die ordnungsgemäß zustande gekommene Verträge beeinflussen. Zunächst ließ die Rechtsprechung des Supreme Court absolut keinerlei Eingriffe zu. Er entschied 1810 in *Fletcher v. Peck*[731], in dem der Kläger Land verkaufte und der Vertrag durch ein Gesetz des Bundesstaats Georgia beeinflusst wurde, dass diese bundesstaatliche Regelung nicht verfassungskonform sei, da sie einen privatrechtlichen Vertrag beeinflusse. Diese Entscheidung wurde jedoch 1934 in *Home Building & Loan Association v. Blaisdell*[732] überholt. Der Supreme Court hielt ein Gesetz aus Minnesota aufrecht, das vorsah, dass belastete Grundstücke nicht weiter veräußert werden konnten. In dieser Entscheidung stellte das Gericht insbesondere auf die soziale Bedeutung ab und spiegelt auch die heutige Auffassung wider. Ein Eingriff in die Vertragsfreiheit kann durch Interessen der

---

728 Vgl. *Lochner v. New York*, 198 U.S. 45 (1905).

729 Dazu ausführlicher Brugger, Winfried: Grundrechte und Verfassungsgerichtsbarkeit in den Vereinigten Staaten von Amerika, Tübingen 1987, S. 55–60.

730 Vgl. Giegerich, Thomas: Privatwirkung der Grundrechte in den USA, Heidelberg 1992, S. 73.

731 Vgl. *Fletcher v. Peck,* 10 U.S. 87 (1810).

732 Vgl. *Home Building & Loan Association v. Blaisdell,* 290 U.S. 398 (1934).

Öffentlichkeit gerechtfertigt werden.[733] Verbraucherinformationen dienen regelmäßig einem Interesse der Öffentlichkeit und weisen eine soziale Bedeutung auf. Wird ein Unternehmen durch die Herausgabe von Informationen an einem Vertragsschluss gehindert, könnte die Handlung generell einen gerechtfertigten Eingriff darstellen.

3. Die Meinungsfreiheit

Das in dem 1. Zusatzartikel der U.S.-Verfassung verankerte Recht auf Meinungsfreiheit umfasst auch die Werbefreiheit. Unterschieden wird dabei in verschiedene Formen der Meinungsfreiheit, die dann die jeweilige Reichweite bestimmt. In der vorliegenden Problematik ist die gewerbliche Meinungsfreiheit einschlägig. 1980 urteilte das Oberste U.S. Bundesgericht, dass „staatliche Beschränkungen der wahren, nicht täuschenden gewerblichen Meinungsäußerung nur zulässig sind, wenn diese wesentlichen staatlichen Interessen dienen."[734]

Auf der Ebene der Bundesgesetze wird bei der Frage, wann eine Täuschung vorliegt, auf drei Aspekte abgestellt. (1) Irreführung, wobei zumeist davon ausgegangen wird, dass diese vorliegt, wenn von einiger Wahrscheinlichkeit von einer Irreführung auszugehen ist. Teilweise wird jedoch auch die Meinung vertreten, dass lediglich eine „Tendenz zur Irreführung" vorliegen muss. (2) „Verständige Konsumenten": Bei der Frage, ob sich der Konsument verständig verhält, wird auf das Produkt abgestellt. Richtet sich das Produkt und die entsprechende Werbung zum Beispiel an Kinder, so ist bei der Beurteilung von deren Verständnis auszugehen. (3) „Wesentlichkeit": In der Werbung für das Produkt müssen alle wesentlichen Informationen vorkommen, dazu gehört unter anderem die Aufklärung über etwaige Risiken für die Gesundheit. Wenn der verständige Konsument aus der Werbung falsche Schlussfolgerungen zieht, ist davon auszugehen, dass wesentliche Informationen fehlten.[735] Es steht mithin den Unternehmen offen, für ihre Produkte zu werben / ihre Meinung über diese Kund zu tun. Dieses Recht kann (zum Beispiel durch die Vergabe von zusätzlichen Informationen durch die Behörden) eingeschränkt werden, wenn eine Täuschung vorliegt. Wie

---

733 Vgl, Hall, Daniel E. / Feldmeier, John P.: Constitutional Law, Governmental Powers and Individual Freedoms, 2. Auflage, New Jersey 2012, S. 427–431.

734 Thiedemann, Klaus U. / Maxeiner, James in: Schotthöfer, D. Peter: Handbuch des Werberechts in den EU-Staaten, 2. Auflage, Köln 1997, S. 593–594, Rn. 11, übersetzt aus *Central Hudson Gas & Electric Corp. V. Public Service Comm'n of New York*, 477 U.S. 557, (564).

735 Ebd., S. 599–600, Rn. 27–31.

bereits von Präsident Kennedy geäußert, sind die Angaben bezüglich vieler Verbraucherprodukte für den Durchschnittsverbraucher unverständig. Damit wäre ein Eingreifen der Behörde gerechtfertigt.

4. Ergebnis

Der Grundrechtskatalog der USA ist nicht sehr umfangreich. Wie in Deutschland werden die Betriebs- und Geschäftsgeheimnisse unter das in von dem 5. und 14. Zusatzartikel geschützte Eigentum gefasst,[736] was die Gerichte bereits 1868 erstmals feststellten.[737] Eingriffe dürfen nicht lediglich einen privaten Nutzen haben und bedürfen einer gerechten Entschädigung und eines fairen Verfahrens.[738] Als öffentliches Interesse gelten die Gesundheit, Sicherheit und Moral der Gesellschaft.[739]

Die Vertragsfreiheit wird ebenfalls aus der Eigentumsgarantie abgeleitet. So wird gewährleistet, dass die Unternehmen über ihr Eigentum verfügen können.[740] In diese Freiheit kann ebenfalls durch öffentliche Interessen eingegriffen werden.[741]

Die Werbefreiheit wird durch die im 1. Zusatzartikel verankerte Meinungsfreiheit geschützt. Die Reichweite bestimmt sich über die Natur der Sache.[742]

III. Die entgegenstehenden Rechte der Verbraucher

Viele Behörden in den USA nehmen Aufgaben im Bereich des Verbraucherschutzes wahr. Die „Food and Drug Administration“ ist für die Vorschriften

---

736 So unter anderem Note: Trade Secrets in Discovery: From First Amendment Disclosure to Fifth Amendment Protection, Harv. L. Rev. 1991, S. 1330–1349 (1332).

737 Siehe Kohler, Rainer M.: Trade Secrets, 7 B.C. Indus. & Com. L. Rev. 1965–1966, S. 324–332 (324).

738 Vgl. Hiller, Kinga: Eigentumsgarantie und Eigentumsverständnis in der Rechtsprechung des Ungarischen Verfassungsgerichts. Unter vergleichender Berücksichtigung der Rechtsprechung des Supreme Court der USA und des deutschen Bundesverfassungsgerichts, Berlin 2001, S. 155–156, 168.

739 Siehe Brugger, Winfried: Grundrechte und Verfassungsgerichtsbarkeit in den Vereinigten Staaten von Amerika, Tübingen 1987, S. 66–67.

740 Vgl. Carstens, Karl: Grundgedanken der amerikanischen Verfassung und ihre Verwirklichung, Berlin 1954, S. 161–162.

741 Vgl, Hall, Daniel E. / Feldmeier, John P.: Constitutional Law, Governmental Powers and Individual Freedoms, 2. Auflage, New Jersey 2012, S. 427–431.

742 Ausführlicher Thiedemann, Klaus U. / Maxeiner, James in: Schotthöfer, D. Peter: Handbuch des Werberechts in den EU-Staaten, 2. Auflage, Köln 1997, S. 593–594, Rn. 11.

bezüglich der Produktkennzeichnung von Lebensmitteln zuständig. Das „Department of Agriculture" überwacht die Lebensmittelsicherheit bei landwirtschaftlichen Erzeugnissen. Die „Environmental Protection Agency" ist in erster Linie für die Kennzeichnungspflicht für Toxine und Pestizide verantwortlich, des Weiteren sind Kommissionen mit Tätigkeiten in diesem Bereich vertraut. Die „Consumer Product Safety Commission" dient dem Schutz der Bürger vor gefährlichen und gesundheitsschädlichen Verbraucherprodukten. Dieser Obliegenheit kommt sie nach, indem sie beispielsweise ihre Untersuchungsergebnisse durch ihre Website, die Medien oder ähnlichen Kanälen publiziert. Die „Federal Trade Commission" ist im Grunde auf dem Gebiet der unfairen Handelspraktiken zuständig, nimmt jedoch auch verbraucherschützende Aufgaben wahr, wie die Unterrichtung von verbraucherrelevanten Themen auf der Website. Es gibt auf behördlicher Ebene verschiedene Schutzmechanismen. Der Freedom of Information Act ermöglicht es den Bürgern, an diese Behörden heranzutreten. Wie bereits erwähnt, bezweckt der FOIA den Schutz der Gesundheit, der Sicherheit und des Vermögens des Verbrauchers und einen gerechten und effizienten Markt.[743] Fraglich ist, inwieweit diese Verbraucherinteressen auch in der Verfassung geschützt werden.

1. Das Recht auf Informationen

Es ist fraglich, ob das „right to know" der Verbraucher ein eigenes Grundrecht darstellt, aus einem anderen Grundrecht abgeleitet wird oder ein einfaches Recht ist. Der Supreme Court hat zu dieser Problematik bisher nicht Stellung genommen. Das Recht wird zumeist in Verbindung mit der Garantie der freien Meinungsäußerung und dem Verbot der Unterdrückung eines freien Meinungsbildungsprozesses, die jeweils in dem ersten Verfassungszusatz verankert sind, diskutiert. Das „right to know" ist diesen vorgeschaltet und Voraussetzung für deren Ausübung.[744]

Dem Recht von Jedermann auf Informationen kommt laut herrschender Meinung kein Verfassungsrang zu. Lediglich das Recht des Parlaments zur Kontrolle

743 Ausführlicher zu den Aufgaben der einzelnen Behörden Pfeiffer, Thomas / Heinke Theresa / Portugall, Philipp: Untersuchung des Verbraucherinformationsrechts in Deutschland, Belgien, Dänemark, Frankreich, Großbritannien, Irland, Schweden und den Vereinigten Staaten von Amerika, Abschlussbericht vom 07.05.2010, Band I, abgerufen unter http://www.vigwirkt.de//fileadmin/sites/default/files/Evaluation/Rechtsvergleich-Abschlussbericht-1.pdf, zuletzt am 21.04.2013, S. 34, 49–51.

744 Rosler, Gerhard: Informationsfreiheit in den Vereinigten Staaten von Amerika, Heidelberg 1984, S. 5–8.

der Behörden ist hingegen verfassungsrechtlich geschützt. Das Recht wird durch Anhörungen und Berichtspflichten wahrgenommen, eine Begrenzung findet sich in den Geheimhaltungsrechten der Behörden.[745] Die Verbraucher können sich bei ihren Anträgen auf kein Grundrecht berufen, das ihnen einen allgemeinen Zugang zu den Behördenakten gewährt.

2. Die Eigentumsgarantie

Parallel zu den Unternehmen betrifft die Eigentumsgarantie auch die Verbraucher.[746] Das Eigentum von Verbrauchern ist, wie bereits erwähnt, gefährdet, wenn zum Beispiel fehlerhafte Produkte dieses beschädigen. Jedoch wird auch gegenüber Verbrauchern das Recht nicht schrankenlos gewährt, so dass entgegenstehende Rechte, wie die Eigentumsgarantie der Unternehmen an Betriebs- und Geschäftsgeheimnissen, Einschränkungen begründen können. Betriebs- und Geschäftsgeheimnisse werden in der Regel einen größeren Wert haben als das Eigentum der Verbraucher. Es ist jedoch auch auf die Situation des Einzelnen abzustellen.

3. Die Vertragsfreiheit

Die Vertragsfreiheit gilt für die Verbraucher ebenso wie für die Unternehmen.[747] Um Verträge abschließen zu können, benötigen Verbraucher Informationen. Wenn Unternehmen diese nicht aus freien Stücken zur Verfügung stellen, sind die Behörden die einzige Quelle, aus der sich die Verbraucher informieren können.

4. Die Religionsfreiheit

Wie in Deutschland wird auch in den USA die Religionsfreiheit geschützt. Der Schutz ist in dem ersten Verfassungszusatz niedergelegt und umfasst jede Religion.[748] Da manche Religionen den Konsum verschiedener Lebensmittel verbieten oder Anforderungen an die Produktionsweise stellen, kann es für manche

745 Ausführlicher zu den Informationsrechten Gurlit, Elke: Akteneinsicht in den Vereinigten Staaten in: Winter, Gerd (Hrsg.): Öffentlichkeit von Umweltinformationen: Europäische und nordamerikanische Rechte und Erfahrungen, Baden-Baden 1990, S. 512–516.

746 So unter anderem Note: Trade Secrets in Discovery: From First Amendment Disclosure to Fifth Amendment Protection, Harv. L. Rev. 1991, S. 1330–1349 (1332).

747 Siehe Carstens, Karl: Grundgedanken der amerikanischen Verfassung und ihre Verwirklichung, Berlin 1954, S. 161.

748 Vgl. ebd., S. 165.

Verbraucher von Bedeutung sein, die entsprechenden Informationen über das Produkt zu erhalten.

5. Das Recht auf Leben und körperliche Unversehrtheit

Das Recht auf Leben wird aus der „due process clause“, die in dem 5. und den 14. Zusatz verankert ist, abgeleitet. Keiner Person kann das Leben ohne rechtliches Gehör genommen werden. Auf dieses Recht können sich nicht nur amerikanische Staatsbürger, sondern auch ausländische Einwohner und sich legal in den USA Aufhaltende berufen.[749]

Die USA sind Vertragspartei verschiedener internationaler Verträge, in denen ein Recht auf Gesundheit verankert ist, wozu die Allgemeine Erklärung der Menschenrechte und der Internationale Pakt über wirtschaftliche, soziale und kulturelle Rechte zählen. Auf bundesstaatlicher Ebene wird der Gesundheitsschutz nicht als Grundrecht angesehen.[750]

Der 9. Zusatzartikel bestimmt, dass die Aufzählung der Grundrechte in der Verfassung nicht abschließend ist. Die Literatur zählt zu diesen weiteren geschützten Rechten unter anderem das Recht auf Privatsphäre, Ehe zu schließen und zu reisen.[751] Das Recht auf körperliche Unversehrtheit, die Gewissensfreiheit oder die wirtschaftliche Betätigungsfreiheit werden in diesem Zusammenhang in der Literatur nicht diskutiert.

6. Ergebnis

Zwar bedarf die Meinungsfreiheit in gewisser Weise Informationen, sie begründet jedoch kein Recht von Jedermann auf Informationen.[752] Die Religionsfreiheit umfasst nicht die Gewissensfreiheit wie in Deutschland. Dennoch kann sich auch aus dieser Freiheit ein Konflikt mit den Interessen der Unternehmen ergeben. So wie die Unternehmen können sich die Verbraucher auf die Vertragsfreiheit[753] und

---

749 Vgl, Hall, Daniel E. / Feldmeier, John P.: Constitutional Law, Governmental Powers and Individual Freedoms, 2. Auflage, New Jersey 2012, S. 404–405.

750 Ausführlicher zum Recht auf Gesundheit in den Vereinigten Staaten von Amerika Hertel, Shareen / Libal, Kathryn: Human Rights in the United States – Beyond Exceptionalism, New York 2011, S. 155, 163.

751 Vgl, Hall, Daniel E. / Feldmeier, John P.: Constitutional Law, Governmental Powers and Individual Freedoms, 2. Auflage, New Jersey 2012, S. 313–314.

752 Siehe Rosler, Gerhard: Informationsfreiheit in den Vereinigten Staaten von Amerika, Heidelberg 1984, S. 5–8.

753 Grundlegend Carstens, Karl: Grundgedanken der amerikanischen Verfassung und ihre Verwirklichung, Berlin 1954, S. 161, 165.

die Eigentumsgarantie zum Schutz ihrer Eigentümer berufen.[754] Zudem verbürgt die due process clause ein Recht auf Leben, das jedoch nicht wie in Deutschland das Recht auf körperliche Unversehrtheit umfasst.[755]

IV. Abwägung der Grundrechte

Gerade die derzeitige wirtschaftliche Krisensituation und die wiederkehrenden Lebensmittelskandale[756] verdeutlichen und verstärken den Informationsbedarf. Die Behörden erfragen immerzu mehr Informationen von Unternehmen, um Schutzmechanismen für die Öffentlichkeit erlangen zu können. Die Bürger wiederum möchten möglichst viel darüber erfahren, wie die Behörden mit der derzeitigen Situation umgehen.[757] Dabei ist die Wertung der Funktionsweise der Behörden eigentlich nur möglich, wenn den Antragstellern die Informationen zur Verfügung gestellt werden, auf denen die Entscheidungen basieren. Fraglich ist, ob und wie die entgegenstehenden Interessen der Verbraucher und Unternehmen in dem Freedom of Information Act berücksichtigt werden.

Wie bereits erläutert, enthält die Verfassung der Vereinigten Staaten nicht sehr viele Grundrechte. Dennoch sind einige der geschützten Güter in dem Konflikt um die Offenlegung / die Vorenthaltung von Informationen nach dem FOIA einschlägig. Dazu zählen die Eigentumsgarantie (an den Betriebs- und Geschäftsgeheimnissen), die Vertrags- und die Werbefreiheit der Unternehmen und die Eigentumsgarantie, die Vertragsfreiheit, die Religionsfreiheit und der Schutz des Lebens der Verbraucher.

Kruger (1976: 676–677, 694) argumentiert, dass ein wichtiger Faktor bei der Abwägung der Interessen vergessen wird. Der Freedom of Information Act sei erlassen worden, damit der Bürger die Arbeit und die Entscheidungsprozesse der Behörden nachvollziehen kann. Das Gesetz diene nicht der Kontrolle von Unternehmen oder Privatpersonen. Der 4. Ausnahmetatbestand solle mithin dazu

---

754 So unter anderem Note: Trade Secrets in Discovery: From First Amendment Disclosure to Fifth Amendment Protection, Harv. L. Rev. 1991, S. 1330–1349 (1332).

755 Vgl, Hall, Daniel E. / Feldmeier, John P.: Constitutional Law, Governmental Powers and Individual Freedoms, 2. Auflage, New Jersey 2012, S. 404–405.

756 Wie zum Beispiel der Fischskandal im Februar 2013 http://www.focus.de/gesundheit/ernaehrung/news/lebensmittelskandal-fische-in-den-usa-sind-falsch-ausgezeichnet_aid_925037.html.

757 Auf den Punkt zum besonderen Bedarf an Informationen bei der heutigen wirtschaftlichen Lage Rowe, Elizabeth A.: Striking a Balance: When should Trade-Secret Law shield Disclosures to the Government?, 96 Iowa L. Rev. 2010–2011, S. 791–835 (794–795).

dienen, die bisher geheimen Unternehmensdaten weiterhin unter Verschluss zu halten. Dem ist zu entgegnen, dass der Freedom of Information Act die Offenlegung der Daten vorsieht und lediglich ausnahmsweise davon abgesehen werden soll. Deshalb sieht das Gesetz auch lediglich für den Antragsteller und nicht für die betroffenen Unternehmen das Recht auf Überprüfung der behördlichen Entscheidung, ob dem Antrag stattgegeben wird, vor.[758]

Damit es überhaupt zu einer Berücksichtigung der Interessen der Unternehmen kommt, müssen die Behörden die ihr vorliegenden Daten als Betriebs- oder Geschäftsgeheimnisse oder geheime oder privilegierte gewerbliche oder finanzielle Informationen anerkennen. Das ist in vielerlei Hinsicht problematisch. Übersieht eine Behörde, dass es sich um Daten im Sinne des 4. Ausnahmetatbestandes handelt oder stuft sie sie nicht als solche sensiblen Daten ein, wird die Behörde die Position des Unternehmens nicht in ihre Überlegungen hinsichtlich der Herausgabe der Informationen mit einschließen. Ob die Behörde der Auffassung ist, dass es sich um Daten handelt, die generell Antragstellern nicht zugänglich gemacht werden sollten oder nicht, wird nicht von vornherein geprüft und deutlich gemacht. Dieser Schritt erfolgt erst, wenn ein diesbezüglicher Antrag eingeht. Entsprechend besteht bei den Unternehmen bis zu diesem Zeitpunkt Unsicherheit, ob sie darauf vertrauen dürfen, dass ihre Informationen nicht an Dritte weitergegeben werden. Überspitzt könnte argumentiert werden, dass Unternehmen, die in Tätigkeitsbereichen agieren, die die Übermittlung vieler Daten an Behörden erfordern, entscheiden müssen, ob sie gegebenenfalls ihre geschützten Eigentumsrechte aufgeben wollen oder ob sie eine Tätigkeit in den USA nicht aufnehmen, beziehungsweise nicht weiter ausführen wollen um ihre Daten (nicht übermitteln zu müssen und damit) zu schützen.[759] Dieser Auffassung ist jedoch nicht zu folgen. Wie bereits erläutert, werden in der Praxis die geschützten Informationen nicht sehr oft an Dritte weitergeleitet.

Im Gegensatz zu den Ausnahmetatbeständen 6 und 7(C) enthält der Ausnahmetatbestand bezüglich der Betriebs- und Geschäftsgeheimnisse keine Abwägung zwischen den Interessen der Unternehmen und der Öffentlichkeit. Da die Gerichte der Auffassung sind, dass die vom Kongress berücksichtigten Interessen in der Klausel bereits abgewogen werden, wird keine weitere Abwägungsabsicht in die Bestimmung hineingelesen. In der *National Parks*-Entscheidung stellte das

---

758 Kruger, Gary I.: A Review of the Fourth Exemption of the Freedom of Information Act, 9 Akron L. Rev. 1975–1976, S. 673–694 (676–677, 694).

759 Zu diesem sehr drastischen Ergebnis kommt Rowe, Elizabeth A.: Striking a Balance: When should Trade-Secret Law shield Disclosures to the Government?, 96 Iowa L. Rev. 2010–2011, S. 791–835 (817–818).

Gericht bei der Frage, ob die Informationen geheim sind, auf die Interessen der Behörden und die der Unternehmen, nicht aber auf die der Allgemeinheit, ab.[760]

Werden Daten offengelegt, können sie nicht mehr als Betriebs- und Geschäftsgeheimnisse eingestuft werden, da sie nicht mehr geheim sind. Den Unternehmen wird mithin Eigentum genommen. Mit der Offenlegung von Daten kann zudem einhergehen, dass Konkurrenten diese in Erfahrung bringen und ohne den Einsatz eigener Mittel die (Forschungs-) Ergebnisse verwenden können. Dadurch wird das informationshabende Unternehmen in seiner Vertragsfreiheit beeinträchtigt. Ferner geht gleichermaßen der Vorsprung des informationsinnehabenden Unternehmens am Markt und dessen Motivation an weiteren Entwicklungsarbeiten verloren.[761]

Betrachtet man beispielsweise Arzneimittel, so liegen der Arbeitsaufwand bei ca. 4,5 bis 8,5 Jahren und die Kosten bei 2,7 bis 4,7 Millionen Dollar. Werden die Forschungsergebnisse einem Konkurrenten zur Verfügung gestellt, können die Früchte dieses Aufwands nicht vollends geerntet werden und die Motivation an weitereren Forschungsarbeiten wird genommen. *McGarity* und *Shapiro* (1980: 848–853) werfen dennoch die Frage auf, ob die Offenlegung tatsächlich einen großen Schaden hervorbringen würde. 1976 wurden ca. 75% aller Arzneimittel von einem Hersteller produziert. Zudem hatte ein Wirtschaftswissenschaftler festgestellt, dass amerikanische Unternehmen in Ländern, in denen deren Daten nicht so gut geschützt sind, keine bedeutenden Verluste erzielten und wertete, dass die Befürchtungen bezüglich der Offenlegung der Daten übertrieben seien.[762]

Weiterhin muss in dem Kontext des Freedom of Information Acts verdeutlicht werden, dass lediglich ein beträchtlicher Schaden entsteht, wenn Konkurrenten Kenntnis von den sensiblen Daten erlangen und diese für sich zu Nutze machen können. Der Freedom of Information Act soll in erster Linie Bürgern die Möglichkeit eröffnen, an die Behörden heranzutreten. Wenn eine einzelne Person die Informationen erlangt, ist dies eher als Bagatellschaden einzustufen. Die Bürger wollen in der Regel lediglich einzelne Produktbestandteile in Erfahrung bringen und verwenden diese nicht weiter. Die Information ist in der Konstellation auch weiterhin gemäß Definition als geheim anzusehen. Können

---

760 Dazu Vermazen Radez, Kathleen: The Freedom of Information Act Exemption 4: Protecting Corporate Reputation in the Post-Crash Regulatory Environment, 2010 Col. Bus. L. Rev. 2010, S. 632–684 (650–651).

761 So richtig herausgearbeitet McGarity, Thomas O. / Shapiro, Sidney A.: The Trade Secret Status of Health and Safety Testing Information: Reforming Agency Disclosure Policies, 93 Harv. L. Rev. 1979–1980, S. 837–888 (838).

762 Ebd., S. 837–888 (848–853).

Konkurrenten hingegen durch die Ergebnisse ihrer Anträge ihre Marktposition verbessern, liegt eine Verletzung der Eigentumsgarantie vor.[763] Diese Unterscheidung sollte mithin in der Entscheidung über den eingegangen Antrag von den Behörden berücksichtigt werden. Da solche Unterscheidungen auch bei der Kostenfestsetzung vorgenommen werden, könnte es sich um eine weitere sinnvolle Maßnahme handeln.

Dies ist insbesondere zu beachten, da die Vorenthaltung der Daten den Verbrauchern die Möglichkeit nimmt, sich umfassend zu informieren und damit seine Rechte wahrzunehmen. Ferner wird verhindert, dass gegebenenfalls falsche Informationen in den Behördenakten aufgedeckt werden.[764] Problematisch ist, dass Behörden die Konsequenzen des Gebrauchs eines Produkts nicht immer absehen können. Bei Zulassungsanträgen für ein Produkt zum Beispiel müssen Behörden vorerst auf die Testdaten der Unternehmen vertrauen. Hierbei gilt es zu bedenken, dass ein Unternehmen mit der Übermittlung der Daten die Zulassung bezwecken will, weshalb diese Daten möglichst verschönt dargestellt werden. Eine Offenlegung der Daten ermöglicht es anderen Unternehmen oder Forschungsinstituten, die Informationen zu überprüfen und gegebenenfalls Missstände aufzudecken. Die Risikoanalyse der Behörden basiert auf durchschnittlichen Verbrauchergruppen als Empfänger. Menschen können jedoch Allergien oder ähnliches haben und somit nicht wie der durchschnittliche Verbraucher darauf reagieren. Für sie wären detaillierte Informationen von enormer Bedeutung. Für die Offenlegung spricht dann auch, dass wenn komplexe Zusammensetzungen oder Herstellungsmethoden nur schwerlich überprüft werden können, es Verbrauchern eher nicht möglich ist, aus Angaben auf dem Etikett oder aus der Werbung nachzuvollziehen, ob das Produkt das richtige für ihn oder sie ist. Dies ist auch insbesondere hinsichtlich der Religionsfreiheit des Verbrauchers ein wichtiger Aspekt. Lediglich durch ausreichende Informationen können Verbraucher sicherstellen, dass die Lebensmittel / Produkte mit ihren religiösen Ansichten einhergehen.[765]

---

763 Grundlegend zu dieser Abstufung Rowe, Elizabeth A.: Striking a Balance: When should Trade-Secret Law shield Disclosures to the Government?, 96 Iowa L. Rev. 2010–2011, S. 791–835 (830).

764 So richtig herausgearbeitet von McGarity, Thomas O. / Shapiro, Sidney A.: The Trade Secret Status of Health and Safety Testing Information: Reforming Agency Disclosure Policies, 93 Harv. L. Rev. 1979–1980, S. 837–888 (838).

765 Zu diesem Ergebnis kommt auch ebd., S. 837–888 (840–845).

Nur durch Informationen kann somit gewährleistet werden, dass Verbraucher eine richtige Kaufentscheidung tätigen können, sie also ihre Vertragsfreiheit ausüben können.[766] Der Supreme Court legte 1976 in einer Entscheidung in Bezug auf Werbung dar, das Interesse des Verbrauchers an gewerblichen Informationen kann „ebenso lebhaft, wenn nicht gar erheblich lebhafter sein als sein Interesse an den wichtigsten politischen Auseinandersetzungen des Tages".[767] Prinzipiell ist es zugelassen, kritische Daten über Produkte offenzulegen, auch wenn die Unternehmen dadurch in ihrer Werbefreiheit beeinträchtigt werden.[768] Dass dieser Informationsbedarf besteht, zeigt sich unter anderem auch darin, dass es viele Applikationen für Smartphones gibt, die Verbrauchern Informationen über Produkte liefern. Dadurch können beispielsweise bei Nahrungsmitteln Informationen über den Nährgehalt abgefragt werden, indem der Strichcode gescannt wird. Natürlich birgt das auch hier wiederum die Gefahr, dass demzufolge sehr viele Personen Kenntnis von diesen gegebenenfalls bei Behörden abgefragten Daten erlangen. Wie jedoch bereits erwähnt, können Verbraucher nur auf dessen Basis eine wirkliche Entscheidung tätigen und ihre Vertragsfreiheit ausüben. Unternehmen könnten diese Problematik umgehen, wenn sie aus freien Stücken möglichst viele Daten von alleine preisgeben würden. Nissan zum Beispiel verbreitet Informationen, indem QR-Codes an Autos angebracht werden. Diese ermöglichen es Verbrauchern, durch Scannen des Codes Daten über das Modell abzufragen.[769] Diese Vorgehensweise ist auch insofern als positiv zu werten, als dass sie keine Informationsflut verursacht. Der Verbraucher selbst kann entscheiden, ob und wann er mehr über das Auto erfahren will. Die Informationsbegierde der Verbraucher wäre dann gestillt, vorausgesetzt, die Daten sind richtig und umfassend.

V. Ergebnis

Wie vorhergehend schon für die Lage in Deutschland resümiert, sollte auch in den Vereinigten Staaten von Amerika die Vorenthaltung der Informationen

---

766 Ausführlicher zu Informationen über Produkte Peppet, Scott R.: Freedom of Contract in an Augmented Reality: The Case of Consumer Contracts, 59 UCLA L. Rev. 2011–2012, S. 676–745 (698–701).

767 Hippel, Eike von: Verbraucherschutz, 3. Auflage, Tübingen 1986, S. 35, übersetzt aus: *Virginia State Board of Pharmacy v. Virginia Citizens Consumer Council*, 425 U.S. 748 (1976).

768 Dazu ebd., S. 35.

769 Zu diesem praktischen Aspekt der Verbraucherinformationen Peppet, Scott R.: Freedom of Contract in an Augmented Reality: The Case of Consumer Contracts, 59 UCLA L. Rev. 2011–2012, S. 676–745 (698–701).

bei Anfragen von Verbrauchern die Ausnahme und nur dann von der Behörde vorzunehmen sein, wenn dies im Einzelfall zur Erhaltung des Schutzgutes erforderlich ist.[770] Es sollte eine Abwägung der Interessen stattfinden, auch wenn die Klausel selbst diese nicht vorsieht. Bei der Offenlegung der Daten muss beachtet werden, dass lediglich die Daten dem Antragsteller zur Verfügung gestellt werden, die zur Wahrnehmung seiner Rechte erforderlich sind. Da der Antragsteller zum Zeitpunkt des Antrags keinerlei Angaben hinsichtlich des Anliegens oder Nutzens preisgeben muss, hat eine spätere Befragung stattzufinden.[771] Anträge, die von einem Konkurrenten gestellt wurden, sollten hingegen eher abgelehnt werden als die der Verbraucher, damit insbesondere die Eigentumsrechte des Informationsinhabers geschützt werden. Jedoch ist auch dies im Einzelfall abzuwägen.

---

770 So auch in Bezug auf Deutschland Scherzberg, Arno: Die verfassungsrechtlichen Grundlagen des Informationszugangs in: Fluck, Jürgen / Theuer, Andreas (Hrsg.): Informationsfreiheitsrecht mit Umweltinformations-, Verbraucherinformations- und Informationsweiterverwendungsrecht IFG / UIG / VIG / IWG Kommentar, 27. Aktualisierung, Heidelberg 2011, Band 1, S. 48–49, Rn. 68.

771 Im Ansatz auch Rowe, Elizabeth A.: Striking a Balance: When should Trade-Secret Law shield Disclosures to the Government?, 96 Iowa L. Rev. 2010–2011, S. 791–835 (830–831).

H. Vergleich zwischen der Lage in Deutschland und den Vereinigten Staaten von Amerika

Im Folgenden sollen die Unterschiede der Rechtslage in Deutschland und den Vereinigten Staaten von Amerika dargestellt werden. In beiden Ländern ist die Einflussnahme in den politischen Entscheidungsprozessen ein wichtiges Instrument, bei der die Unternehmen durch ihre finanziellen Möglichkeiten und die gute Organisation einen Vorteil gegenüber den Verbrauchern haben.[772] Auch dieser Einflussnahme ist geschuldet, dass die Betriebs- und Geschäftsgeheimnisse früh anerkannt wurden, fest verankert und weitreichend geschützt sind.[773] Die Verbraucherrechte können in beiden Ländern aufgrund der Abwehrhaltung der Unternehmen nicht ohne weiteres erweitert werden und oftmals führen erst Skandale zum Erlass von entsprechenden Regelungen.[774] Hervorzuheben ist jedoch, dass die Verbraucherinteressen in den USA in Bezug auf die Informationsfreiheit 40 Jahre früher durch Verabschiedung eines Gesetzes Beachtung fanden,[775] auch wenn es kein gesondertes Gesetz für die Verbraucherinformationen gibt und diese in den Anwendungsbereich des allgemeinen Freedom of Information Acts fallen. Den Informationsinteressen der Verbraucher wurde in den USA früher Beachtung geschenkt und entsprechend gesetzlich verankert. Die ablehnende Haltung der Behörden und gesellschaftliche Veränderungen führten (wie in Deutschland) zu Novellierungen des Gesetzes.[776]

---

772 Vgl. u.a. Ziegler, Gerhard: Das Verbraucherinteresse und seine Durchsetzbarkeit – Eine kritische Untersuchung über die restriktiven Bedingungen von Verbraucherarbeit in der Bundesrepublik Deutschland, Frankfurt am Main 1980, S. 38–59.

773 Vgl. u.a. Cohen, Jerry / Gutteman, Alan S.: Trade Secrets Protection and Exploitation, Washington D.C. 1998, S. 8.

774 Grundlegend dazu unter anderem Hippel, Eike von: Verbraucherschutz, 3. Auflage, Tübingen 1986, S. 5–7.

775 Grundlegend Erdelt, Alexander: Informationszugang und das Recht auf Information, DuD 2003, S. 465–470 (466).

776 So grundsätzlich auch Halstuk, Martin E.: When Secrecy Trumos Transparency: Why the Open Government Act of 2007 falls short, 16 CommLaw Conspectus 2007–2008, S. 427–469 (445–446).

Gleichsam in dem Evaluationsbericht der Bundesregierung dargestellt, kann ein Vergleich nur unter Berücksichtigung der verfassungsrechtlichen Besonderheiten vorgenommen werden.[777] Im Bereich der Grundrechte bestehen enorme Unterschiede in den beiden Verfassungen. So sind in den Vereinigten Staaten von Amerika weniger Bereiche geschützt als in Deutschland.[778] Zudem sind die Normen nicht so umfassend. Art. 4 GG zum Beispiel schützt nicht lediglich die Religionsfreiheit, sondern geht einen Schritt weiter und erstreckt sich ebenfalls auf die Gewissensfreiheit (der Verbraucher). Dieser weitergehende Schutz besteht in den USA nicht.

Weder in Deutschland noch in den USA wird der Informationsfreiheit Verfassungsrang zugesprochen. Das Recht steht zwar in enger Verbindung mit der Meinungsfreiheit und ist Voraussetzung dieser, jedoch spricht zum Beispiel das Geheimnisinteresse der Behörden dieser entgegen, so dass der Zugang zu allen Informationen als nicht praktikabel angesehen wird.[779] Zugunsten der Verbraucher sind in beiden Ländern jedoch in dem Konflikt mit den Unternehmensinteressen der verfassungsrechtliche Eigentumsschutz, die Vertragsfreiheit und das Recht auf Leben zu verzeichnen. In Deutschland bestehen ferner die Gewissensfreiheit, die wirtschaftliche Betätigungsfreiheit und das Recht auf körperliche Unversehrtheit. Die Unternehmen können sich ebenfalls auf die Eigentumsgarantie und die Vertragsfreiheit berufen. Darüber hinaus wird ihr Recht auf Werbung für das Unternehmen durch die Meinungsfreiheit geschützt. Beide Länder enthalten keine Norm in der Verfassung, die Betriebs- und Geschäftsgeheimnisse explizit schützt. Der Schutz wird aus der Eigentumsgarantie (und in Deutschland zudem aus der Berufsfreiheit) abgeleitet, die in beiden Länder generell den gleichen Umfang aufweist.[780] Hervorzuheben ist, dass der verfassungsrechtliche Schutz der Betriebs- und Geschäftsgeheimnisse in Deutschland allgemein anerkannt ist. In den USA hingegen gibt es mehr Kritiker, die einen

---

777 Drucksache 17/1800, Unterrichtung durch die Bundesregierung: Bericht der Bundesregierung über die Ergebnisse der Evaluation des Verbraucherinformationsgesetzes vom 14. Mai 2010, S. 5.

778 Vgl. Rohloff, Annegret: Grundrechtsschranken in Deutschland und den USA, Konstanz 2007, S. 212.

779 Ausführlicher zu dem Recht auf Informationen in den USA Gurlit, Elke: Akteneinsicht in den Vereinigten Staaten in: Winter, Gerd (Hrsg.): Öffentlichkeit von Umweltinformationen: Europäische und nordamerikanische Rechte und Erfahrungen, Baden-Baden 1990, S. 512–516.

780 Siehe Neumann, Sophia Charlotte: Verfassungsrechtlicher Eigentumsschutz in den USA, Frankfurt am Main 2011, S. 221.

Schutz aus der Verfassung als nicht ableitbar ansehen. Die Befürworter stellen auf die takings clause und die due process clause ab. In Deutschland werden die Betriebs- und Geschäftsgeheimnisse unter den allgemeinen Eigentumsschutz gefasst und nicht unter die Enteignung (oder ein prozessuales Recht). Insgesamt scheint der amerikanische Ansatz dennoch schlüssig, da Betriebs- und Geschäftsgeheimnisse nach ihrer Offenbarung völlig wertlos sind. Sie nutzen dem Unternehmen nicht mehr. Zudem können sie nach der Offenbarung auch gar nicht mehr als Betriebs- und Geschäftsgeheimnisse eingestuft werden, da ein wichtiges Merkmal der Definition nicht erfüllt werden kann.

Die Definitionen bezüglich der Betriebs- und Geschäftsgeheimnisse unterscheiden sich in den beiden Ländern (wobei hier auf amerikanischer Seite von der Definition in dem First Restatement of Torts ausgegangen werden soll). Statt des wirtschaftlichen Interesses wie in Deutschland wird auf den wirtschaftlichen Vorteil abgestellt. Beide Merkmale stellen auf den wirtschaftlichen Nachteil ab, der sich bei einer Offenlegung ergeben würde.[781] Gegebenenfalls könnte dennoch argumentiert werden, dass das Interesse etwas weiter geht, da ein Interesse dem Vorteil vorgestellt ist. Statt auf den Unternehmensbezug bezieht sich die amerikanische Definition auf die Benutzung in dem Unternehmen. Beide Voraussetzungen besagen mithin, dass die Information in dem Unternehmen Anwendung finden muss. Ebenfalls an dieser Stelle könnte dafür gesprochen werden, dass dem Merkmal Unternehmensbezug eher gerecht werden kann, da es die Nutzung umschließt und noch weitere Merkmale umfasst. Andererseits kann in den USA ein Unternehmensgeheimnis von Privatpersonen ohne die Zugehörigkeit zu einem Geschäftsbetrieb geschützt werden.[782] Dies widerspricht jedoch nach Einschätzung der Autorin schon allein dem Begriff an sich. Weiterhin wird in Deutschland die fehlende Offenkundigkeit vorausgesetzt und in den USA der Geheimnischarakter. In beiden Jurisdiktionen werden keine allgemein bekannten Informationen als Betriebs- und Geschäftsgeheimnisse angesehen. Sobald jedoch eine geringfügige Änderung bei der Anwendung im Unternehmen vorgenommen wird und diese einen wirtschaftlichen Wert verschafft, kann eine Wertung als Betriebs- und Geschäftsgeheimnis vorgenommen werden. Daraus ist ersichtlich, dass beide Länder keine Neuheit der Information voraussetzen. Da in Deutschland die fehlende Offenkundigkeit noch gegeben ist, wenn die Herstellung eines Produkts durch reverse engineering nachvollzogen werden kann, ist der Begriff

781 Siehe Liu, Xiaohai: Rechtsschutz von Unternehmensgeheimnissen: Vergleichende Untersuchung zum Schutzniveau des chinesischen Rechts im Vergleich mit dem deutschen und amerikanischen Recht, Frankfurt am Main 1999, S. 40.

782 Grundlegend dazu auch ebd., S. 217.

als umfassender zu betrachten. Weiterhin wird in Deutschland ein Geheimhaltungswille vorausgesetzt, in den USA fehlt es an diesem Merkmal. Da jedoch der Geheimhaltungswille zumeist konkludent als gegeben angesehen wird, ist ihm eine nicht sehr große Bedeutung beizumessen. Neben den Unterschieden in Bezug auf die Merkmale gibt es auch Differenzen bei der Gewichtung dieser. In den USA werden höhere Anforderungen an die Geheimhaltungspflicht gestellt.[783] Es wird in zwei Kategorien unterteilt. In die Betriebsgeheimnisse im technischen Bereich (technological) und Geschäftsgeheimnisse im kaufmännischen Bereich (non-technological)[784] und es ist umstritten, ob „negative" Geheimnisse in eine der beiden Kategorien fallen.[785] Als Ergebnis ist der Meinung *Daubs* (1996: 67–68) zuzustimmen, der sagt, dass Informationen in Deutschland generell eher als Betriebs- und Geschäftsgeheimnis anerkannt werden.[786] Weder Deutschland noch die USA weisen ein einheitliches Gesetz zum Schutz der Betriebs- und Geschäftsgeheimnisse auf Bundesebene auf. In den USA gibt es als Vorgabe den Uniform Trade Secrets Act und in Deutschland wird durch die Art. 12 und 14 GG ein hoher und bundesweit einheitlicher Schutz gewährt.

Eine weitere Übereinstimmung ist, dass zugunsten eines öffentlichen Interesses unter bestimmten Voraussetzungen Einschränkungen erfolgen können.[787] In den Vereinigten Staaten von Amerika kann enteignet werden, wenn die Enteignung einem öffentlichen Zweck dient und damit „geeignet ist, die Gesundheit, die Sicherheit oder die Moral des Gemeinwesens oder sonstige soziale, politische oder auch ästhetische Zwecke zu fördern".[788] Es besteht kein absoluter Schutz. Es könnten Einschränkungen aufgrund von Verbraucherinteressen erfolgen, sofern die Maßnahmen dafür der verfassungsrechtlichen Prüfung stand halten würden.

---

783 Vgl. dazu Liu, Xiaohai: Rechtsschutz von Unternehmensgeheimnissen: Vergleichende Untersuchung zum Schutzniveau des chinesischen Rechts im Vergleich mit dem deutschen und amerikanischen Recht, Frankfurt am Main 1999, S. 36–40.

784 Grundlegend dazu Breuer, Rüdiger: Schutz von Betriebs- und Geschäftsgeheimnissen im Umweltrecht, NVwZ 1986, S. 171–179 (172).

785 Koebke, Max: Das Recht auf Umweltinformation unter besonderer Berücksichtigung des Schutzes von Betriebs- und Geschäftsgeheimnissen und der Paragraphen 207–227 UGB-KomE, Pfaffenweiler 1999, S. 149, 156–157.

786 Daub, Jan: Die Verletzung von Unternehmensgeheimnissen im deutschen und US-amerikanischen Recht, Sinzheim 1996, S. 67–68.

787 Ausführlicher zu den einzelnen von den Gerichten angewandten Maßstäben Brugger, Winfried: Einführung in das öffentliche Recht der USA, 2. Auflage, München 2001, S. 101–103.

788 Neumann, Sophia Charlotte: Verfassungsrechtlicher Eigentumsschutz in den USA, Frankfurt am Main 2011, S. 222.

Wie bereits dargelegt, enthält keine der beiden Verfassungen ein explizites Grundrecht auf Akteneinsicht.[789] Dennoch gibt es in beiden Ländern Informationsfreiheitsgesetze. In den USA war und ist das Prinzip des open governments vorherrschend. Diese Öffentlichkeit gilt als Korrelat zur Steuerzahlungspflicht, auch wenn der herkömmliche Behördenbegriff besagt, dass die Behörden zwar durch die Steuern finanziert werden, eine Kontrollfunktion lässt sich dadurch aber nicht ableiten.[790] Der Freedom of Information Act wurde zeitlich weit vor den deutschen Informationsfreiheitsgesetzen erlassen. Jedoch gibt es kein auf Verbraucherinformationen speziell ausgerichtet Gesetz. Zudem handelt es sich um ein Akteneinsichtsrecht. In der Bundesrepublik Deutschland hingegen kann ein bestimmter Informationsbestand abgefragt werden. Dieser wird von den Behörden zusammengestellt und gegebenenfalls aufbereitet.[791] In beiden Ländern herrschte eine ablehnende Haltung der Behörden in Bezug auf die Offenlegung von Informationen. In den USA gingen Politiker stark dagegen durch den Erlass verschiedener Gesetze und Appelle an die Behörden an.[792] In Deutschland wurde bisher (auch aufgrund der Tatsache, dass das Gesetz erst 2006 in Kraft getreten ist) lediglich teilweise durch Novelle des Gesetzes dieser Einstellung entgegengewirkt.

In beiden Ländern bedarf der Zugang zu den behördlichen Akten keines besonderen berechtigten Interesses. Jeder ist zugangsberechtigt, auch juristische Personen, was in beiden Ländern hinsichtlich Spionagemöglichkeiten kritisiert wird.[793] Nach Auffassung der Autorin würde eine Beschränkung auf natürliche Personen Spionagen nicht verhindern, da einzelne Mitarbeiter die Anträge stellen könnten ohne ein besonderes Interesse nachweisen zu müssen. Eine weitere Beschränkung durch die Beweispflicht eines berechtigten Interesses würde

789 Siehe Birkinshaw, Patrick: Commentary – Freedom of Information and openness: Fundamental Human Rights? 58 Admin. L. Rev. 2006, S. 177–218 (188).

790 Aufgezeigt in Partsch, Christoph: Die Freiheit des Zugangs auf Verwaltungsinformationen – Akteneinsichtsrecht in Deutschland, Europa und den USA, Lohmar 2002, S. 104.

791 Etwa Drucksache 17/1800, Unterrichtung durch die Bundesregierung: Bericht der Bundesregierung über die Ergebnisse der Evaluation des Verbraucherinformationsgesetzes vom 14. Mai 2010, S. 6.

792 Zu den einzelnen Maßnahmen Hippel, Eike von: Verbraucherschutz, 3. Auflage, Tübingen 1986, S. 5–7.

793 So auch Gurlit, Elke: Akteneinsicht in den Vereinigten Staaten in: Winter, Gerd (Hrsg.): Öffentlichkeit von Umweltinformationen: Europäische und nordamerikanische Rechte und Erfahrungen, Baden-Baden 1990, S. 521–522.

Barrieren aufbauen und dadurch dem Ziel der Gesetze, die Gesundheit und Sicherheit der Verbraucher zu schützen, widersprochen werden.[794]

Sobald eine Informationsvergabe zu einer Akte stattfand, muss diese Akte in den USA veröffentlicht werden.[795] Dieses Verfahren verringert den Aufwand der Behörden, da durch diese Maßnahmen die Akten bei erneuter Anfrage nicht wieder bearbeitet werden müssen. Andererseits jedoch stellt diese Methode eine größere Gefahr für die Unternehmen dar, da so noch schneller Daten eingesehen werden können und keine erneute Prüfung bezüglich der Ausnahmetatbestände erfolgt.

Im Großen und Ganzen gibt es viele Überschneidungen in den Gesetzen hinsichtlich der öffentlichen und privaten Ausnahmetatbestände. Sie dienen der Abwehr von Gefahren für den Staat und dessen Bürgern, wie beispielsweise die öffentliche Sicherheit und die Verteidigung, schützen die Funktionsfähigkeit der Behörden und die persönlichen Informationen natürlicher und juristischer Personen.[796] Insbesondere enthalten beide eine Regelungen hinsichtlich des Schutzes der Betriebs- und Geschäftsgeheimnisse. Hinsichtlich der Definition gibt es, wie bereits beschrieben, Unterschiede. Durch die verschiedenen Definitionen in beiden Ländern ist ein Vergleich schwierig. Es gibt keinen abschließenden Katalog von Betriebs- und Geschäftsgeheimnissen.[797] In Deutschland enthält das VIG jedoch einen Negativkatalog, gemäß welchem zum Beispiel Rechtsverstöße

---

794 Grundlegend zu dem Ziel des Gesetzes Pfeiffer, Thomas / Heinke Theresa / Portugall, Philipp: Untersuchung des Verbraucherinformationsrechts in Deutschland, Belgien, Dänemark, Frankreich, Großbritannien, Irland, Schweden und den Vereinigten Staaten von Amerika, Abschlussbericht vom 07.05.2010, Band I, abgerufen unter http://www.vigwirkt.de//fileadmin/sites/default/files/Evaluation/Rechtsvergleich-Abschlussbericht-1.pdf, zuletzt am 21.04.2013, S. 34.

795 Dazu unter anderem Drucksache 17/1800, Unterrichtung durch die Bundesregierung: Bericht der Bundesregierung über die Ergebnisse der Evaluation des Verbraucherinformationsgesetzes vom 14. Mai 2010, S. 6.

796 Vgl. Pfeiffer, Thomas / Heinke Theresa / Portugall, Philipp: Untersuchung des Verbraucherinformationsrechts in Deutschland, Belgien, Dänemark, Frankreich, Großbritannien, Irland, Schweden und den Vereinigten Staaten von Amerika, Abschlussbericht vom 07.05.2010, Band I, abgerufen unter http://www.vigwirkt.de//fileadmin/sites/default/files/Evaluation/Rechtsvergleich-Abschlussbericht-1.pdf, zuletzt am 21.04.2013, S. 156.

797 Siehe Stadler, Astrid: Der Schutz des Unternehmensgeheimnisses im deutschen und U.S.-amerikanischen Zivilprozeß und im Rechtshilfeverfahren, Tübingen 1989, S. 19–20.

keine Betriebs- und Geschäftsgeheimnisse darstellen. Der FOIA enthält keinen Negativkatalog.[798]

In den USA werden nicht lediglich Betriebs- und Geschäftsgeheimnisse geschützt, sondern auch, ähnlich wie in dem ursprünglichen VIG, gewerbliche und finanzielle Informationen, die geschützt und geheim sind. Das könnte vermuten lassen, dass der Ausnahmetatbestand weiter ausgelegt wird. Die Erfahrungen in der Praxis bestätigen die Vermutung jedoch nicht.[799] Dies stimmt auch damit überein, dass in dem Evaluationsbericht zum VIG festgestellt wurde, dass der Auffangtatbestand der sonstigen wettbewerbsrelevanten Information als überflüssig anzusehen ist, da die Betriebs- und Geschäftsgeheimnisse einen ausreichenden Schutz gewährleisten und kein Rückgriff auf den Auffangtatbestand stattfinden muss.[800] Bei der Frage, ob Daten als geheim einzustufen sind, wird neben den Auswirkungen auf die Unternehmen auch auf die eventuellen Beeinträchtigungen bei den Behörden abgestellt.[801] Zudem wird in beiden Ländern unterschieden, ob die Daten freiwillig oder aufgrund einer Bestimmung übermittelt wurden, um die Arbeitsweise der Behörden zu schützen.[802] In Deutschland wird anhand der Definition festgestellt, ob ein Betriebs- oder Geschäftsgeheimnis vorliegt. Im zweiten Schritt findet dann die Abwägung mit dem öffentlichen Interesse statt. Von der Regelung her scheint demnach das VIG die bessere Lösung zu sein. Es schützt ausreichend die Betriebs- und Geschäftsgeheimnisse und berücksichtigt die Interessen der Verbraucher. Der FOIA, beziehungsweise dessen Auslegung durch die Gerichte, erwägt lediglich die Interessen der Unternehmen und der Behörden bei der Feststellung, ob es

---

798 Dargestellt in Pfeiffer, Thomas / Heinke Theresa / Portugall, Philipp: Untersuchung des Verbraucherinformationsrechts in Deutschland, Belgien, Dänemark, Frankreich, Großbritannien, Irland, Schweden und den Vereinigten Staaten von Amerika, Abschlussbericht vom 07.05.2010, Band I, abgerufen unter http://www.vigwirkt.de//fileadmin/sites/default/files/Evaluation/Rechtsvergleich-Abschlussbericht-1.pdf, zuletzt am 21.04.2013, S. 163–164.

799 In den USA kam es zu Offenlegungen, dazu Rowe, Elizabeth A.: Striking a Balance: When should Trade-Secret Law shield Disclosures to the Government?, 96 Iowa L. Rev. 2010–2011, S. 791–835 (815–816).

800 So Entwurf eines Gesetzes zur Änderung des Rechts der Verbraucherinformationen, S. 29, abgerufen auf http://www.vigwirkt.de//fileadmin/sites/default/files/2011-07-20-VIGEntwurf.pdf.

801 Vgl. Zimmerman, Samuel L.: Understanding Confidentiality: Program Effectiveness and the Freedom of Information Act Exemption 4, 53 Wm. & Mary L. Rev. 2011–2012, S. 1087–1114 (1113).

802 Dazu unter anderem ausführlicher ebd., S. 1087–1114 (1099–1102).

sich um gewerbliche oder finanzielle Informationen handelt, die von einer Person übermittelt wurden und geheim oder geschützt sind. Da es sich um eine Kann-Vorschrift handelt, können die Behörden dennoch die Daten offenlegen, wenn zum Beispiel öffentliche Interessen dafür sprechen. Diese Offenlegung bedarf generell keiner vorherigen Befragung der Unternehmen. Behörden führen diese jedoch oftmals freiwillig durch, insbesondere um Unternehmen die Gelegenheit zu geben, diese gegebenenfalls zu korrigieren. Dabei ist anzumerken, dass auch in den USA, wie in Deutschland, keine Verpflichtung besteht, die Daten auf ihre Richtigkeit hin zu überprüfen.[803] In Deutschland hingegen ist die Anhörung verpflichtend und bildet einen zusätzlichen Schutzmechanismus.[804] Auch wenn die Anhörung die Bearbeitungszeit hinauszögert, könnte argumentiert werden, dass diese Regelung sinnvoll ist, da Unternehmen besser abschätzen können, wie wichtig und geheim die Tatsache ist. Da jedoch Unternehmen so viele Daten wie möglich geheim halten wollen, ist davon auszugehen, dass bei jeder Befragung eine Ablehnung des Antrags erzielt werden soll. Folglich ist nach Auffassung der Verfasserin fraglich, ob diese Befragung hinsichtlich des Schutzes der Betriebs- und Geschäftsgeheimnisse ergiebig ist. Für den Verbraucher sind diese Verzögerungen eher ein Hindernis hinsichtlich einer schnellen und umfassenden Informationsbeschaffung.

In den USA ist der Ausnahmekatalog dem Ermessen der Behörden unterworfen.[805] Diese können Informationen, die unter einen der Ausnahmetatbestände fallen, dennoch veröffentlichen.[806] Die Unternehmen können sich mithin nicht in Sicherheit wiegen, wenn ihre Daten in einen der Ausnahmetatbestände fallen. Die Tatbestände sichern lediglich vor einer verpflichtenden Offenbarung seitens

---

803 Grundlegend Pfeiffer, Thomas / Heinke Theresa / Portugall, Philipp: Untersuchung des Verbraucherinformationsrechts in Deutschland, Belgien, Dänemark, Frankreich, Großbritannien, Irland, Schweden und den Vereinigten Staaten von Amerika, Abschlussbericht vom 07.05.2010, Band I, abgerufen unter http://www.vigwirkt.de// fileadmin/sites/default/files/Evaluation/Rechtsvergleich-Abschlussbericht-1.pdf, zuletzt am 21.04.2013, S. 130–135.

804 Vgl. Beck, Rita: Verbraucherinformationsgesetz, Kommentar und Vorschriftensammlung, Stuttgart 2009, S. 76–77.

805 So unter anderem Winter, Gerd / Gurlit, Elke: Zusammenfassender Bericht in: Winter, Gerd (Hrsg.): Öffentlichkeit von Umweltinformationen: Europäische und nordamerikanische Rechte und Erfahrungen, Baden-Baden 1990, S. 49.

806 Dazu unter anderem Cohen, Jerry / Gutteman, Alan S.: Trade Secrets Protection and Exploitation, Washington D.C. 1998, S. 140–141.

der Behörde. Sie schützen jedoch grundsätzlich nicht von einer Offenbarung.[807] In Deutschland bestand der Informationsanspruch generell nicht, sobald ein Betriebs- und Geschäftsgeheimnis betroffen war.[808] Die Novelle des VIG nähert sich dem amerikanischen Ansatz. Die Befragung der Betroffenen wird trotz Neuerung stattfinden. Der neue Ansatz berücksichtigt, dass es Verbraucherinteressen geben kann, die eine Offenlegung solcher Daten erforderlich machen, und ist damit ein wichtiger Fortschritt des Verbraucherschutzes.

Insgesamt sind die Ausnahmetatbestände beider (Verbraucher-) Informationsfreiheitsgesetze nicht klar umgrenzt. Mithin können Behörden durch weite Auslegungen das Ziel des Gesetzes untermauern.[809] Dennoch sollte die enorme Bedeutung der Ausnahmetatbestände für die behördlichen Prozesse, den unternehmerischen Erfolg der Unternehmen und weiterem nicht außer Acht gelassen werden.

Die Kostensituation ist ebenfalls unterschiedlich geregelt. In den USA werden für private und nicht gewerbliche Anfragen von Presseangehörigen und Verbraucherschutzverbänden keine Gebühren erhoben.[810] In den USA ist also prinzipiell eine Informierung umfassend und nach Belieben möglich, in Deutschland wäre dies zu kostspielig. Weiterhin versuchen Behörden teilweise Anträge durch hohe Kostenbescheide abzuwehren, in der mutmaßlichen Hoffnung, dass der Antragsteller sein Gesuch zurückzieht, wenn hohe Kosten veranschlagt werden.[811] Zudem stehen den Verbrauchern in den USA die reading rooms zur Verfügung, in denen sie sich informieren können. Zu erwähnen ist, dass dieser große Vorteil für die Verbraucher ein Risiko für die Unternehmen nach sich zieht, sofern Daten, die nicht als geheim eingestuft wurden, dort allen zugänglich sind und nicht nur dem Antragsteller offenbart wurden. Die Behörden sind in den Vereinigten Staaten von Amerika demnach besser aufgestellt. Neben den public reading

807 Dazu Milgrim, Roger M.: Milgrim on Trade Secrets, Vol. 2, New York 1983, Appendix E, E-28.

808 In Bezug auf das IFG Bräutigam, Tobias: Das deutsche Informationsfreiheitsgesetz aus rechtsvergleichender Sicht, DVBl. 2006, S. 950–957 (954).

809 Gleicher Auffassung Fellmeth, Robert C.: The Freedom of Information Act and the Federal Trade Commission: A Study in Malfeasance, 4 Harv. C. R.-C. L. L. Rev. 1968–1969, S. 345–377 (376).

810 Exemplarisch dafür Drucksache 17/1800, Unterrichtung durch die Bundesregierung: Bericht der Bundesregierung über die Ergebnisse der Evaluation des Verbraucherinformationsgesetzes vom 14. Mai 2010, S. 6.

811 Vgl. http://www.foodwatch.de/e10/e14743/e19162/e19242/ „Gebühren in abschreckender Höhe“, zuletzt abgerufen am 05.12.2008.

rooms gibt es „FOIA-offices", die Anfragen koordinieren und so die Funktionalität gewährleisten, Regelungen in den einzelnen Behörden zum Umgang mit den Anträgen und Publikationen zur Organisation der Behörden.[812]

Beide Gesetze stellen gewisse Anforderungen an die Anträge,[813] die jedoch nachvollziehbar sind und keine große Hürde für die Verbraucher darstellen. Auch wenn die geringe Anzahl der Anträge in Deutschland eine Wertung als großes Hindernis vermuten lassen würde.[814] In den USA hingegen werden viel mehr Anträge gestellt, wobei natürlich zu beachten ist, dass es dort mehr Einwohner gibt, das Gesetz schon länger in Kraft (und somit bekannter) ist und es sich beim FOIA um ein allgemeines Informationsfreiheitsgesetz handelt und nicht um eins, das lediglich auf bestimmte Produkte bezogen ist. In beiden Ländern werden die Fristen oftmals nicht eingehalten.[815] Zudem haben ebenfalls in beiden Ländern die Behörden eine ablehnende Haltung gegenüber der Ausführung des Gesetzes.[816] Vielleicht auch deswegen können in beiden Ländern kaum Fälle verzeichnet werden, in denen Betriebs- oder Geschäftsgeheimnisse weitergeleitet wurden.[817] Mithin beinhalten beide Gesetze hinreichende Regelungen zum Schutz der Betriebs- und Geschäftsgeheimnisse. Es ist daher eher zu fragen, ob dieser Schutz zu weit geht und dadurch die Rechte der Verbraucher einschränkt.

---

812 Gurlit, Elke: Akteneinsicht in den Vereinigten Staaten in: Winter, Gerd (Hrsg.): Öffentlichkeit von Umweltinformationen: Europäische und nordamerikanische Rechte und Erfahrungen, Baden-Baden 1990, S. 521–523.

813 Siehe Pfeiffer, Thomas / Heinke Theresa / Portugall, Philipp: Untersuchung des Verbraucherinformationsrechts in Deutschland, Belgien, Dänemark, Frankreich, Großbritannien, Irland, Schweden und den Vereinigten Staaten von Amerika, Abschlussbericht vom 07.05.2010, Band I, abgerufen unter http://www.vigwirkt.de//fileadmin/sites/default/files/Evaluation/Rechtsvergleich-Abschlussbericht-1.pdf, zuletzt am 21.04.2013, S. 125.

814 Stützend auf Neuß, Viola: Erste Erfahrungen mit Auskunftsbegehren in Hessen, in: Böhm, Monika / Freund, Georg / Voit, Wolfgang (Hrsg.): Verbraucherinformationsgesetz, 2. Marburger Symposium zum Lebensmittelrecht, Baden-Baden 2009, S. 25.

815 Zu den praktischen Erfahrungen in den USA Winter, Gerd / Gurlit, Elke: Zusammenfassender Bericht in: Winter, Gerd (Hrsg.): Öffentlichkeit von Umweltinformationen: Europäische und nordamerikanische Rechte und Erfahrungen, Baden-Baden 1990, S. 23.

816 Kritisiert von unter anderem Rosler, Gerhard: Informationsfreiheit in den Vereinigten Staaten von Amerika, Heidelberg 1984, S. 114.

817 Fälle in den USA werden aufgezeigt von Rowe, Elizabeth A.: Striking a Balance: When should Trade-Secret Law shield Disclosures to the Government?, 96 Iowa L Rev. 2010–2011, S. 791–835 (815–816).

Das deutsche Verbraucherinformationsrecht steht dem amerikanischen im Hinblick auf das Verhältnis zwischen Behörde und Bürger nicht nach. In den USA wird jedoch der aktiven Verbraucherinformation ein höherer Stellenwert eingeräumt. Warnungen vor gefährlichen Produkten und Dienstleistungen und Produktrückrufe können ohne vorliegenden Antrag von den Behörden angeordnet werden, ausgeführt werden diese jedoch zumeist durch die entsprechenden Unternehmen selbst. Eine präventive Wirkung entfalten zudem Gesetze, nach denen die Unternehmer in den USA verpflichtet sind, Informationen über jegliche Risiken und die Zusammensetzung des Produkts auf der Verpackung anzubringen. Oft informieren Unternehmen Verbraucher weitergehend als gesetzlich vorgeschrieben. Hintergrund dafür ist, dass so ein Vorsprung vor Konkurrenten geschaffen und Schadensersatzklagen vorgebeugt werden soll.[818] Die Klagemöglichkeiten, beziehungsweise die Erfolgsquote dieser, stellen einen großen Vorteil der Lage der Verbraucher in den USA gegenüber der der Verbraucher in Deutschland dar. Damit stärken die Gerichte indirekt den Verbraucherschutz.

818 Vgl. Pfeiffer, Thomas / Heinke Theresa / Portugall, Philipp: Untersuchung des Verbraucherinformationsrechts in Deutschland, Belgien, Dänemark, Frankreich, Großbritannien, Irland, Schweden und den Vereinigten Staaten von Amerika, Abschlussbericht vom 07.05.2010, Band I, abgerufen unter http://www.vigwirkt.de//fileadmin/sites/default/files/Evaluation/Rechtsvergleich-Abschlussbericht-1.pdf, zuletzt am 21.04.2013, S. 59, 106, 114.

I. Ergebnis

Wie bereits dargestellt, hat jede verbrauchergünstige Regelung einen bitteren Beigeschmack für Unternehmen und jede unternehmergünstige Bestimmung im Zusammenhang mit dem VIG / FOIA wirkt sich negativ auf den Verbraucherschutz aus. Da die Unternehmen stärkere Einwirkungsmöglichkeiten in dem Gesetzgebungsprozess haben, werden sie oftmals durch die Gesetze und in deren Ausübung bevorteilt.[819] Das war auch im ursprünglichen VIG der Fall. Die Vorlage eines Betriebs- und Geschäftsgeheimnisses bewirkte eine Sperrwirkung. Zudem enthielt der Ausnahmetatbestand durch die Inkludierung der sonstigen wettbewerbsrelevanten Informationen einen Auffangtatbestand und ging sehr weit. Dadurch war die Regelung auch weitreichender als der durch das Grundgesetz gewährleistete Schutz hinsichtlich der Unternehmensdaten. Erst durch die Novelle wurde der Schutzbereich eingegrenzt und die generelle Sperrwirkung durch eine Abwägung ersetzt.[820] Diese Änderung ist sehr wichtig und ein guter Ansatz. Es ist im Einzelfall abzuwägen, welche schützenswerten Interessen auf Seiten der Verbraucher und der Unternehmen stehen. Eine Verallgemeinerung ist aufgrund der teilweise speziellen Bedürfnisse der Verbraucher und der verschieden gearteten Geheimhaltungserfordernisse der Unternehmen nicht möglich. Zudem wird durch die Änderung dieser Regelung erst die Anerkennung der (grundrechtlich geschützten) Verbraucherinteressen gewährleistet. Auch der grundrechtliche Schutz wird nicht schrankenlos gewährt. Mithin wird diesbezüglich ein Gestaltungsspielraum eröffnet, der durch die Novelle des VIG genutzt wurde.[821]

In den Vereinigten Staaten von Amerika ist die Organisation der Behörden hinsichtlich der Handhabung des FOIA besser organisiert.[822] Entsprechend

819 Weiterführend zum Lobbyismus Ziegler, Gerhard: Das Verbraucherinteresse und seine Durchsetzbarkeit – Eine kritische Untersuchung über die restriktiven Bedingungen von Verbraucherarbeit in der Bundesrepublik Deutschland, Frankfurt am Main 1980, S. 69–71.

820 Vgl. unter anderem http://www.bmelv.de/SharedDocs/Standardartikel/Verbraucherschutz/Verbraucherinformationsgesetz.html, zuletzt aufgerufen am 20.12.2012.

821 Siehe dazu Willbrand, Jens: Gesetzlicher Regelungsbedarf von umweltrechtlichen Betriebs- und Geschäftsgeheimnissen, Daten- und Informationsrechtliche Überlegungen zur Neuregelung von § 99 VwGO, Hamburg 2006, S. 61–62.

822 Zu den Einrichtungen Gurlit, Elke: Akteneinsicht in den Vereinigten Staaten in: Winter, Gerd (Hrsg.): Öffentlichkeit von Umweltinformationen: Europäische und nordamerikanische Rechte und Erfahrungen, Baden-Baden 1990, S. 520.

finden die Verbraucherinteressen mehr Beachtung, obwohl diese keine große Beachtung in der Verfassung finden. Dennoch ist auch dieses Gesetz nicht perfekt. Insbesondere das Fehlen einer Verpflichtung zur Abwägung der Interessen der Unternehmen und Verbraucher ist zu bemängeln.[823] Die Behörden gehen eher zögerlich hinsichtlich der Offenlegung von Daten vor.[824] Nichtsdestoweniger ist es ihnen prinzipiell möglich, trotz der Einstufung als Betriebs- und Geschäftsgeheimnis, die entsprechenden Informationen zu veröffentlichen. Die Regelung ist positiv für den Verbraucher zu werten, bei den Unternehmen jedoch erzeugt sie eine gewisse Rechtsunsicherheit. Die Unternehmen können sich nicht darauf verlassen, dass ihr durch die Verfassung geschütztes Eigentum sicher bei der Behörde hinterlegt ist.[825]

Beide Gesetze weisen Schwachpunkte auf. Da die Regelungen Interpretationsspielräume lassen, können weder die Verbraucher noch die Unternehmen sicher sein, dass ihre Interessen berücksichtigt werden.[826] Aus der dargestellten Lage ergeben sich folgende Thesen:

These 1: Der starken Position der Unternehmen kann teilweise durch Informationen entgegengewirkt werden:

Erst wenn Verbraucher ausreichend Informationen über ein Produkt haben, kann eine Entscheidung für oder gegen ein Produkt stattfinden. Wenn viele Verbraucher vom Konsum eines Produkts absehen, da es beispielsweise nicht die gewünschte Qualität aufweist, werden die Produzenten Verluste verzeichnen und Änderungen vornehmen müssen, um am Markt bestehen bleiben zu können.

These 2: Verbraucherinformationsgesetze gewährleisten nicht, dass Verbraucher sich umfassend informieren können.

Die Gesetze in den USA und Deutschland stellen nicht sehr hohe Anforderungen an die Anträge, dennoch müssen die Anträge bestimmt sein. Es ist nicht

---

823 Zu diesem Kritikpunkt auch Zimmerman, Samuel L.: Understanding Confidentiality: Program Effectiveness and the Freedom of Information Act Exemption 4, 53 Wm. & Mary L. Rev. 2011–2012, S. 1087–1114 (1113).

824 Dargestellt in Winter, Gerd / Gurlit, Elke: Zusammenfassender Bericht in: Winter, Gerd (Hrsg.): Öffentlichkeit von Umweltinformationen: Europäische und nordamerikanische Rechte und Erfahrungen, Baden-Baden 1990, S. 21.

825 Vgl. Milgrim, Roger M.: Milgrim on Trade Secrets, Vol. 2, New York 1983, Appendix E, E-28.

826 Grundlegend Winter, Gerd / Gurlit, Elke: Zusammenfassender Bericht in: Winter, Gerd (Hrsg.): Öffentlichkeit von Umweltinformationen: Europäische und nordamerikanische Rechte und Erfahrungen, Baden-Baden 1990, S. 21.

möglich, mit einem Antrag alle möglichen Informationen bei den Behörden abzufragen.[827] Erschwerend kommt hinzu, dass Gebühren berechnet werden können, was insbesondere eine Problematik in Deutschland ist. Teilweise werden jedoch Informationen durch Institutionen wie *Greenpeace* abgefragt, die dann gesammelt, aufbereitet und verbreitet werden.[828] Zudem würde eine Offenlegung aller Daten durch die Behörden zu einer Flut von Informationen führen und dadurch gegebenenfalls ein Desinteresse bei den Verbrauchern erzeugen.

These 3: Die bisherigen Erfahrungen zeigen, dass die Betriebs- und Geschäftsgeheimnisse nicht gefährdet sind.

In beiden Ländern gehen die Behörden (über-)vorsichtig mit den Daten der Unternehmen um und beide Gesetze enthalten vielfältige Mechanismen zum Schutz der Betriebs- und Geschäftsgeheimnisse.[829] Die Befürchtungen der Unternehmen sind damit unbegründet, was auch durch die Tatsache, dass der Auffangtatbestand „sonstige wettbewerbsrelevante Informationen" aus dem VIG aufgrund fehlender Relevanz gestrichen wurde, verdeutlicht wird.[830]

These 4: Eine Abwägung der Interessen der Verbraucher und Unternehmen ist unbedingt vorzunehmen.

Zwar ist es wichtig, dass die Betriebs- und Geschäftsgeheimnisse geschützt werden und Unternehmen davon ausgehen können, dass ihre Geheimnisse bei den Behörden sicher sind (nicht zuletzt damit sie weiterhin mit den Behörden

---

827 Zu den Voraussetzungen Beyerlein, Thorsten in: Beyerlein, Thorsten / Borchert, Günter (Hrsg.): Verbraucherinformationsgesetz Kommentar, München 2010, § 3 VIG, S. 136–138, Rn. 8–10.

828 Dazu unter anderem Schwind, Joachim: Umsetzung des Verbraucherinformationsgesetzes in Niedersachsen, NdsVBl. 2008, S. 343–347 (347).

829 In Bezug auf die USA Winter, Gerd / Gurlit, Elke: Zusammenfassender Bericht in: Winter, Gerd (Hrsg.): Öffentlichkeit von Umweltinformationen: Europäische und nordamerikanische Rechte und Erfahrungen, Baden-Baden 1990, S. 21; in Bezug auf die Bundesrepublik Deutschland Hüttner, Katja: Rechtslage zu Verbraucherinformation in Deutschland in: Micklitz, Hans-W (Hrsg.): Informationszugang für Verbraucher in Europa und den USA, Baden-Baden 2009, S. 160.

830 Siehe Entwurf eines Gesetzes zur Änderung des Rechts der Verbraucherinformationen, S. 29, abgerufen auf http://www.vigwirkt.de//fileadmin/sites/default/files/2011-07-20-VIGEntwurf.pdf.

zusammenarbeiten wie in *National Parks* entschieden[831]), jedoch können die Interessen der Verbraucher im Einzelfall überwiegen. Die Interessen der Verbraucher sind mannigfaltig.[832] Zudem hat zum Beispiel ihr Eigentum regelmäßig einen höheren persönlichen und geringeren sozialen Bezug als das der Unternehmen, womit ein Eingriff nicht so leicht zu rechtfertigen ist. Da dies regelmäßig der Fall ist, kann nach Auffassung der Verfasserin auch resümiert werden, dass es ein immanenter Aspekt ist, dass Inhalte, Herkunft etc. der Produkte von Unternehmen, die in der Lebensmittelindustrie auftreten, öffentlich gemacht werden sollten.

These 5: Da den Behörden ein gewisser Auslegungs- und bei den Kosten ein Ermessensspielraum bleibt, bestimmen sie im Endeffekt, ob das Ziel des VIG / FOIA erreicht wird.

Anhand der Historie des VIG / FOIA und den aktuelleren Zahlen zeigt sich, dass nicht nur die Unternehmen, sondern auch die Behörden oftmals gegen den Erlass der Informationsfreiheitsgesetze waren. Ihren Unmut haben sie durch Berufung auf die Ausnahmetatbestände oder hohe Kostenbescheide Ausdruck verliehen.[833] Entsprechend kann dem Ziel der Gesetze lediglich gerecht werden, wenn auch die Behörden in deren Sinne handeln.

These 6: Die Funktionsweise und Reichweite der Gesetze ist systemabhängig.

Falls das VIG / FOIA nicht den Erwartungen entspricht, obliegt es der Regierung eine Novellierung des Gesetzes vorzunehmen. Werden derartige Initiativen ergriffen, wird die Lobby der Unternehmen versuchen, den Prozess so weit wie möglich zu ihren Gunsten zu beeinflussen. In beiden Ländern ist die Lobby der

---

831 Siehe Gurlit, Elke: Akteneinsicht in den Vereinigten Staaten in: Winter, Gerd (Hrsg.): Öffentlichkeit von Umweltinformationen: Europäische und nordamerikanische Rechte und Erfahrungen, Baden-Baden 1990, S. 529.

832 Zu den mannigfaltigen Interessen der Verbraucher Dichtl, Erwin: §2. Zur Schutzwürdigkeit des Verbrauchers in Dichtl, Erwin (Hrsg.): Verbraucherschutz in der Marktwirtschaft, Berlin 1975, S. 25.

833 In Bezug auf die USA Winter, Gerd / Gurlit, Elke: Zusammenfassender Bericht in: Winter, Gerd (Hrsg.): Öffentlichkeit von Umweltinformationen: Europäische und nordamerikanische Rechte und Erfahrungen, Baden-Baden 1990, S. 21; in Bezug auf die Bundesrepublik Deutschland Hüttner, Katja: Rechtslage zu Verbraucherinformation in Deutschland in: Micklitz, Hans-W (Hrsg.): Informationszugang für Verbraucher in Europa und den USA, Baden-Baden 2009, S. 160.

Verbraucher nicht ausreichend gut ausgebaut, als dass sie der der Unternehmen auf gleicher Stufe entgegentreten könnten.[834]

Grenzen der Novellierungen finden sich in den Grundrechten. Diese sind in Deutschland umfassender als in den USA. Daneben ist das Bundesverfassungsgericht gegenüber dem Supreme Court mit mehr Kompetenzen zur Kontrolle der Einhaltung der Grundrechte ausgestattet.[835] Ferner werden die Richter des Supreme Courts vom Präsidenten gewählt und vom Senat bestätigt,[836] wodurch eine Abhängigkeit entsteht, die gegebenenfalls Auswirkungen auf die Entscheidungsfindung haben kann. Daraus ist zu folgern, dass die Betriebs- und Geschäftsgeheimnisse im Ergebnis in Deutschland beständiger geschützt sind als in den USA.

834 In Bezug auf die Bundesrepublik Deutschland Ziegler, Gerhard: Das Verbraucherinteresse und seine Durchsetzbarkeit – Eine kritische Untersuchung über die restriktiven Bedingungen von Verbraucherarbeit in der Bundesrepublik Deutschland, Frankfurt am Main 1980, S. 69–71; zu der Situation in den Vereinigten Staaten von Amerika Hippel, Eike von: Verbraucherschutz, 3. Auflage, Tübingen 1986, S. 27–28, 281.

835 Grundlegend Simons, Cornelius: Grundrechte und Gestaltungsspielraum – Eine rechtsvergleichende Untersuchung zum Prüfungsinstrumentarium von Bundesverfassungsgericht und US-amerikanischem Supreme Court bei der Normenkontrolle, Berlin 1999, S. 22–46.

836 Dazu Kende, Mark S.: Constitutional Rights in Two Worlds – South Africa and the United States, Camebridge 2009, S. 45–46.

Literaturverzeichnis

Akkermann, Günther: Die Harmonisierung von öffentlichen Warnungen – Eine Darstellung am Beispiel des Lebensmittelrechts, Regensburg 1998.

Albers, Marion / Ortler, Bettina: Verbraucherschutz und Markttransparenz im Recht der Verbraucherinformation, GewArch 2009, S. 225–230.

Bauschke, Gabriele: Verbraucherschutz im öffentlichen Recht aus der Sicht des Lebensmittelrechts, Köln 2005.

Beck, Rita: Verbraucherinformationsgesetz, Kommentar und Vorschriftensammlung, Stuttgart 2009.

Beyerlein, Thorsten / Borchert, Günter (Hrsg.): Verbraucherinformationsgesetz Kommentar, München 2010.

Bievert, Bernd: Restriktionen der gegenwärtigen Verbraucherpolitik in: Bievert, Bernd / Fischer, Wolf F. / Haarland, Hans-Peter / Köhler, Gabriele / Rock, Reinhard (Hrsg.): Plädoyer für eine neue Verbraucherpolitik, Wiesbaden 1978.

Birkinshaw, Patrick: Commentary – Freedom of Information and openness: Fundamental Human Rights? 58 Admin. L. Rev. 2006, S. 177–218.

Bleyl, Dietmar: Allgemeines Informationszugangsrecht und Recht auf informationelle Selbstbestimmung, DuD 1998, S. 32–35.

Bode, Thilo: Gammelfleisch: Wo bleiben die Verbraucherrechte?, ZRP 2006, S. 73–76.

Bodewig, Theo: Der Rückruf fehlerhafter Produkte – Eine Untersuchung der Rückrufpflichten und Rückrufansprüche nach dem Recht Deutschlands, der Europäischen Union und der USA, Tübingen 1999.

Böhm, Monika / Freund, Georg / Voit, Wolfgang (Hrsg.): Verbraucherinformationsgesetz, 2. Marburger Symposium zum Lebensmittelrecht, Baden-Baden 2009.

Borchert, Günter: Sind Daten über die Arzneimittelsicherheit Betriebsgeheimnisse?, ZRP 1996, S. 124–127.

Bouchoux, Deborah E.: Intellectual Property for Paralegals: The Law of Trademarks, Copyright, Patents, and Trade Secrets, Second Edition, New York 2005.

Brammsen, Joerg: Wirtschaftsgeheimnisse als Verfassungseigentum – Der Schutz der Betriebs- und Geschäftsgeheimnisse gem. Art. 14 GG, DÖV 2007, S. 10–17.

Bräutigam, Tobias: Das deutsche Informationsfreiheitsgesetz aus rechtsvergleichender Sicht, DVBl. 2006, S. 950–957.

Breitfeld, Anja: Berufsfreiheit und Eigentumsgarantie als Schranke des Rechts auf informationelle Selbstbestimmung, Berlin 1992.

Breuer, Rüdiger: Schutz von Betriebs- und Geschäftsgeheimnissen im Umweltrecht, NVwZ 1986, S. 171–179.

Bund für Lebensmittelrecht und Lebensmittelkunde e.V.: Leitfaden Verbraucherinformationsgesetz, Bonn 2008.

Bundesministerium für Ernährung, Landwirtschaft und Verbraucherschutz: Mehr Information – mehr Transparenz, das neue Verbraucherinformationsgesetz, Berlin 2008.

Brugger, Winfried: Einführung in das öffentliche Recht der USA, 2. Auflage, München 2001.

Ders.: Grundrechte und Verfassungsgerichtsbarkeit in den Vereinigten Staaten von Amerika, Tübingen 1987.

Carstens, Karl: Grundgedanken der amerikanischen Verfassung und ihre Verwirklichung, Berlin 1954.

Cohen, Jerry / Gutteman, Alan S.: Trade Secrets Protection and Exploitation, Washington D.C. 1998.

Danwitz, Thomas von: D.I.A.P.: Der Schutz von Betriebs- und Geschäftsgeheimnissen im Recht der Regulierungsverwaltung, DVBl. 2005, S. 597–656.

Daub, Jan: Die Verletzung von Unternehmensgeheimnissen im deutschen und US-amerikanischen Recht, Sinzheim 1996.

Debald, Dirk: Scheinselbständige – Verbraucher im Sinne des § 13 BGB?, Berlin 2005.

Depenheuer, Otto: Entwicklungslinien des verfassungsrechtlichen Eigentumsschutzes in Deutschland 1949–2001 in: Danwitz, Thomas von / Depenheuer, Otto / Engel, Christoph: Bericht zur Lage des Eigentums, Berlin 2002.

Dichtl, Erwin: § 2. Zur Schutzwürdigkeit des Verbrauchers in: Dichtl, Erwin (Hrsg.): Verbraucherschutz in der Marktwirtschaft, Berlin 1975.

Diekmann, Fabienne: Das Verbraucherleitbild im Lichte besonderer Produktgruppen – Dargestellt am Beispiel zum Handel mit Arzneimitteln, Lebensmitteln und Pflanzenschutzmitteln, Hamburg 2012.

Dolzer, Rudolf / Vogel, Klaus / Großhof, Karin (Hrsg.): Bonner Kommentar zum Grundgesetz, Heidelberg Loseblattsammlung seit 1950.

Domeier, Danja / Matthes, Robert: Verbraucherinformationsgesetz Kommentar, Wiesbaden 2008.

Dreier, Horst (Hrsg.): Grundgesetz Kommentar, Band 1, 2. Auflage, Tübingen 2004.

Epstein, Richard A: The Constitutional Protection of Trade Secrets under the Takings Clause, U. Chi. L. Rev. 2004, S. 57–73.

Erdelt, Alexander: Informationszugang und das Recht auf Information, DuD 2003, S. 465–470.

Falck, Franz-Christian / Schwind, Joachim: Verbraucherinformationsgesetz, Hamburg 2011.

Feldman, Steven W.: The Government's Commercial Data Privilege under Exemption five of the Freedom of Information Act, 15 Pub. Cont. L. J. 1984–1985, S. 122–137.

Fellmeth, Robert C.: The Freedom of Information Act and the Federal Trade Commission: A Study in Malfeasance, 4 Har. C. R.-C. L. L. Rev. 1968–1969, S. 345–377.

Fluck, Jürgen: Der Schutz von Unternehmensdaten im Umweltinformationsgesetz, NVwZ 1994, S. 1048–1056.

Ders.: Verwaltungstransparenz durch Informationsfreiheit – Informationsansprüche nach den Umweltinformations-, Verbraucherinformations- und Informationsfreiheitsgesetzen, DVBl. 2006, S. 1406–1415.

Fluck, Jürgen / Merenyi, Stefanie: Zugang zu behördlichen Informationen – Die Rechtsprechung zu den Umweltinformationsgesetzen und den Informationsfreiheitsgesetzen des Bundes und der Länder 2003–2005, VerwArch 06, S. 381–408.

Fluck, Jürgen / Theuer, Andreas (Hrsg.): Informationsfreiheitsrecht mit Umweltinformations-, Verbraucherinformations- und Informationsweiterverwendungsrecht IFG / UIG / VIG / IWG Kommentar, Vorschriften der EU, des Bundes und der Länder, Internationales Recht, Rechtsprechung, Band 1, 27. Aktualisierung, Heidelberg 2011.

Frank, Torben: Der Schutz von Unternehmensgeheimnissen im öffentlichen Recht, Frankfurt am Main 2009.

Fröhler, Ludwig: Das Recht am eingerichteten und ausgeübten Gewerbebetrieb (zugleich ein Beitrag zur rechtlichen Umweltschutzproblematik), München 1972.

Gellmann, Robert: Electronic Freedom of Information Act, DuD 1998, S. 446–448.

Giegerich, Thomas: Privatwirkung der Grundrechte in den USA, Heidelberg 1992.

Giesen, Thomas: Grundrecht auf Informationszugang? Anmerkungen zu einem basisdemokratischen Teilhaberecht in einer grenzenlosen Informationsgesellschaft, DuD 1997, S. 588–591.

Girnau, Marcus: Gesetz zur Neuregelung des Rechts der Verbraucherinformationen, ZLR 2006, S. 651–674.

Grabitz, Eberhard (Hrsg.): Grundrechte in Europa und den USA, Band I: Strukturen nationaler System, Kehl am Rhein 1986.

Grube, Markus / Weyland, Gerd: Gesetz zur Verbesserung der gesundheitsbezogenen Verbraucherinformation – Verbraucherinformationsgesetz, Kommentar, Berlin 2008.

Görgen, Sabine: Es lebe die „Verbraucherinformationsschutzgemeinschaft"!, Food & Recht Ausgabe 12, 2011, S. 1.

Grochtmann, Ansgar: Art. 14 GG – Rechtsfragen der Eigentumsdogmatik, Münster 2000.

Gurlit, Elke: Akteneinsicht in den Vereinigten Staaten in: Winter, Gerd (Hrsg.): Öffentlichkeit von Umweltinformationen: Europäische und nordamerikanische Rechte und Erfahrungen, Baden-Baden 1990.

Hagen, Kornelia / Way, Christian: Verbraucherpolitik zwischen Markt und Staat in Vierteljahrshefte zur Wirtschaftsforschung 3/2009 Verbraucherpolitik zwischen Markt und Staat, Berlin 2009, S. 5–29.

Hahn, Peter / Wellmann, Eva: Verbraucherinformationsgesetz, Hamburg 2008.

Hall, Daniel E. / Feldmeier, John P.: Constitutional Law, Governmental Powers and Individual Freedoms, 2. Auflage, New Jersey 2012.

Halstuk, Martin E.: When Secrecy Trumps Transparency: Why the Open Government Act of 2007 falls short, 16 CommLaw Conspectus 2007–2008, S. 427–469.

Hammerl, Christian: Der gläserne Betrieb – Informationsbeschaffung unter dem Freedom of Information Act, ZIP-Report 1994, S. 1230–1234.

Hass, Claus Sieghart: Verbraucherschutz in den USA: Die unconscionability doctrine - § 2–302 UCC und seine Bedeutung im Hinblick auf § 29 EGBGB-E, München 1986.

Helmig, Ekkehard / Allkemper, Ludwig: Produktverantwortung und Schutz betrieblicher Daten, CR 1993, S. 520–527.

Henke, Wilhelm: § 3. Grundfragen rechtlichen Verbraucherschutzes in: Dichtl, Erwin: Verbraucherschutz in der Marktwirtschaft, Berlin 1975.

Hertel, Shareen / Libal, Kathryn: Human Rights in the United States – Beyond Exceptionalism, New York 2011.

Hiller, Kinga: Eigentumsgarantie und Eigentumsverständnis in der Rechtsprechung des Ungarischen Verfassungsgerichts. Unter vergleichender Berücksichtigung der Rechtsprechung des Supreme Court der USA und des deutschen Bundesverfassungsgerichts, Berlin 2001.

Hippel, Eike von: Verbraucherschutz, 3. Auflage, Tübingen 1986.

Hömig, Dieter (Hrsg.): Grundgesetz, 9. Auflage, Baden-Baden 2010.

Huber, Peter M.: Die Informationstätigkeit der öffentlichen Hand – ein grundrechtliches Sonderregime aus Karlsruhe?, JZ 2003, S. 290–397.

Hüttner, Katja: Rechtslage zur Verbraucherinformation in Deutschland in: Micklitz, Hans-W (Hrsg.): Informationszugang für Verbraucher in Europa und den USA, Baden-Baden 2009.

Hüttner, Katja: Das „VIG wirkt" – oder doch nicht?!, VuR 2008, S. 367–374.

Isensee, Josef / Kirchhof, Paul (Hrsg.): Handbuch des Staatsrechts der Bundesrepublik Deutschland, Heidelberg 2009.

Janka, John C.: Federal Disclosure Statutes and the Fifth Amendment: The new Status of Trade Secrets, U. Chi. L. Rev. 1987, S. 334–368.

Jarass, Hans D. / Pieroth, Bodo: Grundgesetz für die Bundesrepublik Deutschland Kommentar, 12. Auflage, München 2012.

Katz, Joan M.: The Games Bureaucrats Play: Hide and Seek under the Freedom of Information Act, 48 Tex. L. Rev. 1969–1970, S. 1261–1284.

Kellerhoff, Anne / Schulz, Christian: Die kommerzielle Verwertung von Informationen des öffentlichen Sektors, DVP 2007, S. 419–423.

Kende, Mark S.: Constitutional Rights in Two Worlds – South Africa and the United States, Camebridge 2009.

Kiethe, Kurt / Groeschke, Peer: Informationsfreiheitsgesetz: Informationsfreiheit contra Betriebsgeheimnis? – Notwendige Vorkehrungen für den Schutz von Betriebs- und Geschäftsgeheimnissen, WRP 2006, S. 303–306.

Kim, Hyung-Chul: Der Schutz von Betriebs- und Geschäftsgeheimnissen nach dem Umweltinformationsgesetz, Frankfurt am Main 1999.

Knemeyer, Franz-Ludwig: Wahrung von Betriebs- und Geschäftsgeheimnissen bei behördlichen Umweltinformationen, DB 1993, S. 721–726.

Koebke, Max: Das Recht auf Umweltinformation unter besonderer Berücksichtigung des Schutzes von Betriebs- und Geschäftsgeheimnissen und der Paragraphen 207–227 UGB-KomE, Pfaffenweiler 1999.

Kohler, Rainer M.: Trade Secrets, 7 B.C. Indus. & Com. L. Rev. 1965–1966, S. 324–332.

Kraushaar, Horst: Grußwort in: Böhm, Monika / Freund, Georg / Voit, Wolfgang (Hrsg.): Verbraucherinformationsgesetz, 2. Marburger Symposium zum Lebensmittelrecht, Baden-Baden 2009.

Kruger, Gary I.: A Review of the Fourth Exemption of the Freedom of Information Act, 9 Akron L. Rev. 1975–1976, S. 673–694.

Kube, Hanno: Die Macht der Informationen: Konsultation, Information, Rechte der Betroffenen, ZLR 2007, S. 165–199.

Kuersteiner, Richard L. / Herbach, Etta G.: The Freedom of Information Act: An Examination of the Commercial or Financial Exemption, 16 Santa Clara L. Rev. 1975–1976, S. 193–213.

Lange, Friederike Valerie: Grundrechtsbindung des Gesetzgebers, Eine rechtsvergleichende Studie zu Deutschland, Frankreich und den USA, Tübingen 2010.

Leibholz, Hans-Justus / Rinck, Gerhard: Grundgesetz Kommentar, Köln 2006.

Lieberknecht, Otfried: Die Behandlung von Geschäftsgeheimnissen im deutschen und EG-Recht, WuW 1988, S. 833–848.

Lightfoot, Patrick: Waiving Goodbye to nondisclosure under FOIA's Exemption 4: The Scope and Applicability of the Waiver Doctrine, 61 Cath. U. L. Rev. 2011–2012, S. 807–838.

Liu, Xiaohai: Rechtsschutz von Unternehmensgeheimnissen: Vergleichende Untersuchung zum Schutzniveau des chinesischen Rechts im Vergleich mit dem deutschen und amerikanischen Recht, Frankfurt am Main 1999.

Maier, Antonia: Der Schutz von Betriebs- und Geschäftsgeheimnissen im schwedischen, englischen und deutschen Recht, Köln 1998.

Mangoldt, Hermann von / Klein, Friedrich / Starck, Christian: Grundgesetz Kommentar, Band 1, 6. Auflage, München 2010.

Martin, Erin E.: The Intersection Between Finance and Intellectual Property: Trade Secrets, Hedge Funds, and Section 13(f) of the Exchange Act, 53 N.Y.L. Sch. L. Rev. 2008–2009, S. 575–598.

Martin, Robert: Disclosure v. Privacy, 13 Forum 1977–1978, S. 142–153.

Maunz, Theodor / Dürig, Günter (Begr.): Grundgesetz: Kommentar, München 2009- (elektronische Ressource).

McGarity, Thomas O. / Shapiro, Sidney A.: The Trade Secret Status of Health and Safety Testing Information: Reforming Agency Disclosure Policies, 93 Harv. L. Rev. 1979–1980, S. 837–888.

Milgrim, Roger M.: Milgrim on Trade Secrets, Vol. 1, New York 1983.

Ders.: Milgrim on Trade Secrets, Vol. 2, New York 1983.

Mitropoulos, Stefan: Verbraucherpolitik in der Marktwirtschaft – Konzeptionen und internationale Erfahrungen, Berlin 1997.

Moritz, Andrea: Lebensmittelinformations-Verordnung Der Anfang ist gemacht, Food & Recht Ausgabe 3 2011, S. 17–20.

Mühlbauer, Bernhard: Rechtsschutz gegen behördliche Entscheidungen nach dem Verbraucherinformationsgesetz, DVBl. 2009, S. 354–361.

Murswiek, Dietrich: Das Bundesverfassungsgericht und die Dogmatik mittelbarer Grundrechtseingriffe, Zu der Glykol- und der Osho- Entscheidung vom 26.6.2002, NJW 2003, S. 1–8.

Ders.: Staatliche Warnungen, Wertungen, Kritik als Grundrechtseingriffe – Zur Wirtschafts- und Meinungslenkung durch staatliches Informationshandeln, DVBl. 1997, S. 1021–1030.

Münch, Ingo von / Kunig, Phillip (Hrsg.): Grundgesetz-Kommentar, Band 1, 6. Auflage, München 2012.

Neumann, Sophia Charlotte: Verfassungsrechtlicher Eigentumsschutz in den USA, Frankfurt am Main 2011.

Partsch, Christoph: Die Freiheit des Zugangs auf Verwaltungsinformationen – Akteneinsichtsrecht in Deutschland, Europa und den USA, Lohmar 2002.

Paul, Susanne Natalie: Der Schutz von Wirtschaftsgeheimnissen in Deutschland und Indien, Hamburg 2009.

Peppet, Scott R.: Freedom of Contract in an Augmented Reality: The Case of Consumer Contracts, 59 UCLA L. Rev. 2011–2012, S. 676–745.

Pfeiffer, Thomas / Heinke, Theresa / Portugall, Philipp: Untersuchung des Verbraucherinformationsrechts in Deutschland, Belgien, Dänemark, Frankreich, Großbritannien, Irland, Schweden und den Vereinigten Staaten von Amerika, Abschlussbericht vom 07.05.2010 Band I, abgerufen unter http://www.vigwirkt.de//fileadmin/sites/default/files/Evaluation/Rechtsvergleich-Abschlussbericht-1.pdf, zuletzt am 21.04.2013.

Reich, Norbert: Markt und Recht – Theorie und Praxis des Wirtschaftsrechts in der Bundesrepublik Deutschland, Neuwied, Darmstadt 1977.

Ders.: Staatliche Regulierung zwischen Marktversagen und Politikversagen – Erfahrungen mit der amerikanischen Federal Trade Commission und ihre Bedeutung für die Entwicklung des Verbraucherschutzrechtes, Heidelberg 1984.

Reinhart, Oliver: Das gläserne Amt – Das Informationsfreiheitsgesetz als Jedermannrecht auf Akteneinsicht, DÖV 2007, S. 18–24.

Reisch, Lucia A. / Öhler, Andreas: Behavorial Economics: Eine neue Grundlage für die Verbraucher? in Vierteljahrshefte zur Wirtschaftsforschung 3/2009 Verbraucherpolitik zwischen Markt und Staat, Berlin 2009.

Rohloff, Annegret: Grundrechtsschranken in Deutschland und den USA, Konstanz 2007.

Rosler, Gerhard: Informationsfreiheit in den Vereinigten Staaten von Amerika, Heidelberg 1984.

Rowe, Elizabeth A.: Striking a Balance: When should Trade-Secret Law shield Disclosures to the Government?, 96 Iowa L. Rev. 2010–2011, S. 791–835.

Sachs, Michael (Hrsg.): Grundgesetz-Kommentar, 6. Auflage, München 2011.

Sandeen, Sharon K: The Cinderella of Intellectual Property Law Trade Secrets in: Yu, Peter K.: Intellectual Property and Information Wealth – Issues and Practices in the Digital Age, Volume two Patents and Trade Secrets, Westport 2007.

Schmidt, Rolf: Grundrechte, 7. Auflage, Bremen 2005.

Ders.: Staatliches Informationshandeln und Grundrechtseingriff, Bremen 2004.

Schmidt-Bleibtreu, Bruno / Hofmann, Hans / Hopfauf, Axel (Hrsg.): GG Kommentar zum Grundgesetz, 12. Auflage, München 2011.

Schoch, Friedrich: Das Recht auf Zugang zu staatlichen Informationen – Informationszugangsfreiheit in Deutschland und in der Schweiz, DÖV 2006, S. 1–10.

Schomerus, Thomas: Anspruchsvoraussetzung und Verwaltungsverfahren nach dem Umweltinformationsgesetz – Zum Umgang mit betriebsbezogenen Umweltdaten, ZUR 1994, S. 226–231.

Schotthöfer, D. Peter (Hrsg.): Handbuch des Werberechts in den EU-Staaten, 2. Auflage, Köln 1997.

Schwind, Joachim: Umsetzung des Verbraucherinformationsgesetzes in Niedersachsen, NdsVBl. 2008, S. 343–347.

Seewald, Ottfried: Zum Verfassungsrecht auf Gesundheit, Berlin 1981.

Sides, Charles H.: Freedom of Information in a post 9–11 world, Amityville 2006.

Simons, Cornelius: Grundrechte und Gestaltungsspielraum – Eine rechtsvergleichende Untersuchung zum Prüfungsinstrumentarium von Bundesverfassungsgericht und US-amerikanischem Supreme Court bei der Normenkontrolle, Berlin 1999.

Sitsen, Michael: Das Informationsfreiheitsgesetz des Bundes: Rechtsprobleme im Zusammenhang mit dem Anspruch auf Informationszugang nach dem IFG, Hamburg 2009.

Sodan, Helge (Hrsg.) Grundgesetz, Beck'scher Kompakt-Kommentar, 2. Auflage, München 2011.

Ders.: Gesundheitsbehördliche Informationstätigkeit und Grundrechtsschutz, DÖV 1987, S. 858–866.

Sprißler, Matthias: Öffentlich-rechtlicher Verbraucherschutz – Staatsaufgabe oder Verbraucheranspruch?, Tübingen 1992.

Stadler, Astrid: Der Schutz des Unternehmensgeheimnisses im deutschen und U.S.-amerikanischen Zivilprozeß und im Rechtshilfeverfahren, Tübingen 1989.

Stauss, Bernd: Verbraucherinteressen – Gegenstand, Legitimation und Organisation, Stuttgart 1980.

Steffens, Heiko: Neustrukturierung des Verbraucherschutzes – Welche Auswirkungen sind für die Informationen des Verbrauchers zu erwarten? – in: Verbraucherschutz und Verbraucherinformation – Beiträge zum zweiten Workshop der Arbeitsgruppe Lebensmittelqualität und -sicherheit, Kiel 2002.

Stevenson, Russel B. Jr.: Protecting Business Secrets under the Freedom of Information Act: Managing Exemption 4, 34 Admin. L. Rev. 1982, S. 207–261.

Taeger, Jürgen: Die Offenbarung von Betriebs- und Geschäftsgeheimnissen, Baden-Baden 1988.

Tamm, Marina / Tonner, Klaus (Hrsg.): Verbraucherrecht: Rechtliches Umfeld, Vertragstypen, Rechtsdurchsetzung, Baden-Baden 2012.

Tremml, Bernd: Amtshaftung wegen behördlicher Warnungen nach dem Produktsicherheitsgesetz, NJW 1997, S. 2265–2273.

Tyczewski, Tomas / Elgeti, Till: Der Schutz von Betriebs- und Geschäftsgeheimnissen im Informationsfreiheitsrecht, NWVBl. 2006, S. 281–286.

Uechtritz, H. von: Zukünftige Wege zur Verbraucherinformation in: Verbraucherschutz und Verbraucherinformation – Beiträge zum zweiten Workshop der Arbeitsgruppe Lebensmittelqualität und -sicherheit, Kiel 2002.

United States Department of Justice: Freedom of Information Act Guide 2007, Washington D.C. 2007.

United States Department of Justice: Freedom of Information Act Guide 2009, Washington D.C. 2009.

Vermazen Radez, Kathleen: The Freedom of Information Act Exemption 4: Protecting Corporate Reputation in the Post-Crash Regulatory Environment, 2010 Col. Bus. L. Rev. 2010, S. 632–684.

Waples, Gregory L.: The Freedom of Information Act: A Seven-Year Assessment, Colum. L. Rev. 1974, S. 895–959.

Waschull, Dirk: Das Unternehmen im engeren Sinne als verfassungsrechtliches Eigentum – Zum Begriff des Eigentums in Art. 14 GG, Baden-Baden 1999.

Werner, Matthias: Verbraucherinformation ohne Prüfung der inhaltlichen Richtigkeit? Verfassungs- und systemwidrige Vorschriften im neuen Verbraucherinformationsgesetz, ZLR 2008, S. 115–134.

Wiemers, Matthias: Quo vadis, Verbraucherinformationsgesetz?, ZLR 2009, S. 413–437.

Willbrand, Jens: Gesetzlicher Regelungsbedarf von umweltrechtlichen Betriebs- und Geschäftsgeheimnissen, Daten- und Informationsrechtliche Überlegungen zur Neuregelung von § 99 VwGO, Hamburg 2006.

Winter, Gerd / Gurlit, Elke: Zusammenfassender Bericht in: Winter, Gerd (Hrsg.): Öffentlichkeit von Umweltinformationen: europäische und nordamerikanische Rechte und Erfahrungen, Baden-Baden: 1990.

Wodtke, Carolina / Richters, Swantje: Schutz von Betriebs- und Geschäftsgeheimnissen – Leitfaden für die Praxis, Berlin 2004.

Wustmann, Ulrich: Das Verbraucherinformationsgesetz (VIG) – Erste Praxiserfahrungen, ZLR 2008, S. 71–76.

Ders.: „VIG – Klappe – die Vierte“ Dauerbrenner Verbraucherinformation, ZLR 2007, S. 242–255.

Ziegler, Gerhard: Das Verbraucherinteresse und seine Durchsetzbarkeit – Eine kritische Untersuchung über die restriktiven Bedingungen von Verbraucherarbeit in der Bundesrepublik Deutschland, Frankfurt am Main 1980.

Zimmerman, Samuel L.: Confidentiality: Program Effectiveness and the Freedom of Information Act Exemption 4, 53 Wm. & Mary L. Rev. 2011–2012, S. 1087–1114.

Drucksache 273/07 vom 27.04.07, Entwurf eines Gesetzes zur Neuregelung des Rechts der Verbraucherinformation.

Drucksache 16/2035 vom 28.06.2006 – Entschließungsantrag des Deutschen Bundestags zu der dritten Beratung des Gesetzentwurfs der Fraktionen der CDU/CSU und SPD– Drucksachen 16/1408, 16/2011.

Drucksache 17/1800, Unterrichtung durch die Bundesregierung: Bericht der Bundesregierung über die Ergebnisse der Evaluation des Verbraucherinformationsgesetzes vom 14.05.2010.

Note: Trade Secrets in Discovery: From First Amendment Disclosure to Fifth Amendment Protection, Harv. L. Rev. 1991, S. 1330–1349.

http://www.bmelv.de/SharedDocs/Standardartikel/Verbraucherschutz/Verbraucherinformationsgesetz.html, zuletzt abgerufen 20.12.2012.

http://www.focus.de/gesundheit/ernaehrung/news/lebensmittelskandal-fische-in-den-usa-sind-falsch-ausgezeichnet_aid_925037.html, zuletzt abgerufen am 01.03.2013.

http://www.foodwatch.de/e10/e14743/e19162/e19244/ „Fristen werden nicht eingehalten, Antworten verzögert", zuletzt abgerufen 05.12.2008.

http://www.foodwatch.de/e10/e14743/e19162/e19242/ „Gebühren in abschrekkender Höhe", zuletzt abgerufen 05.12.2008.

http://www.foodwatch.de/e10/e14743/e19162/ „Praxistest zeigt: VIG ist reine Symbolpolitik", zuletzt abgerufen 05.12.2008.

http://www.justice.gov/oip/referenceguidemay99.htm#intro, zuletzt abgerufen 31.01.2010.

http://de.wikipedia.org/wiki/Informationsfreiheitsgesetze#L.C3.A4nderebene, zuletzt abgerufen 20.04.2013.

Entwurf eines Gesetzes zur Änderung des Rechts der Verbraucherinformationen, abgerufen auf http://www.vigwirkt.de//fileadmin/sites/default/files/2011-07-20-VIGEntwurf.pdf.

www.ingramcontent.com/pod-product-compliance
Ingram Content Group UK Ltd.
Pitfield, Milton Keynes, MK11 3LW, UK
UKHW021905290926
8980IPUK00015B/1067

9 783631 659397